罗哥和他的朋友们有话说

罗翔宇　周婕◎编著

中国经济出版社
CHINA ECONOMIC PUBLISHING HOUSE
·北 京·

图书在版编目（CIP）数据

罗哥和他的朋友们有话说 / 罗翔宇，周婕编著 . --
北京：中国经济出版社，2022.7
ISBN 978-7-5136-6974-0

Ⅰ. ①罗… Ⅱ. ①罗… ②周… Ⅲ. ①大学生 - 人生观 Ⅳ. ① G641.2

中国版本图书馆 CIP 数据核字（2022）第 106054 号

策划编辑 姜 静
责任编辑 王西琨
责任印制 马小宾
封面设计 姜宜彪

出版发行 中国经济出版社
印 刷 者 河北柏兆达印刷有限公司
经 销 者 各地新华书店
开　　本 710mm × 1000mm 1/16
印　　张 25.5
字　　数 420 千字
版　　次 2022 年 7 月第 1 版
印　　次 2022 年 7 月第 1 次
定　　价 58.00 元
广告经营许可证 京西工商广字第 8179 号

中国经济出版社 **网址** www.economyph.com **社址** 北京市东城区安定门外大街 58 号 **邮编** 100011
本版图书如存在印装质量问题，请与本社销售中心联系调换（联系电话：010-57512564）

前 言

为深入学习贯彻习近平新时代中国特色社会主义思想和党的十九大精神，进一步落实全国教育大会、全国高校思想政治工作会议精神，思想政治教育工作者应主动关注“互联网技术和思维同思想政治教育传统优势的深度融合”的时代新主题，同时积极推进相关工作。

随着信息时代的到来，互联网正全方位、多层次地影响着我国当代青年。互联网以多元化信息为背景，具有信息真实性不明、虚拟性等特征，给传统思政教育工作带来了巨大的挑战。但不可否认的是，信息时代的互联网运用已成不可逆转之趋势，这是一个挑战与机遇并存的时代。互联网具有高传播性、强互动性等优势，将给传统思政教育工作注入新的活力。思想政治教育部门与思想政治教育工作者应把握形势、迎接挑战，使互联网与思政教育工作形成良性互动，打造网络思政教育工作的新范式。

“网络思政”是新时代高校思想政治工作的新阵地。“做好高校思想政治工作，要因事而化、因时而进、因势而新”，这是习近平总书记在全国高校思想政治工作会议上提出的重要论断。中华人民共和国教育部令第43号对于辅导员工作的核心要求也强调：“运用新媒体新技术，推动思想政治工作传统优势与信息技术高度融合。构建网络思想政治教育重要阵地，积极传播先进文化。”如何落实工作要求，在高校思想政治工作“新阵地”中找到切实有效、受学生喜欢和认可的工作方式，创造品牌，是当下每个思政工作者应该思考的问题。

“罗哥有话说”工作平台便是在此背景下诞生的成长类网络思政教育品牌。

成长类网络思政教育品牌必须把握的核心包括：首先，注重及时与广大学生沟通，能够在第一时间发布大学生们关注或者想解决的问题，如寝室关系、人际交往、恋爱心理、大学生生活适应、如何掌握学习方法、实习经验、求职经验和考研经验等；其次，在提供解决问题的思路与方法的基础上，激发学生自身解决问题的能力，从而促进广大学生在大学四年时间里，通过外力与自身能力的结合最终得以成长，甚至还可以通过该平台帮助他人；最后，通过平台与学生长期的互动，形成多年积淀的品牌效应和诸多可运用的方法集合，不仅仅局限于本年级、本学院的受众群体，而是在更广大的范围内为青年学子提供学生生涯中的成长引导和相关方法论。

在这些核心理念的引导下，“罗哥有话说”工作平台自 2013 年 8 月推出第一篇“罗哥有话说”以来，通过阶段性且有针对性的网络思政教育形式，累计发布 690 条说说、687 篇日志，总字数超 200 万字。其中以“罗哥有话说”为题的专题类原创文章、诗歌和漫画等作品超 60 篇，行文超 30 万字，截至 2020 年 3 月，仅个人空间累计访问量超 48 万人次，公众号流量破 25 万人次（转载和其他平台公众号访问量未计算），受到西南政法大学学生的广泛欢迎。新华网和华龙网在 2019 年 5 月 7 日以“QQ 空间访问量 35 万　西政学生最爱的‘罗哥’魅力在哪儿”为题对此进行报道。2018 年 1 月，《罗哥有话说——既然要谈找工作，那咱就上点干货》获第二届“全国高校网络宣传思想教育优秀作品推选展示”优秀奖。2020 年 8 月，《罗哥有话说——由实习的问题说开去》获第四届“全国高校网络宣传思想教育优秀作品推选展示”优秀奖。

这种网络思政教育形式具有一定的典型性经验，同时因其具有固定的工作平台和长效的工作机制，亦具有一定的示范和推广效应。该平台以 QQ 空间和微信公众号为载体，利用各类互联网平台的不同传播特性，在大学生的生活、学习和阅读习惯中找到一个良好的平衡点，更好地开展日常思政教育、管理和服务等工作。在实际工作开展中，平台坚持以“人”为中心，以“信任”为基础，向自身的“圈子”进行有效传播并得以正向扩散。本书汇编了平台中具有指导意义的文章，为青年学子提供学生生涯中的成长引导和方法论，具有一定的正向示范效果。

目 录

第一章 十八岁的秋天——给初入大学的你 …… 001

大学寝室是如何分配的 …… 003

最好的时光 …… 007

给即将入学的你们 …… 010

军训中的战斗力 …… 031

对童某某同学关于《西南政法大学行政法学院 2013 级年级纪检条例》及其实施现实相关意见的回复 …… 032

大学里保险的重要性——来自罗哥的医保政策解读 …… 036

“双十一”的糖 …… 043

“你问我答”第一期 …… 046

大一初体验 …… 054

谈考试，做个无悔的有心人 …… 065

第二章 适应与成长——谁的青春不迷茫 …… 067

由期末成绩说开去 …… 069

让自己的大二有目标地忙起来 …… 073

“你问我答”第二期 …… 077

大二了，学生干部怎么做 …… 081
关于社会调查报告以及“三下乡”的二三事 …… 084
“你问我答”——关于实习问题的十问十答 …… 086
由实习的话题说开去 …… 091
2013 级师兄师姐的实习问答 …… 095
实习生应该具备的品质 …… 111
由助学金的问题说开去 …… 113
大三了，我该走哪条路 …… 117
给行政法 2013 级孩儿们的一封信 …… 129
给 2017 级孩子们的一封信 …… 134
致大三下学期的你们 …… 143
写在研究生复试分数线出来之后 …… 149
法学学生未来道路选择的可能性 …… 165

第三章　终有离别时——给即将入海的你 …… 171

大四我该怎么办 …… 173
既然要谈找工作，那咱就上点干货 …… 180
找工作那点事儿 …… 185
全员内卷 何去何从——写在研究生初试成绩公示后 …… 188
关于考研调剂，只要你上国家线，找个地方读书其实不难 …… 194
关于调剂这件事 …… 199
再谈调剂 …… 201
三谈调剂 …… 205
静心锤炼，相约山花烂漫时 …… 210
毕业前的半年需注意二三事 …… 212
关于档案事项的重要解释 …… 215
写给即将毕业的你们 …… 218

给终究要入海的你们 …… 221
写给 2014 级毕业的你，这是一个新的开始 …… 224

第四章 他山之石——你的同学和师兄师姐有话说 …… 227

保研攻略 …… 229
法考经验谈 …… 242
关于留学的二三事 …… 253
考研考公怎么选 …… 262
跨校考研经验谈 …… 273
西政考研攻略 …… 287
要成为一名律师，你需要知道什么（上篇）…… 298
要成为一名律师，你需要知道什么（下篇）…… 306
做法务？你应该知道这些 …… 313
除了法律工作，我们还能做些什么 …… 326
笨鸟先飞 …… 335
漫漫长路上的一点经验教训 …… 338
那就不停地实战—思考总结—再实战吧 …… 341
找工作的心态与技巧 …… 344
战术上重视，战略上藐视 …… 349
本科生的胜利 …… 353
实践是检验真理的唯一标准，拿个 offer，天天“双十一”…… 357
不到最后关头，永远不要放弃 …… 361
面试走心，走心面试 …… 366
求职那点事 刚好很实在 …… 370
赛前准备很重要 …… 374
愿你是最幸运的那一个 …… 378
细节细节再细节 …… 382

我永远是面试场上声音最洪亮的那一个 …… 385
体现你的价值 …… 388
行动起来，加油！ …… 393

结束语 …… 400

第一章　十八岁的秋天

——给初入大学的你

初入大学，可能有太多的未知等待着你，大学究竟是怎样的？怎么和同学打交道？大学的学习和高中的学习有何区别？自己需要避开哪些“雷区”？没关系，这些问题，我们都会告诉你。

大学寝室是如何分配的

孩子们，其实在上学期期末接到将要带领一个新生年级的消息的时候，我就在想，在动辄四百余人的超庞大群体中，用什么样的方式才能在我们年级的老师和学生之间起到最好的交流效果。因为我本人所学传播学专业以及学生工作的特性的关系，我深知人际传播以及群体传播在大学的重要性，任何一次信息的不对称都有造成不可预知后果的可能性。

故而，在这次“纠结”的寝室分配工作完成后，我认为第一时间以文字的方式向各位同学解释我与陈老师是如何决定寝室分配，并以此打消部分同学心中的顾虑是必要的。这也许会成为今后四年中我本人较常使用的一种交流方式，希望你们能知道，当我以这种形式来告知诸位或与诸位解释某些事物之时，也就是我罗某掏心窝子与诸位谈心之时。

诚如诸位所见，行政法学院 2013 级寝室安排一出，大家在满怀兴奋地寻找自己的寝室室友之际，肯定发现有不少同学的寝室室友并非同年级的同学，而是高年级的师兄或师姐，甚至有些同学的室友都不是行政法学院本院的师兄师姐。这到底是什么情况？

我能给大家解释的是：行政法学院刚毕业的 2009 级学生的总人数不到 300 人，目前 2013 级的新生人数超过 460 人，而这还只是我们学院的情况。在新宿舍楼没有建好的情况下，寝室紧张在上学期期末已成为严重凸显的问题。在这种情况下，2013 年 6 月，为了给新生腾出住宿，原本办公地点在学生宿舍楼的各学院辅导员办公室也全部搬离，挤入了各临时办公地点。此外，南苑 7 栋的建设也正在进行。但显然远水解不了近渴，落单学生插入高年级学生寝室的情况便出现了。

即便是这样，当收到学校公布的新生寝室分配方案时，我还是傻眼了，因为即便预测到了会有学生落单的情况发生，但没有预测到会有22人之多，这在2013年全校的落单学生数量排行榜上也是能进前三的。在其位谋其政，学校这样的分配是否合理，是否可以有更优的分配方式，我们不清楚，也非我等可以决定。我哪怕有再多的不满情绪，亦只能接受，我和陈老师能做的，就是第一时间从各个寝室宿管那里拿到了落单寝室的具体信息，便是各位落单同学在其寝室室友栏中看到的具体室友信息。

一、如何决定落单同学名单

如何决定落单同学名单，这算是我们新生入学以来第一个棘手的问题。陈老师说她分到后面的时候心脏都疼了，因为这确实不好抉择。

理想的寝室室友分布状态：寝室四人中，至少保证一人来自重庆，担任寝室中的本地向导角色。此外，还要兼顾寝室中南北地域的多样性，让大家尽可能在大学四年多开眼界，同时农村和城市的学生的比例、少数民族学生的比例以及贫困学生的比例等安排都要考虑到。通俗地说，就是这个寝室要有本地人，农村和城市的学生都要有，要让大家尽可能见识不同的地域文化，贫富差距亦不可过大。目前大家的寝室基本是在这一原则下分的。

而对于落单的同学，经过我们综合考虑，除了主动报名的贺佳和余丁两位同学（在这里特别提出表扬），其余都选择的是家庭在重庆主城、家庭条件也还算不错的同学，这些同学较外地同学有着天然的语言优势，家庭条件尚可。

但是这一状况只是暂时的。我们在统计这些落单寝室信息时了解到，宿管（每年后勤统计各楼住宿状况的第一手信息就是由宿管们提供的）也认为，目前这种分散落单的局面是不合理的。她们愿意在新一届大四学生毕业后、后勤部门统计空余寝室之前的这个时间差里，主动帮助我们对落单寝室进行调整。也就是说，在诸位的大二年级，落单同学的寝室将进行重组，落单的生活将一去不回。

此外，每年的新生报到中，会有一些学生因为复读或其他原因未来报到的情况，我们在开学统计后会对这一状况进行调整（现目前男生已有一人确定复读，他的寝室目前已经被安排落单）。如果调整亦不能完全满足部分落单同学的要求，有些同学实在无法接受这一结果，亦可以主动提出来，我将在新一届班干部选出之时，在班干部和现有年级党员、预备党员中进行调整，这也是今后我对班干部和党员的普遍要求，遇事要主动担当。

当然，也许我对诸位承受能力的判断预期过低，说不定大家都能有像贺佳同学那样“我是重庆的，要落单就落单我”的重庆人的耿直与洒脱。作为一个过来人，从整个大学四年的轨迹来看，在大一阶段与高年级的师兄师姐住其实也不错。因为大一将是诸位交友面最广的一年，不但能够认识自己的同学，又能认识一部分师兄师姐，也是一件不错的事。而且所有落单同学的寝室与大部队都在一栋宿舍楼，相互串门十分方便。

为了打消各落单寝室同学的后顾之忧，我将让负责迎新的行政法学院新一届学生会主席团在开学后、迎新前，主动到诸位的落单寝室进行前期协调和摸底，跟高年级的师兄师姐进行前期沟通，并在安排住宿的当天，由负责迎新的学生干部亲自带领你们到相关寝室办理手续。

其实在本科大二的时候，我自己也遇到过这类情况。我们当时住的是 8 人间，寝室 7 人，大二时有一个外院的大一小弟在没有任何招呼的情况下住到了我们寝室，并睡到了我的下铺。还记得，他找女朋友是我们寝室帮他出的主意，我们帮了他很多……可以说我们整个一年的相处还是非常愉快的。

二、关于寝室相处

大学四年，寝室关系是非常重要的。大部分同学在毕业后联系最密切的，就是他们的寝室室友。我见过太多次工作后再忙也要打“飞的”参加室友的婚礼的，那么这种关系是自然形成的吗？肯定不是。我也见过很多寝室的室友闹得不可开交，大打出手，最后闹得个你死我活的情况。其实决定寝室关系的核心，就是你自己。

我的研究生阶段，寝室一开始只有三人，除我以外，一人来自河南农村，是典型的北方男孩儿性格；一人来自湖南农村，性格是万里挑一的内向。

整个研究生三年，我们寝室都是全学院最受欢迎的寝室，同学们都非常愿意来我们寝室，或游戏、或讨论、或吃火锅、或修电脑、或排练演出，甚至有近20人一起玩桌游……这些场景常年在我们寝室滚动上演。和谐的背后，也许缺了某一个人，事情就会变得不那么和谐。我的这两位好室友都不止一次对我说，如果没有我在寝室中左右调节，他们两个怎么都不可能好好地在一起生活，早出问题了。

其实不然，三年研究生的共同生活，看似大男子主义的北方男孩儿早已经学会了事前缜密地思考，而性格万里挑一内向的湖南男生，亦能够在酒桌上吸引别人的目光，在十多次表白失败后成功找到自己的另一半。三年的生活早已改变了他们本身的性格，而决定性的因素绝不是我的左右调节，而是在于他们自己内心有一个改变的因素，其实这个因素几乎所有的同学都有，那就是“善”。

只要你在处理寝室关系上，万事皆由“善”字出发，那么可以肯定你的寝室关系将会不错，包容出于善、理解出于善、与人分享出于善、仗义出手亦出于善……

其实高校大学同学间的关系真的是单纯到不能再单纯了，这一点等你们日后走出校园工作后会有更加直观的体会。曾经有一你们毕业的师姐在工作后给我发短信，说她和某某最近经常吐槽工作中的种种不如意，我无比惊讶地问你们俩以前不是挺僵的吗？结果她回答道：工作后才知道，以前寝室的矛盾真的不算什么，某某是有一些小毛病，但起码人不坏啊！可惜当她理解到这一层面时，两人早已毕业。

《新白娘子传奇》的片尾曲有这么一句：百年修得同船渡，千年修得共枕眠。大家天南海北地聚在一起读书，能够分在一个寝室，我估计怎么着也得算上五百年的缘分，所以，孩子们，好好珍惜这段缘分吧！

罗翔宇

2013年8月28日

最好的时光

亲爱的 2014 级同学们：

你们好！

欢迎你们加入行政法学院这个大家庭！

想必你们已经通过年级新生群知道了自己所在的班级和寝室，也与班上同学有了一些接触。同时，针对你们关于入学的某些疑问，我们写了一份《新生攻略》，放在群共享中为你们答疑。

接下来，我想说一说关于班级分配与寝室分配的事情。我认为以文字的方式与各位同学说明是必要的。

一、关于班级分配和寝室分配

诚如各位同学看到的分班情况，我们 2014 级共有 420 名同学，我们分成了 8 个班，每班 52 ～ 53 名同学。同学们来自五湖四海，为了让大家度过愉快的大学生活，了解各地的文化，也便于班级管理，原则上我们将同一省份的同学平均分配至各班。同时，为了平衡班级男女比例，分班时也考虑了男女同学的分配，尽量做到各班男女比例协调。由于开学后法学实验班两个班的同学（100 名左右）也会由我们进行管理，在法学实验班的班级确定之后，我们 2014 级将会增加两个班级，人数达到 520 人左右。

关于寝室分配，按照往年的惯例，以各班集中住宿为原则，个别寝室会出现由相邻两个班级学生共同入住的情况。每个寝室将由不同省份的同学组成，同时尽量保证每个寝室有一个重庆本地的同学，一是担任寝室的本地向导角色；二是让大家熟悉重庆的语言、饮食和周围环境。寝室的安排兼顾南北地域的多样性，让大家尽可能在大学四年多开眼界，见识到不同地域的文化。此外，农村和城市学生的比例、少数民族学生的比例和贫困学生的比例安排都是我们考虑的因素。我们这一年级落单的同学非常少，仅为个位数，感谢这几位同学对学校的理解和支持。在你们入学前，我们已到宿舍进行了前期的摸底，跟同一寝室的高年级同学打好招呼。此外，每年都可能出现有同学没来报到的情况，开学报到后我们会统计信息并加以调整。

下面我想简单地说一下大学生活是什么样子的，希望对你们能有些启发。

二、关于转变

大学是你们人生新的开始，是你们当前最重要的转变时期，也是你们毕业面临社会生活前的一段欢乐时光。诸位已经成年或即将成年，如能尽早想明白自己读大学的目的是什么，要在大学阶段学习什么，怎么学习，是否能通过学习达到自己的预期目标，你们在四年后将会有满满一箩筐甚至几箩筐的收获。当然，我和熊老师也会在适当的时候对你们进行相应的指导。

大学最重要的是培养正确的人生观、世界观和价值观。你们或许会对很多事情感到困惑，这也印证了杨绛先生说的一句话，我们的困惑太多是因为“想得太多，读书太少”。希望你们能够通过读书、社会实践和思考来正确地认识自己，认识这个世界。大学四年结束后，愿你们能够有所学、有所思、有所获！

三、关于相处

我们 2014 级的 420 位同学，分在了 8 个班、106 个寝室。无论是在班级里，还是在寝室中，或许有的同学不能理解其他同学的想法，但要学会尊重。大家来自不同的地方，有着不同的成长环境和风俗习惯，遇到事情要多换位思考，多站在对方的角度考虑。大学阶段，寝室关系尤为重要，诸位将在同一屋檐下朝夕相处 1200 多个日子，牙齿和舌头都有打架的时候，更何况你们要在一起生活那么久，有些小摩擦是正常的，请相互多理解、多沟通，没有解不开的结，也没有打不开的心。住在同一个屋檐下，寝室室友有可能会成为你的挚友，也可能仅是室友关系而已，无论如何，请团结好寝室的每一位同学，开心地度过这四年时光。你们只有一个大学四年，所以好好珍惜这来之不易的缘分和时光吧！希望大学四年里你们能住得愉快！

四、关于学习

在大学，学习成绩不再是衡量诸位的唯一标准，德、智、体、美、劳的全方位综合发展，素质的全面提高是你们应关注的。当然，这并不是说可以不注重学习了，作为学生，学习依然是你们的重要任务，你们懂的。大家要平衡好学习和生活，合理安排自己的时间。

大学的独特之处在于为你们提供了一个接触并尝试众多领域的良机。知之者不如好之者，好之者不如乐之者。找到你们感兴趣的学科、领域，在你们感兴趣的事情上发挥自己的潜能。有的同学可能会想，我没有兴趣怎么办？其实，每个人都会有自己感兴趣的东西，大多时候我们需要的是一个“引爆点”。要找到这个引爆点，就需要我们多尝试、多涉猎，多开拓视野。在大学，你们可以通过旁听课程、讲座和选修课程以及参加社团活动和社会实践等不同的方式，接触更多的领域和更多的专家、学者，发现自己真正的兴趣爱好。大学对你们而言就是一个用细细的鱼线编制渔网的过程，既要纵向的专业深度，又要涉猎的知识广度。纵横相互交错才能编织出一张结实而牢固的网。

我和熊老师作为你们的辅导员，没有特殊情况，我们将会跟大家共度大学四年时光。你们在学习和生活上有什么想不清楚、思不明白的问题，可以来找我们，我们很乐意在能力范围内为你们解忧。

周　婕

2014 年 8 月 27 日

给即将入学的你们

行政法本科 2017 级的同学们：

你们好，我叫罗翔宇，不出意外，我应该是未来大学里面陪伴你们四年的两名辅导员之一。你们可以叫我辅导员，也可以叫我老师，当然，像你们 2013 级的师兄师姐那样叫我罗哥，我也是很开心的。

这样的行文方式是我带 2013 级以来就一直采用的，也算是我们大家相互增进了解、相互交流的一种渠道，未来学校、学院、年级的相关通知和活动事项，也都会以文本的形式在我和陈老师的 QQ 空间，以及年级的大群里进行分享。所以，请大家加上我和陈老师的 QQ（为此我还专门购买了曾经一度鄙夷，觉得是非主流才会购买的酷炫的 QQ 会员来增加好友的名额，因为我的好友实在是加不下了，所以请大家尽快加我好友，让这个酷炫的 QQ 会员买得更有意义、更有价值）。大学的事务通知繁多，但又不像中学那样很多事情可以通过班级点对点通知到个人，这样放在 QQ 空间和群共享的做法主要是为了方便大家。

之所以要写这么一篇，不是为了给大家做简单的答疑解惑（毕竟学校食堂贵不贵、学分是什么概念、学校快递地址是什么、军训能不能穿长袖这些琐碎的问题，其实你短期内就算不知道也没什么），而是想让大家在入校之前能对未来的大学四年生活有一个比较正向的认知，希望大家能少走一些弯路。当然，还是像以往那样，我不求影响每个人，只求看到此篇的同学或多或少有些收获。

大学不只是一个地点，它更是一段时间。对于每一个人来说，时间是一样的，机会也是均等的。人生也许再也没有一段时间像大学一样，可以任由你支配，也再没有一段时间的价值，在不同的人身上会有如此不同的体现。

大学的教育与中学不同，没有绝对既定的框架，也没有全班同学一致的步伐。因此，如果你还像以前一样随波逐流，只是被动地上课、下课、考试，最后往往会茫然若失，收获甚微。很多人抨击高考前填鸭式的基础教育，事实上转入大学阶段，估计有很多同学还挺怀念中学的教育方法的，说白了，可能还是有同学的自觉性、适应性差了一些。希望你们在短期的适应期后能够对自己的大学生活有所规划并付诸实践。

大学之所以被称为“小社会”，是因为你会接触到形形色色的人和学生组织，其中的工作与人情交际成了你步入社会前的一个重要练习场。希望你们能在各种集体活动中认清自己的特点，发现自己的缺点，在快速成长的同时，收获与你一同拼搏努力的人的友谊。

在与人交往的过程中，请记住，你可以要求自己对他人好，但不能期待别人也对你好，你怎样待人，并不代表别人就会怎样待你。如果你看不透这一点，只会增添不必要的烦恼。而那些对你不太好的人，你也不要太介意，在你的一生中，除了爹妈，没有人有义务一定要对你好，所以遇到对你好的人，请你一定要珍惜和感恩。

请尽你所能地去积极融入大学生活，保持友善，保持纯真，保持乐观。加油，欢迎你来到西政。

我能想到的大致就是这些。我比较懒，在暑假期间不太想写东西，不过我还是拜托你们的邱亦夫师兄做了个工作，让他收集你们刚刚毕业的2013级师兄师姐们在学习、学生组织、集体生活和与人相处等方面的一些经验或者教训，希望这些热心的师兄师姐们的一点经验能够帮助到你们。这期间发生了一个乌龙，我在工作交接的时候把2013级说成了2017级，而你们的邱亦夫师兄居然也在7月30日以前完成了对群内2017级同学的调研，得到了一份1.3万多字的文本。里面的回答头头是道，并且有同学非常谨慎地认为这是组织对你们的考验。我看了之后觉得很多同学的觉悟蛮高，白纸黑字留在我这儿，但愿未来的四年里你们能兑现你们所写的文字。

以下来自已经毕业的部分2013级师兄师姐们想对你们说的话（内容不代

表本人观点，仅为他们的个人感受，特此声明）：

一、关于学习

李建学：学习非常非常重要，没学习大四一定会很后悔（司考、考研没过，深有体会），建议主业还是学习，其他都是次要的，假期多实习。（其实这个师兄有考上公务员。——翔宇）

苏方元：学习最为重要。

代子雯：大学学习和之前的学习是不同的。在过去的学习中，我们有老师的帮助、同学的鼓舞和家长的照顾，可到了大学，我们会发现，家长离我们很远，老师上完课就会离开，同学们参加各种丰富的大学活动，这时候需要培养学习独立性，不再被动地接受知识，而是主动去查阅资料、翻看书籍、询问老师。

吴雅娟：大学意味着另一种自由的生活，可以参加各种学生组织、社团活动，但应当始终记住自己的学生身份。法学的课程很多，在未明确四年后的选择前，要尽可能学好每个学科，打下扎实基础，因为无论是保研、考研，还是工作，四年的成绩证明都是你拥有更多选择的垫脚石之一。步入社会后，即便不从事同法学联系最为紧密的职业，可工作中的边边角角都渗透着法律的实用性。

大学的学习强调自主，而非人云亦云，一味盲从：不是大家都去图书馆，寝室就不是学习的地方；不是好朋友逃课，你也跟着出逃；不是室友在寝室中打游戏、看剧，你也跟着堕落享乐。如果在大学前都是被动学习的模式，步入大一后要及时调整自己的心态，找到适合自己的方式。

刘咏：对待成绩要淡定，全力以赴就好，不要太在意结果。最重要的是要趁着年轻多读书，不只是专业书，各种书都要读读，种类丰富一些，不要只局限于某一方面。课上老师推荐的书，可以挑几本自己感兴趣的读读。

沈喜颖：谁说学习不重要！学习很重要！尤其是期末考试，一定要认真对待！刚开始也许对成绩排名没啥概念，但到了大三大四，对于那些要考研、保研的孩子来说，就会开始后悔没有好好学习，没有好好准备考试了（特别是考前一个月)。

王瑱玥:学习是你作为学生来说第一要紧的事务，既然选择了这个学校、这个专业，就把自己眼前的事情做好。其实沉下心去品，法学是一门很有意思的学问。大一的你可能会觉得法理学、宪法学很无聊，但其实这些都是基础。不用担心，当开始接触民法、刑法这类生活中常见的部门法时，你会发现法学离你很近。大一的成绩也许会不理想，不过千万不要气馁，当你真正去热爱一门学科时，你会发现考高分其实没有那么难。而且还有奖学金等着你，不要到了大四才遗憾自己为什么四年都没有拿过奖学金。

刘卓鑫:学习和社会实践(或社团活动)要结合起来，一方面，同学们要好好学习，不旷课，不抄袭，多拿几次奖学金，次数越多越好啦;另一方面，多参加社会实践(实习或兼职)、学生活动(志愿服务、晚会组织等)。

要正确找到自己的定位:如果以后想走学术道路，平时可以多和授课老师联系，帮老师做一些课题，同时多写文章，能发表最好。如果以后想走实务道路，可以多参加不同职业(公检法、律师、法务)的实习，逐步确定适合自己的职业。多向前辈、师兄师姐交流请教，了解未来所在岗位可能遇到的挑战和必需的职业技能、资格证书等，提前做好准备。

没有无意义的学习，也没有无意义的工作。只要自己投入时间，积极参加健康向上的活动，认真体会，做好总结，一定会有所收获。

匿名师姐:大学的学习成本与学习成绩是不成正比的，绝大部分科目的期末考试只要在复习周多啃啃书、多抱抱佛脚，考高分都不是很难。但我相信，大学的学习成本与学习效果是绝对成正比的，你付出多少就会收获多少，虽然这种收获不一定会体现在你的书面成绩上，但你得到的知识积累会是未来人生的一笔宝贵财富。等到四年结束，真正用心学的与混日子、混分数的，在知识水平与思维能力上的差距会越来越明显。

李智:其实，我觉得大学的学习不只是专业知识的学习，更包括了为人处世等各方面的学习。当然，狭义的专业知识无疑是重要的，毕竟大学生还是学生，但因其有一个“大”字，也必须对学习的定义有所扩大。如何兼顾各方面的学习，需要在实际中去把握。

马珂：大学学习是自主的选择，包括选课、选老师等，更多是自己在没有课的空闲时间如何安排自己的学习和生活。多读书没有错，不光是法学书籍，还有文学、哲学等。推荐林达的“近距离看美国”系列，还有一些稍微简单一点的法学书籍，比如《西窗法雨》《政法笔记》。选对老师很重要，推荐法理的李为颖老师和刘文会老师，还有，济法的胡大武老师和马勇老师。加油，师弟师妹，大学生活有陈姐、罗哥，老幸福啦！

陈硕：其实大学学习会轻松很多，但是如果你打算司考、考研，每节课最好还是去多听一听。

李晓敏：学习很重要，学习很重要，学习很重要。关于学习再说一句吧，大部分毕业生大学的遗憾都在于——丢掉了高中引以为傲的勤奋。

窦钰珂：学习这种事情看个人的看法，不过大学不可以荒废学业，在该学习的时候学习，在该玩闹的时候玩闹。得几次奖学金也是对自己大学四年不错的交代。

杨大状：奖学金和绩点在就业的时候充分彰显了重要性。

龙炫宇：看待学习呀？成绩还是很重要的。在大一的时候不要光顾着玩啦，疯玩的时候很开心，等大三准备司考的时候哭得也很伤心，哈哈哈。

程源洁：罗哥说大家可以自己算笔账，每年的学费分摊到相应的课程，一节课得花多少钱。有的师兄师姐可能会告诉你们，平时上课听不听没关系，期末突击就行。实则不然，上课认真听了，知识体系相对系统，有些难度大的课程单靠期末复习是学不了什么的，理解部分知识还可减少司考期间的复习压力，甚至考研期间的压力。西政的老师各有优、缺点，也自成特色，有些老师的课需要抢座，有的课堂门可罗雀，提倡大家在保证出勤率的情况下多去蹭蹭其他老师的课，收获会有所不同。学习不仅指认真上课，也应运用好图书馆的资源，多看些各方面的书籍，现在的我最爱嘲笑自己“没文化”，希望你们四年后不会有同感。

匿名师姐：学习很重要。不过，别“跟风学习”，要知道自己想要什么，知道自己在做什么，脚踏实地一点，时间是有限的。还有，别把“学习”简单理解成好好听课、勤上自习、考试得高分，这样的大学学习不过是高中学习下的复制品，很没意思，而且时间久了，会适得其反。找到自己感兴趣的点，喜欢跳舞，那就跳舞；想要健身，那就健身；喜欢看书，那就多去图书馆找找书。多学些技能吧（比如英语、办公软件、才艺），让自己的发展多条路子。

赵登前：其实我觉得能考上西政的师弟师妹至少是会学习的。在大学，每个人想要学习的目标不一样，自然对于学习时间的安排也不一样。西政是很难挂科的，所以你考前突击一两个星期也不会挂科，但是奉劝师弟师妹一句：千万不要蹉跎上课的时光，如果你不想听课可以用来看看有用的书，不要玩手机或睡觉。大学学习全靠自律，不要想着有老师揪着你学。

徐寰玉：诸位，从九月份起，你们的身份将转变为西南政法大学行政法学院本科 2017 级学生，在大学，学习不是唯一的，但既是学生，学习还是应该排在首位。关于课堂的授课过程，最直观的感受是从高中那种满满干货的充实感，到为什么讲了那么久还没有翻开书的第一页。每位老师的风格不一样，我相信过了一段时间，你们就会做到收放自如。学会听课，这是一个适应过程。

何林周：大学学习与高中相比，没有固定的教室，没有班级统一的老师，没有统一的学习时间，一切取决于个人自律、自主。大学学习成绩不是衡量一个人的唯一标准，没必要刻意追求排名（想拿奖学金的除外），最大的竞争对手只有自己，所以自己满意就好。

刘强：大家应该都知道，文科类学生刚出社会，工资没工科高，技术没工科好，就业机会也没工科广，但我们仍然喜欢并选择了这条路。我们就要在大学将自己的优势打造出来，变成能说会道、下笔成章的人。

学生以学为本。大学让我们拥有了很多自由，我们可以去放松、去锻炼自己，并且没有人来监督自己。但请永远不要忘了，自己是一名学生。养成良好的学习习惯，持之以恒，多阅读来开阔自己的视野，丰富自己的头脑，这样才能让自己在说和写的时候顺手拈来。

金冲：本科阶段的学习时间很充裕，抓紧的话可以做很多事情。最好按照自己未来的发展方向和需求来安排学习计划，比如打算从事学术研究，就要多读学术经典。打算毕业后工作的，可以提高英语能力或者了解财会等相关知识。

张奕涛：大学的学习分为很多种，不能要求我们像高中的时候那样面面俱到，什么都想要。具体来说，如果你以后想要走学术路线，想要考研究生，那么你需要对大学的课程非常重视，争取考好每一门期末考试，精读各类起码是自己感兴趣方面的学术专著。如果你想要走法律实务，类似于律师、法官这一行业，那么其实你的期末考试、学校课程并没有那么重要，司法考试才是重中之重，必须毕其功于一役，一次通过司法考试，并且在平时学习中多多关注实务问题，尤其要珍惜学校提供的实习的机会。如果你想要出国深造，那么尽可以大胆地、勇敢地舍弃一些东西，趁早准备雅思、托福这些英语考试。举例来说，我一直对未来有明确的规划，我是一个社会的人，也是一个庸俗的人，无法潜心学术，也对洋墨水不感兴趣，唯一的方向便是融入社会，做一个还算可以的律师，所以我整个大学期间唯一可以算得上是拼命的便是复习司考，结果也还不错。至于期末考试啥的就不提了，反正没挂，我认为这也是一个大学生的底线，喔，除了英语。

二、关于寝室

李建学：一是要学会理解室友的价值观，至少不要反感；二是一定要有一个四个人都会感兴趣的活动，如果没有请培养；三是多出去吃几顿饭；四是注意细节。

苏方元：严以律己，宽以待人。

匿名师兄：寝室相处以和为贵，凡事不必斤斤计较。

匿名师姐：相处在于求同存异和相互理解。寝室是教会你尊重他人、认识自己最好的场所。我不认为一个与三个人都无法正常生活的人会在社会上有更好的出路。

王瑱玥：“百年修得同船渡，千年修得共枕眠”嘛。我觉得能分到一个寝室，说明你们四个缘分不浅。她们也许是你除了爸妈，在一个屋檐下生活最久的人了。每个人都有各种各样的习惯，你要学会包容，学会调和。有的时候有些摩擦是肯定的，但是你去主动让一步也没什么大不了的，只要不触碰原则问题，能忍耐就忍耐吧，没有人的心肠是坏的，没有人会去故意伤害你，也许只是无心之举，不要太玻璃心啦。

蔡瑞：寝室相处多些包容、多些理解，保持沟通和交流。

匿名师姐：①己所不欲，勿施于人。与任何人相处，首先都要尽好本分，该自己做的事情（比如分配到的卫生工作）不要拖拉不要懒，不要一味地享受他人的友善而吝啬于自己的付出。脾气再好的人，也不会愿意一直付出而不得回应。②每个人都有自己独特的成长环境，都有自己与众不同的性格。每个人的缺点在近距离看时总会被放大，所以朝夕相处的室友比普通的同学更容易产生摩擦。把心态放好，最重要的是要多沟通，并且多看看室友身上的闪光点。换个角度看，会发现室友其实都很可爱。

李晓敏：如果室友品性相符，那么恭喜你，你遇到了可以交往一辈子或者回忆一辈子的挚友。如果性格不可磨合，我想说：每逢你想要批评任何人的时候，你就记住，这个世界上的所有人，并不是个个都有过你拥有的那些优越的条件。

龙炫宇：我觉得能合群就合群，不喜欢室友的话至少要相互尊重，有什么矛盾还是要心平气和地说出来，不要背地里搞小动作。

阳雷：四年后优秀的人往往按寝室分布。

程源洁：寝室关系很重要，这是未来四年与你们朝夕相处的伙伴，生病了需要他们照顾，逃课了还要他们打掩护……同寝四人几乎是东南西北各一方，能好好待在一起的时间就只有这四年。有些同学可能是第一次住寝室，彼此之间有可能是首代亦是末代室友，毕业后各奔东西难相聚，需珍惜。我们这代人容易以自我为中心，但是寝室相处，要多站在室友角度思考问题，这也是学做人的过程。室友睡觉时动作轻点，通宵供电时控制游戏时间……有问题还是商量着解决，解决不了可以求助罗哥、陈姐，哈哈哈。

吴雅娟：拥有“亲室友”是可遇可不求的，每个室友的性格都不一样，但亲密关系的维系有共性：多一点“包容”，少一点“自我”。磨合、照顾、体谅，好的室友关系会让你有家的体验。

赵登前：大家来自五湖四海，分到一个寝室真的很不容易。我觉得我的建议对于男生还是蛮实用的，大家第一次住在一起，生活习惯不一样是肯定的，所以需要一定的时间去磨合。不要因为室友的生活习惯和你不一样就充满了嫌弃，人都是会慢慢改变的，多担待是需要的，但是有什么建议一定要直说，比如室友晚上打游戏开语音很吵、室友不洗臭袜子这种，不要藏着掖着，也不要发脾气，心平气和地沟通。大家住在一个屋檐下，沟通特别重要，没有什么是一顿烧烤不能解决的（北苑福记烧烤的鸭肠特别好吃），如果有就两顿。不要显摆你的优越感，互相尊重是一起相处的前提，也要互相关心和体贴。室友应该是相处时间最久的大学同学，室友感冒、发热陪他去打个针，给他倒个热水，不会少了什么，要做一个友好的人。

张奕涛：或许很多年以后，你提起你的大学同学，往往指代的是你的大学室友。寝室关系的融洽，会使你的大学生活异常充实。我认为同寝室友的相处之道在于：真。一个寝室四个人，天南海北，性格迥异，家庭情况天差地别，自然会有许多的矛盾和冲突，这是不可避免的。但是矛盾冲突从来都不是末日和结束，用最真诚的态度、最诚挚的内心来解决，说开了，其实就是最好的解决方法。再次强调，一个良好的寝室氛围，几个过命的兄弟或是无话不谈的姐妹，或许是大学给你最大的财富。

徐寰玉：看待寝室关系的关键词是家。即使是本地的师弟师妹，寝室都是你待的时间最长的地方。室友都是你大学人际关系避免不了的部分，是除那个有血缘关系的家以外的第二个家。来自天南地北的四个人聚在一间小屋子里，虽然不是“百年修得同船渡”的缘分，但也是“脖子都快扭脱臼的好多次回眸”才换得的同室而居。寝室四个人里总有一个性子比较急，总有一个比较可爱，总有一个是学霸，总有一个人扮演着调和的角色。性子急的人适当收敛下一秒即将爆发的火气，可爱的人活跃气氛，学霸带动整个寝室的学习氛围，调和的人出来缓解矛盾。收获寝室的友情其实很简单，寝室关系不用处理得小心翼翼，也不应该随心所欲。室友睡觉时尽量避免弄出声响，打电话请到阳台或者走廊，爱护寝室的卫生环境，尊重室友的个人隐私，等等。我相信你们会找到好室友的。寝室可以约定一个睡觉免打扰的时间，固定时间段集体午休，固定时间点准时关灯睡觉。对于睡眠环境要求非常高的师弟师妹可以购入隔光床帘、眼罩或者隔音耳塞。

匿名师姐：我至今仍记得一个老师说过的话，“别把高中的朋友观念带到大学来，尤其是带到寝室关系中”。我这么多年悟出来一个道理，不要拿你的标准去要求别人甚至改变别人。事实是，你对别人好（也许只是你认为的好），别人不一定对你好。寝室四个人能住一起是缘分，性格合不合、生活合不合主要看运气，对于一些日常小事，多沟通、多容忍，大家是成年人，处理问题要动动脑子。不得不说，选一个有担当、有住宿经验的寝室长是特别幸福的一件事情。以我为例，在我们寝室长的带领下，寝室干净整洁、作息规律、气氛融洽。如果寝室关系和睦，那你的大学生活应该也很愉快，寝室一起出游、一起吃喝（寝室小煮特别棒哦）、一起参加活动，都是很棒的回忆。

何林周：寝室舍友来自天南海北，每个人的生活习惯、生活方式等均有较大差异，所以要“求同存异”，相互包容与谅解，没什么事情是一顿火锅、二两白酒解决不了的。但这并不代表着一味地忍让妥协，该出手的时候还是要出手的（不是动手啊），而是要“为自己的权利而斗争”（本人就有着惨痛的教训）。

金冲：寝室关系是我大学做得比较失败的地方，大一下学期还和舍友闹过一次矛盾。我的教训是不能把寝室当作自己的卧室，寝室不是一个人的。你有利用寝室的权利，但也要尊重别人的需求（打游戏、看电影、聊天儿，这些都是正常的）。如果发现自己和舍友不在一个频道上，千万不能去刻意改变别人。看书、学习可以去图书馆，宿舍就是休息的地方。

三、关于学生组织

余丁：我说的是自己，反面例子，哈哈。

大一的时候，自己参加了学生会的宣传部，因为工作简单琐碎，觉得还不如做自己的事情，在大一上学期中途便退出了学生会。

直到毕业的时候，人家同一届一个部门的同学再聚首，姐妹情深、情同手足，照相、吃饭、喝酒什么的很热闹，自己却没有这样的感觉。

大学的学生组织还是要参加的，不要觉得自己做的都是小事、杂事，没有存在的意义。其实在这些小事情中能收获很多东西。

首先，你可能会收获一份友情、爱情，这个不必多说。大学跟高中不一样，不单单是跟同班同学交流，很有可能你的朋友是全校范围的。学生组织是一个很好的平台，可以让你认识新朋友。新朋友是大学多彩生活的重要组成部分，也是爱情、友情的开始，你们懂的。而且，共处事、共患难的友情会更坚固一点。

其次，以前觉得自己在学生组织做的事都是小事，也并没有想要大二做到部长担起责任那一步。但上了班才发现，那些在大学里担当过学生组织干部的同学，在职场的工作能力和为人处世方面真的要出色一些。学生组织相当于一个微型职场，不管是工作还是跟同学之间的相处，这些能力的锻炼对大学毕业迈向社会的我们很有帮助。

李建学：刚进学校，面对各种招新等不要着急做出选择，氛围和相处的人很重要（这个可能看运气），不同部门、社团有不同的价值倾向，是选择在一个活泼的部门还是内敛的部门看你自己，融入要看自己。千万不要将自己慢慢隔离或者因其他事很忙，最终变成“打酱油的”，这样也没啥意思，事实证明有2/3是这样的。当然最重要还是要有自己独立思考的能力，不要师兄师姐说啥就是啥，多学习，多进步。

李荻：参加学生组织不是目的而是方法，参加这些的最终目的是要形成能力，所以最好在大学初期对自己进行整体规划，如要提升组织能力、表达能力、法学专业能力等。再依据自己的规划选择相应部门，比如提升组织能力就晋选总班、参加学校各类组织，提升表达能力就参加辩论队、主持演讲类社团，提升专业能力就参加法诊、读书会。关键要结合兴趣，统筹规划，切记不要贪多，要量力而行。任何组织坚持到最后都会有丰厚的收获。

吴雅娟：第一，西政的学生组织很多，但良禽择木而栖。进入一个学生，需思考这个组织是否真的有价值，对自己的发展有帮助，自己是否真的热爱，如果综合考量实在不适合，尽早离开是最好的选择。第二，学生组织不是培养飘飘然优越感的地方，在组织里更多的是学会待人接物、随机应变的思维，培养良好的工作习惯，学会与不同类型的人沟通、协调、合作，尽早提高情商。

代子雯：很多同学或许会像我一样，在一开始进入大学的时候会很迷茫，不知道怎么选择开始自己的校园生活。学校有校组织、院组织，还有很多的社团，该怎么选择呢？其实选择什么部门、什么社团都可以，都能锻炼自己的能力，但是记住一点，贪多嚼不烂，两个刚刚好。院组织一定要参加，你会发现院组织的部门会拉近你和本院同学的距离，这或许是你大学生活里不错的体验。大一在部门里认真地跟着师兄师姐学习，如果你有心想要留下继续做部长甚至主席，那就多花点心思。如果你的心思不在这里，也不妨去尝试一下，你会收获大学里面情比金坚的友谊，这是出去工作后很难遇到的。

吴正阳：①学生组织和社团活动对我们的意义不在于担任了什么职务，而是结识了一群人，共同完成了一些事；②学习还是最重要的，不要以忙于学生工作为借口不认真学习。

刘咏：不要为了综测和第二课堂分出卖你的灵魂，去参加你感兴趣的活动。

王瑱玥：参加社团活动和学生组织会是你在大学里认识同学、结交朋友最好的途径。很多师弟师妹都觉得参加这些会耽误学习，其实恰恰相反。优秀的人做什么都是优秀的，这两者并不矛盾，我认识的成绩优异的师兄师姐都参加过各类学生活动，有的甚至一直担任学生组织的干部，他们照样通过司考，保送研究生，考上研究生，而且参加学生活动带给他们快乐，是不同的锻炼机会和简历上的荣誉。所以，与其整天埋头自己玩自己的，不如多做一些有意义的事情。学生组织有很多，学校的学院的，学生会、青协，这些都是不错的选择。

杨大状：工作需要的某些技能老师不一定教，而社团会让你学。

蔡瑞：学生组织、社团活动会让大学更精彩，是大学生活的调味剂，会收获朋友，也能锻炼自己，但是还是要以学业为重。

李焕兰：个人觉得学生组织和社团活动不仅要多参加，而且要积极参加。积极参与其中，你就会发现无形之中各方面的能力得到了提升，更重要的是，你会发现结交了很多新朋友、好朋友。在以后的日子里，你会发现，这简直就是一笔人生财富!

王力锋：①加入学生组织是一个双向选择，如果自己不喜欢应该早点退出，留下来就要负责任地对待自己的工作；②不要觉得在学生组织没学到东西就过于失望和懈怠，很多事都不能教会什么技能，但是在团队工作中学会合作、交流，交到一些很棒的朋友，也是极大的收获。

匿名：简单来说，就是一群不同的人走到一起，齐心协力去完成一件相同的事情。与组织中其他同学的工作磨合，其实是一个很有意思的交流过程，我表达我的想法，你阐述你的观点，不仅对彼此都是一种锻炼与提高，还很容易因此催生出特别的革命友谊。个人建议在大一的时候还是要参加一两个学生组织，花点时间、精力去浪一浪，充实一下自己的课余生活。如果你在了解情况之后仍然对学生组织没有兴趣，或者你有明确的目标计划，有自己充实的生活安排，那不参加任何学生组织也无所谓。因为不参加学生组织不等于不参加任何学生活动，往后遇到有兴趣的活动仍可以报名参与，只不过不是以活动组织者的身份去参与罢了。

李智：学生组织、社团活动是大学相对于中学一个比较明显的区别，可以说，是大学生活的第二生活，除了专业知识的学习，它们将会占据我们生活的大部分。是否加入学生组织或社团，取决于自己是否热爱，对平衡专业知识学习和社团与组织的活动有重要影响。

窦钰珂：学生组织和社团活动是大学生活一个挺重要的方面，积极参加这类的活动，积极提出各类的建议和作出贡献，积极和同学们交流玩闹，有利于尽快打开自己。建议学弟学妹都多参加这类的活动，青协是挺不错的选择，多参加志愿者活动是对自己的帮助也很大。

陈硕：在学生组织那里会遇到很多大学四年的好朋友，如果想多认识些人，就去加个心仪的部门。

阳雷：关于学生组织，能真正融入往往不单单靠自己，还要遇到一群可爱的人。

张奕涛：就个人来说，我是一个积极参与学生组织的人，自己也认为对所在的部门算有所贡献，但是如果让我公正地评价学生组织，我只能说良莠不齐。不管是部门还是社团，我认为自己的兴趣才是最重要的，而且希望大家可以记住一点，学生组织虽然是组织，但归根结底总是学生间的东西，如果有一天你发现，你的师兄师姐打着社会的名义要求你干这干那，拿自己多一年的学生履历来让你做不该做的事，不要盲从、不要跟风，要勇敢地拒绝。当然大部分部门还是极好的，你们深处其中可以学到很多，能收获友谊、能收获经验，或许还能收获爱情。如果说你加入了一个部门，有什么是你一定要承担的东西，那便是责任！

徐寰玉：我的关键词是量力而行。学生组织是大学生活中不可缺少的部分，在这里可以提高实践能力、组织能力，也能收获友情、爱情。不是每个部门都适合自己，也不是加的越多越好。选择自己最喜欢的一两个足矣，不然你的空闲时间会被所有的“收到请回复”占据，而且还都“费力不讨好”。当然，如果不想入部门也是可以不入的，做自己喜欢的事才会快乐，第二课堂分并不难修，总会满的……

刘强：加入学生组织去锻炼自己，这个我是绝对要推荐的。我主要想说大家加什么，加了之后怎么做。大家入学之初，还不明白几大学生组织的具体构成，这时候切忌乱投，一定要在充分了解了各组织、各部门的主要工作范围之后再加入。学生组织可以比拟成你的第一份工作，自己的兴趣非常重要，如果选对方向，在组织里你就会碰到一群志同道合的人，大家为了一个任务而一起努力，想起来也是美滋滋的。学生组织一是寻找归属感、成就感；还要锻炼自己的交流能力、表达能力、工作能力，这些都是在未来工作中一定会用到的东西！可以这么说，你在学生组织中是什么样子，你在未来工作中的样子差不多一样，所以，这种提前演练非常必要。在这里，我请大家就把自己加入的组织当作没有工资的第一份工作，认真对待，融入其中。至于组织的数量，找准自己心仪的，一个足矣。

四、关于班级

王建超：在西政选课制度下，班级概念不再与中小学的班级概念等同。

西政的班级或许仅是为了便于行政管理才分出来的。平常的上课和社团活动等与班级没有太大的关系，我们所面向的交流对象是整个年级、整个学院。

在选课制度下，做好大家都在意的班级比在固定同学一起上课的班级制度下更难，但也有班级感情维持得很好的例子，比如 2013 级 10 班，他们维持感情的方式就是多聚在一起，多参加集体活动，这不仅要求这个班级的同学要有集体荣誉感，还要求这个班级的班干部特别是班长和团支书有很多想法和点子，激起大家玩在一起的热情，让大家真实感受到集体活动很好玩、很有趣和很有爱。

李荻：班级凝聚力来自每个个体，每个人最好都能扮演好自己的角色。比如班委尽量为大家考虑，任何学生干部都是所面对群体的服务者，对自己的工作负责，为他人考虑，提升自己，也有益他人。而作为班级的成员，面对别人善意的帮助要积极配合，考虑他人难处，真心对待每位同学，在自己力所能及的范围为班级作出贡献。群体中的每个人都能互相沟通、为他人考虑、真心相待，四年后你将收获天南海北四十余位兄弟姐妹，惺惺相惜，互相尊重欣赏，毕业时一起哭着期待下次相聚。

匿名：我感觉我们班是最不像一个班的班级，平时大家也不聚，班级活动很少，很多人不愿意参加，找各种理由逃避，班级几乎没有凝聚力。希望新生们能够注重班级内部的交流，不要像我一样，大学四年本班几十个人都认识不完。

匿名：大学班级不如中学班级凝聚力强，这是无法逃避的现实。在大学，我们更多的是个体，所以很容易忽视集体。一个班级的班干部对于凝聚力十分重要。

王瑱玥：做了四年的班级团支书，和班长还有其他班委配合得都很好，班级凝聚力很强。能分到一个班级真的是莫大的缘分。所以无论你是不是班干部，都可以为班级凝聚力做贡献，比如平时多和同班同学交流，别到了大四才发现不认识自己的同班同学，多参加班聚，都是同班同学没什么好矜持、尴尬的。

刘卓鑫：班级是我们参加年级和学校活动的基础单位，如年级大会、院运动会等，也是我们除年级外一个人数比较多的集体。一个好的班级，会让我们在重庆和学校有更多的归属感。优秀的班级靠每一个人维护，平时多参加班级活动，多帮忙搬课本，运动会积极报名，这些既会让个人的综合素质有很大的提高，也是为班级赢得荣誉的需要。有机会的话，积极担任班委，如果没有，也可以平时多帮助班级、年级的同学，急人所需。这样，大学才完美，哈哈，不然以后真的会有遗憾。

王力锋：大学的班级较为松散，分班级更多的是为了便于行政管理，但是也有不少班级形成了很好的班级氛围和同学感情。不仅是班干部，每个人对待班级工作更认真，参与班级活动更积极，能帮助更好地凝聚班级。

阳雷：关于班级，让每位同学找到自己在班级中的存在感没有那么容易，却很重要，班干部们要谨记。

匿名：虽然我们班不算太团结，到毕业的时候我也觉得对个人的影响不是太大，但是每每听到哪些班又发节日慰问品了，哪些班集体给每个男生过生日，哪些班的班长会给每一个同学写生日贺卡。我在想，能做到这些的人，毕业之后肯定都不会混得太差吧，用心做真的不一样，班上的同学肯定也会为这样的集体自豪。

刘强：人人都说大学的班级概念不那么强，其实不然。班级其实是最能体现凝聚力的地方，同时班级也是一个需要大家共同呵护的地方。在未来的年级集体活动中，我们都是以班级为单位的。试想如果运动会等活动，人家的班级热火朝天，自己的班级稀稀拉拉，那是什么感受？班级很重要，班级体现的是一群人的集体荣誉感，也体现着各位的责任感。任何人都有责任去维护自己的班级，让自己的班级变得更好。在日常事务中，很多通知的下达也都是以班级为单位的。所以希望各位珍视自己的班级，这是大学里唯一一个永不分散的集体。给自己也给班干部一个建议，希望大家牢记竞选时自己的话，再苦再累，为班级、为同学服务！

匿名：其实有点惭愧，因为我觉得我们原来的班级向心力不是很强，在西政学习，班级的概念不是很明显。因为是自己选课、大班教学，所以更加需要班干部、班级成员多花心思，多组织一些班级活动，把班级成员都调动起来，这样班级的凝聚力才会越来越强。不过重要的话说三遍：有一个肯付出的班长非常重要，有一个肯付出的班长非常重要，有一个肯付出的班长非常重要。班长要把大家凝聚在一起，班委会要多组织一些活动，一些以班级为单位的比赛也要积极参加，尤其是篮球赛、羽毛球赛等最能凝聚人心。

匿名：我很幸运，班级里有一群可爱的小伙伴，班干部干事负责，班级同学之间关系很好。可能是个人性格原因吧，我对于班级的融入不是特别深，但我还是觉得多参与班级活动挺好的，个人也不能完全离开集体。

徐寰玉：我的关键词是凝聚力。大学的班级并不像以前的班级生活那样，通过一个固定的上课教室作为契机，让同学们“日久生情”。班级的感情需要班委牵线搭桥，好好经营，以后说不定也可以省一份份子钱?

五、综合方面以及如何与老师相处

冉于琪：对于你们中的很大一部分人来讲，可能四年之后就要真正地进入这个社会了。四年很短，我有很多同学等到大四快要完了都还在迷茫于考研还是找工作的选择之中，是去律所去企业还是考公务员呢？所以请不要把你们的大学当成与世隔绝的象牙塔，尽可能早地去思考关于自己未来的事情。你们的两个辅导员将会是你们很好的导师和朋友，他们带出来的 2013 级获得了非常骄傲的成绩，在这个问题上多和他们交流会让你有很多的收益，我相信四年之后，行政法 2017 级的诸位会是比我们更优秀的一届毕业生。

黄雅菲：大学生活应该丰富多彩，不仅要学习，也要多多参加社会实践活动。社团组织不仅可以锻炼你的能力，也可以让你交到很多朋友。在与同学、室友相处的时候，要懂得相互体谅哦!

杨春丽：一定要尊重老师、尊重师兄师姐、尊重别人，更重要的是尊重自己。在学生组织里，你可以收获辛酸、快乐、汗水、满足。

陈学莲：学习是大学生活的首要任务，一定是“首要”！与人相处，合则近，不强求、不妄求。如果你想得到某件东西而没有得到，一是没求；二是求而不得，是为妄求。收起玻璃心，没有谁对你好是理所当然的。

张晓晨：第一点，一定要对得起自己，大学是充实自我、放飞自我的天堂。只要你愿意去做，就不要管别人的目光（不是随意放飞四处放荡的意思）。第二点，与人为善，抬手不打笑脸人，懂礼貌，讲文明。第三点，心态要平和，没有人有义务去对你好、去帮你，愿意这么做的人是把你当朋友看，要珍惜。第四点，没住过寝室的同学一定要事先和室友们沟通好，把自己的想法说出来，大家都是文明人，会懂你的意思。第五点，身体第一，学习第二，朋友第三，兴趣第四。

徐韬：①有时方向比努力更重要，尽早确定自己的定位，清楚社会的需求并充分借助学校的条件。②用功学习，独立思考，联系实际，培养核心能力。

匿名：希望师弟师妹不要太放纵自己享受重庆的美食和夜生活，不然像我一样四年长了 20 多斤，现在还要减肥，呜呜。

吉朋鑫：当自己不知道想要什么时，想尽办法让自己忙碌起来，每一个平台都值得你用心对待，渐渐地知道自己想要什么后，要更大胆去做！

沈喜颖：一点教训是要多多和自己学院的人打交道，放开自己，人缘还是很重要的！

李洋：学习最重要，有余力的话可以参加学生组织、社团活动，丰富经历。大学班级依然重要，凝聚力强的班级的课余活动有声有色，会给大学生活带来很多难忘的经历。寝室相处多一些宽容，有问题多沟通，不可激化矛盾。和老师相处，以诚为先，真诚地告诉老师心中所想。建议的话，就是多看书、多学习，学习很重要。

吴雅娟：①挖掘一个有意义的兴趣爱好，长久热爱，并能够作为学习和工作之余的放松；②养成固定的作息时间以及规律的锻炼习惯；③自律、独立思考，有自己的主见；④有目标地学习，多实践、多体验，尽早为职业选择找准方向；⑤关注社会需求，学习所需的技能；⑥有困惑可以多找找罗哥、陈姐。

曹佳骏：每天起床吃早饭。

陈夏宇：学习大于天，学习好一定混得好，混得好不一定学习好。机会都是自己争取的。

董莉莉：上课不玩手机，尽量听懂老师讲的内容。即使觉得很难、学不懂，也要硬着头皮撑下去。多谈几场恋爱，社团跟着自己兴趣走就好了，不要勉强。有学习问题多跟老师交流，不要害怕，老师人都很好，学着脸皮厚一些。建议根据自己的性格、爱好等拓展自己。此外，独立思考，保持自由的人格。

林冰茹：学习虽然不是大学里最重要的，但是绝对是很重要的。学生组织中认识的人会是大学中除了室友最好的朋友，但是参加学生组织要量力而行，不能跟风什么都参加，但是也最好不要都不参加，不然拍毕业照落单的时候会后悔的。大学的班级感没有高中那么强，但是如果有一个班级凝聚力很强、班长很负责的集体，那绝对是你赚到了。沟通是人际关系的第一要义，千万不要背后随便议论他人，越坦荡，生活越轻松。

代子雯：其实老师、辅导员对每个小孩都是一样的，都是一样的照顾和喜欢，不要胡思乱想，多多和他们接触，你会发现，其实他们像你们的家人一样，能够给你们在大学的迷茫期很多有用的建议。

杨大状：多与授课老师沟通会涨涨平时分，多与辅导员沟通会少走很多弯路。

匿名：辅导员是老师当然也是朋友，他们有时候会让你觉得烦、不理解，可能是因为严格的管理，也可能是因为上面政策的实施，但永远不要怀疑这是他们负责的表现方式。

金冲：对于与老师的相处，要相信“与人方便，与己方便”，多从对方的角度考虑，为对方着想，才能在做好事情的同时也能处理好关系。

徐寰玉：我的关键词是亦师亦友。我罗哥哥、陈姐姐简直是太贴心了。你们会爱上的。关于授课的老师，选课拼的是人品，第一轮得拼一拼，这决定了你未来一学期的幸福，请在选课的时候咨询师兄师姐。

程源洁：关于辅导员，大家在群里诧异咱们称呼辅导员是“罗哥、陈姐”，这样的称呼代表他们并不只是辅导员，还肩负着生活中的哥、姐以及朋友的角色。两位辅导员要管理500人的学习、党团关系、奖助学金、日常请销假、校外实习，还有大四期间的考研、司考、找工作……跟高中班主任完全不同，辅导员的任务量很大，心力难免不足。对我们2013级，他们俩虽然第一次当辅导员，但反复翻大家的照片和名字对号入座，见到同学可以叫出每个人的名字。可以在每学期评优、评奖、评助学金时，以公开透明的方式保证结果的公正并建立公信力。等你们听到其他学院同学吐槽他们的辅导员怎样怎样时，你就会庆幸大学遇到了他们。在某件事情上想不通、懊恼时，靠他俩提点两句可能就释怀了。某问题解决不了时，我的第一念头可能就是求助他们。

关于班导（即班级导师），一般学院会每两个班安排一位导师，平时给大家布置读书任务、开读书会、让写读书笔记等。负责任的老师会尽其职责，还会跟班上同学打成一片，一起打球聊天。若运气不好，也别太失落，这些学习任务可以自己制订计划，也可参加其他班级的读书活动，老师们总是喜欢爱学习的学生的。

必须强调要保持身体健康，我们2013级有好几个同学因为身体原因休学修养，耽误了一年甚至更久。有的同学因为玩游戏或是过度饮酒等不健康习惯，导致面瘫、肠胃功能紊乱。也有的同学忙于学生工作、社团活动等，过度透支自己的精力，疲累不堪。总之，身体是革命的本钱，娱乐要有节制，保持良好的身心健康，利他利己。

刘强：希望大家在大学生活中更有计划性，不要四年后回首过去，发现自己忘了那段时间在干什么。大家要牢记，在未来只有自己更有优势、更有竞争力，才能在社会上立足。在我看来，文科的竞争力就在思想、口头和笔杆子上。如果大家认同，请大家时刻记得去锻炼自己的这几个方面。开个玩笑：工科都是干活的，文科是用嘴巴和文字指挥工科干活的。希望大家有一个充实而开心的大学生活。

张奕涛：师弟师妹们，在大学千万别把老师当成高高在上的存在，心怀害怕而疏远。其实在我看来，大学里的老师，尤其是辅导员，和同学都是亦师亦友的关系。你当然要从内心尊重他们，但这不代表你需要唯唯诺诺，你们可以是好朋友，可以把内心的疑惑和问题推心置腹地告诉他们，寻求他们的帮助。

最后想和大家说两句。大学不要给自己太大的压力，你只需要对自己负责，你做的事情要无愧于心，但这并不代表你可以自私，凡事只为自己考虑。我们虽然在法律院校，也即将成为中国新时代的法律人，但是作为一个人，不仅要受到法律的规制，同时也受到各种道德的制约，不要认为你学了法律，你的所作所为只要合乎法律即可。中国传统文化源远流长，它首先要求我们做一个堂堂正正的人。我们做的事情需要经过内心的正义确信，做到无可指摘，我想这是你们从一个高中生变成一个成年大学生、一个完全民事行为能力人的最重要的要求，从此以后没有人会因为你还是个孩子而包容你。记住，你没有比谁了不起，你也没有比谁差劲，你就是世界上独一无二的个体，做好你自己，不要怕犯错、不要怕失败，大学会带给你别样的感受，给你一段全新的旅程。

菜鸟，欢迎来到大学！

罗翔宇、行政法本科 2013 级同学

2017 年 8 月 15 日

军训中的战斗力

军训已经进入白热化的阶段。这两天你们都觉得教官突然变得严厉了，训练强度突然加大了，有的同学一时难以适应。昨晚看到你们的训练效果，看到其他连队的训练效果，看到教官们脸上的表情，我想你们也都知道了这不是来玩的，而是硬碰硬的战斗。我看到有的同学在偷偷抹眼泪，有的同学站军姿时不断流汗，有的同学双脚肿胀却站得笔直…… 军训以来，你们感冒、发热、胃痛、肚子痛、全身皮肤过敏、扭脚、脚肿、长水泡、肩颈疼痛等身体不适的状况不断出现，拉练的时候突发状况亦不断。当医生都让你们去休息的时候，你们却说老师我想回去继续训练，不想请假休息。说心里话，我们被你们这群十七八岁孩子的坚强感动了。我想，我们行政法的孩子个个都是精兵强将！个个都是好孩子！无论什么时候，你们都不是一个人在战斗，你们的小伙伴一直和你们在一起。我和熊蕊老师也一直和你们在一起，陪着你们训练，陪着你们拉练……长胖了就没能瘦下来的我，因为军训成功减肥数斤。孩儿们，我们一起再坚持几天，在即将到来的军事会操阅兵中，为我们行政法长脸！

周　婕

2014 年 9 月 24 日

对童某某同学关于《西南政法大学行政法学院2013级年级纪检条例》及其实施现实相关意见的回复

童某某同学：

你好，年级办公室于2013年11月5日收到你《关于〈西南政法大学行政法学院2013级年级纪检条例〉及其实施现实的一些意见》（以下简称《意见》）的意见书，现针对《意见》做出以下回复。

一、回复制定程序不当

《中华人民共和国立法法》第2条规定："法律、行政法规、地方性法规、自治条例和单行条例的制定、修改和废止，适用本法。国务院部门规章和地方政府规章的制定、修改和废止，依照本法的有关规定执行。"《西南政法大学行政法学院2013级年级纪检条例》（以下简称《条例》）不属于法律、行政法规、地方性法规、自治条例和单行条例，也不属于国务院部门规章和地方政府规章，其制定无须按照《中华人民共和国立法法》所规定的法定程序原则。

《条例》有其自身制定、运行的程序。年级办公室在制定规章制度时，以学校校规校纪为基础、以2009级纪检条例为蓝本，在比较行政法学院各年级的纪检条例后，由2013级纪检总班通过讨论并最终形成文字，再由辅导员核准后于10月16日正式颁布生效。条例没有违反宪法和相关法律，同时还保障了同学们提出异议、表达意见、监督的权利。

《意见》中提到"我们学生作为《条例》的被规范人，其制定机关、制定人员组成、签发人、制定程序、公布实施时间都未明确，不符合法定程序原则”。《意见》所指法定程序原则适用范围是立法，而《条例》制定属校规校纪制定的范畴，《意见》无疑是扩大原则适用范围，而原则运用在《条例》制定中是不成立的。且《条例》制定、实施流程非常清楚，《条例》的制定人员、签发人、制定程序、公布实施时间在上一段中都已明确提出，本段不再赘述。

二、回复《意见》中提到《条例》的正当性

《条例》是以西南政法大学教务处所规定的校规校纪为基础制定的，是为了更好适应各学院各年级的具体情况而制定的，在制定精神和原则上与校规校纪相一致，本质上属于校规校纪的延伸，属校规校纪的范畴。

教育部制定、颁布了《普通高等学校学生管理规定》，该规定授予高校制定校规的权力，是高等学校制定校规的法律依据。《普通高等学校学生管理规定》第一条对该规章和上位法的链接关系作了进一步说明，根据教育法、高等教育法以及其他有关法律和法规制定本规定。《中华人民共和国高等教育法》第41条规定，“高等学校的校长全面负责本学校的教学、科学研究和其他行政管理工作”，有权“拟定发展计划、制定具体规章制度和年度工作计划并组织实施”。这里所指的规章制度也包括校规在内。综上所述，我国国家法律以及相关教育规定授予学校制定校规校纪的权力，属于校规校纪范畴、以学校校规校纪为基础的《条例》具有正当性。

三、回复《条例》民主

全体同学都有质疑《条例》、对《条例》提出意见并监督修改的权利。童某某同学对《条例》的《意见》，以及我们对于《意见》的回复正是这一句话的有力证明。

四、回复层次不当

《意见》指出“《行政法学院2013级拟跑操方案》中规定跑操时间为7:10，《条例》第4条则规定为7:20，两个规范性文件的权力位阶未明示，存在规范冲突，其规范层次不当”。《行政法学院2013级拟跑操方案》中未规定

跑操时间为7: 10，而是规定集合时间为7: 10，与《条例》中早检时间7：20并不冲突。还请童某某同学认真阅读相关文件。

五、回复权限不当

《意见》中所指僭越解释“请假要提前一周”，此为个人理解不当。在实际操作中应学校校学管委规定纪检委员，要求请假人员提前一周请早操假。遇有突发事件，跟陈研淑老师请假后可到场休息，特殊情况经批准还可不用到场，陈研淑老师在11月6日公布的《关于日常请假＋盖章＋寒假放假通知》中亦明确说明了这一点。还请童某某同学认真阅读相关文件。

最后，十分感谢童某某同学提出意见并监督我们的工作。在接下来工作中，我们一定会改进不足，比如我们已经将之后补充的通知同时加入原有的纪检条例中。希望童某某同学也能遵守校规校纪、《条例》。欢迎同学们提出自己的建设性建议，不断完善《条例》。

2013级年级办公室、纪检总班

2013年11月18日

附意见书原文：

关于《西南政法大学行政法学院2013级年级纪检条例》及其实施现实的一些意见

尊敬的各位纪检总班、辅导员老师、院领导、学校领导：

你们好。依法治国，建设社会主义法治国家是我国的基本治国方略，教育部于2003年7月17日发布了《关于加强依法治校工作的若干意见》，要求建立校内学生申诉制度，保障学生申诉的法定权利。我校是以法学为主要学科的多科性大学，依法治校更是我校的基本治校理念，作为西南政法大学行政法学院学生，我对《条例》提出如下意见：

一、制定程序不当

《条例》的实施未明确其制定程序，法定程序原则是《立法法》规定在立法时必须遵守的原则，高校在制定规章制度时应当遵循法治原则，即切实做到程序公开和民主管理。我们学生作为《条例》的被规范人，不明确《条例》的制定机关、制定人员组成、签发人、制定程序、公布实施时间，因此《条例》的制定程序不符合法定程序原则，未体现法治精神。梁启超先生在《论自由》中写道："盖公定法律而公守之，即自定法律而自守之也，实则仍受治于己而已。"作为规范的程序制定，《条例》是否为民主制定，是否具有正当性尚不明确。

二、规范层次不当

在承认《条例》合法性、合理性、正当性的前提下，有其他规范与其冲突。《行政法学院 2013 级拟跑操方案》中规定跑操时间为 7: 10，《条例》第四条则规定为 7: 20，两个规范性文件的权力位阶未明示，存在规范冲突，其规范层次不当。

三、施行权限不当

在承认《条例》合法性、合理性、正当性的前提下，在实际施行《条例》时，存在以条例作为解释的超出《条例》本身的实际操作。《条例》要求学生在早操、上课及活动请假时，应事先填写假条，交由辅导员老师认可，但在实际操作中，请假学生被要求在一周前请假，其行为有僭越解释之嫌。而且，一般性请假须提前一周的潜在规定并不合理，一半事件难以提前一周预见其发生，最终容易导致学生请假难，存在故意刁难学生之嫌，没有可行意义，达不到规范管理的目的。

童某某

2013 年 11 月 5 日

大学里保险的重要性

——来自罗哥的医保政策解读

行政法 2017 级全体同学：

医保宣传手册已经下发，我在手册的基础上做了一个图片版本的医保政策解读。请各班联络员进行好工作分工，于 25 日晚上在已有的班级信息表格（联络员群）的基础上进行信息登记，统计各自班级的医保报名情况，并在备注一栏标注 1 档、2 档、不参保（写明缘由）、未报到四种类别情况。我们前期只做统计，收费等到 10 月份。

具体解释如下：

一、参保对象

渝北区辖区内各类全日制普通高等学校（包括民办高校）、科研院所（以下统称高校）中接受普通高等学历教育的全日制本专科生和全日制研究生（以下称简称大学生）。

解释 1：原则上我们希望所有同学都参保，毕竟谁都无法预料会出什么事情。如果你本人无意参保，我们会要求你写一份情况知情书并签字，除非你有其他的保险。我们也会大概率知会你的父母，告知你不参保的情况，你的父母要是也觉得这个无所谓，我们会尊重你们的想法。

二、参保筹资标准

1. 大学生参保缴费标准：设两档筹资标准，个人参保缴费一档每人每年 140 元，二档每人每年 350 元。

2. 困难大学生补助标准及办法：按国家及地方政府有关规定执行。

3. 各级财政的补助标准及办法：按国家及市政府有关规定执行。

解释 2：针对大二以上获得过助学金的同学，重庆市在保险政策上有一定优惠，现政策为直接减 140 元，这意味着获得助学金的同学一档是不要钱的，二档是 210 元，强制要求所有获得助学金的同学全员参保。

我们学院也要求这部分同学强制参保（这条政策救过 3 位 2013 级同学，帮他们省了很多开销）。但由于大一新生的助学金评定晚于医保的截止时间，故大一同学无法享受该政策。我今天下午跟学院领导请示，学院愿意在助学金评定结果出来后，对获得助学金的经济困难同学每人补助 100 元的医保费用，这笔钱由学院出，所以有些生活比较拮据的同学不用太担心（不出意外 11 月 20 日左右上卡）。

三、参保办法及享受待遇时间

参保手续：原已参保大学生凭社会保障卡办理参保登记手续；新参保大学生凭居民身份证（第二代）、学生证原件及 A4 纸复印件各 1 份，近期 1 寸免冠登记照 1 张等相关资料到所属高校办理参保登记手续；城乡困难大学生还需持低保证、五保证、残疾证等相关证件办理参保登记手续。

解释 3：可忽略此条，2015 年以后学校就不再专门办理医保卡了。成功办理医保的同学只需要出示身份证表明自己有大学生医保就好了。（重庆 2017 年 9 月 9 日进行了医改，要求就医人员必须带医保卡，导致这段时间有很多同学的就医报账出现问题。校医保办的答复是这种情况出现的原因是医院对政策没有吃透，遇到这种情况请联系校医保办 67××××55。）

缴费地点：由学校代收个人缴款。

解释 4：收费时间为国庆后，以班级为单位收好后统一由生活总班去缴费（国庆节后应该也会收教材费，这两笔开销可以提前跟父母说一下，教材费的问题暑假已经提过）。

享受待遇时间：2017 年 9 月 1 日至 2018 年 8 月 31 日。具有本市户籍的大学新生在入学前已在当地参加本市居民医保的，入学后应参加大学生医保，并按规定享受大学生医疗保险待遇，其在当地参加居民医保的普通门诊定额报销资金未使用完的余额可以继续使用，原户籍地的居民医保住院和特病待遇中止。学生退学，不再享受大学生待遇支付，缴纳的个人参保费用不予退还，从退学之日起转入城乡居民合作医疗保险参保并享受相应待遇支付。

对当年度毕业的大学生，其参保和医保待遇享受按以下办法执行：

1. 大学生毕业当年已就业的，随用人单位参加职工医保。

2. 大学生毕业当年未就业的，可按以下方式自愿选择参加医保：

①以个人身份选择职工医保一、二档参保，办理医保关系转移接续手续。②毕业当年 7 ~ 8 月自愿选择当年的居民医保一、二档参保，待遇享受时间从 9 月 1 日起至当年年底（无须缴纳财政补贴）。③毕业当年 9 月 1 日后 3 个月内参保补缴当年医保费用的，从其完清费用的次月 1 日起至当年 12 月 31 日止按规定享受医保待遇。国家有相关规定的，从其规定。

解释 5：这意味着军训期间，如果你在校医院开过药看过门诊，票据也是收齐了的，那么可以在 10 月份医保生效后在校医院进行报账（其他医院不行，具体我后面会讲，票据丢了也不行）。

解释 6：这条的表述不够严谨，让人觉得是不是只有本地户籍的同学才能办理，答案是只要你是中国人（包括港、澳、台），都可以办理大学生医保。唯一区别是重庆户籍的同学，如果你之前有过社保卡（医保卡）并且使用过，那么办理了大学生医保之后就医还是只能出示社保卡（医保卡），其他的同学出示身份证就行了。

四、待遇享受

（一）门诊（含留查病人）

1. 普通门诊：大学生原则上在所在高校校医院就医（没有校医院的高校，由高校就近指定一家渝北区居民医保定点医疗机构为其就医管理机构，以下统称校医院），报销上限按高校规定执行。

档次	报销比例
一档	75%
二档	80%

解释7：门诊指非住院性质的看病，这条实际规定普通的门诊只能在校医院看才能享受医保。报销的上限一档是600元，二档是800元。

2. 慢性病门诊：高血压病（Ⅰ级高血压中高危和很高危、Ⅱ级高血压、Ⅲ级高血压）；糖尿病Ⅰ型、Ⅱ型；冠心病；精神分裂症、心境障碍（抑郁躁狂症）、偏执性精神障碍；肝硬化（失代偿期）；系统性红斑狼疮；脑血管意外后遗症（脑梗死、脑出血、蛛网膜下腔出血后遗症）；结核病；风湿性心瓣膜病；类风湿性关节炎；慢性肺源性心脏病；慢性支气管炎伴阻塞性肺气肿；甲亢为慢性病。经申请批准，在选定医院门诊治疗按下列比例报销。

参保档次	报销比例			学年内最高报销金额
	一级定点医疗机构	二级定点医疗机构	三级定点医疗机构	
一档	80%	70%	60%	2400元
二档	85%	75%	65%	
注：患两种或两种以上慢性病的，每增加一种，年报销限额增加200元。				

解释8：这类门诊是校医院看不了的门诊，先联系校医院医保办后，在学校指定的医院范围内再进行治疗即可。

3. 意外伤害门诊：发生无第三方责任的骨折、关节脱位、呼吸道异物为意外伤害。其门诊原则上在大学生所在高校校医院就诊，经所在高校校医院同意，可在其他定点医疗机构就诊，按下列比例报销。

参保档次	报销比例			学年内最高报销金额
	一级定点医疗机构	二级定点医疗机构	三级定点医疗机构	
一档	80%	80%	80%	1000元
二档				

解释9：同8。

4. 重大疾病门诊：血友病；再生障碍性贫血；恶性肿瘤的放（化）疗和晚期的镇痛治疗；肾功能衰竭的门诊透析治疗；肾脏、肝脏、心脏瓣膜、造血干细胞移植术后的抗排异治疗；严重多器官衰竭（心、肝、肺、脑、肾）；艾滋病机会性感染；唇腭裂为重大疾病。重大疾病实行与住院相同的报销比例和起付线，其起付线一学年计算1次（一年内到不同等级医疗机构就医的以最高等级计算），封顶线与住院合并计算，一档10万元，二档12万元。

（二）普通住院

机构级别		一级定点医疗机构（含校医院）	二级定点医疗机构	三级定点医疗机构
报销比例	一档	80%	70%	60%
	二档	85%	75%	65%
起付线		100元	300元	800元
最高报销金额：一档8万元，二档12万元。				
计算办法：报销金额 =（单次医药费用 – 自负费用 – 起付线）× 报销比例				

解释10：大学生医保最划算的就是这部分，但是要注意几个情况，但凡住校医院以外的医院（一定是公立）请先联系校医院医保办67××××55说明情况（紧急情况晚上联系不上医保办的，第二天一定要联系上）。

渝北区范围内校医院认可的公立医院，代表性的就是渝北区人民医院，重医附三院虽然是离我们最近的三甲医院，但似乎是公私合作性质，不属于校医院认可的公立医院。原则上大家最好别去私立医院。但据我了解，私立医院也是能报销一定比例的，虽然比例不太高，大概20%。

（三）计划生育补助

项目	产前检查	住院分娩
补助标准	100元	400元
注：对符合计划生育政策且具备剖宫产指征的孕产妇，按居民医保普通住院政策报销。		

（四）大病医疗保险

参加我区城乡居民合作医疗保险的在渝高校大学生，可以享受大病保险政策规定的有关待遇。

参保大学生住院和特殊疾病中的重大疾病门诊发生属于居民医保基金报销范围的医疗费用，由居民医保基金按规定比例支付后的自付费用首次或累计超过起付标准（2017年度起付标准为14188元）以上的，分二段累计计算补偿，最高报销金额20万元。详见下表：

自付费用	分段补偿比例
起付标准以上至20万元以内（含）	50%
20万元以上	60%

五、参保大学生就医办法

参保大学生在渝北区各级定点医疗机构和市内其他二级及以下定点医疗机构住院，由本人自主选择。凡未使用或未获得社保卡的，可凭身份证（或户口簿等有效身份证明）就医；已使用过社保卡结算的，必须持社保卡就医。到市内三级医疗机构或市外医疗机构就诊需按照下列规定执行。

1. 参保大学生到渝北区外市内三级定点医疗机构住院治疗，需开具转诊证明（转诊证明补开无效）。

解释11：转渝北区外的三甲医院一定要提前联系校医保办办理转诊证明，否则很多东西报销不了。

2. 参保大学生在寒暑假期间、实习期间或因突发疾病需要在市外住院治疗的，需在入院后3个工作日内告知校医院登记，办理相关手续。未按规定办理手续的，不予报销相关费用。校医院应在5个工作日内将外诊情况录入居民医保信息网络。

解释12：省外的医院也是可以报销的，但需要符合这些条件。具体联系医保办67××××55。

3. 参保大学生转往市外就医的：由其诊治的市内三级定点医疗机构填写《重庆市医疗保险转外就医审批表》（一式三份），报区社保局审批［门（急）诊危重病5日内补办手续］；本市已经具有成熟医疗技术的，符合医疗保险支付规定的手术或诊疗项目，以及目前尚无特效手段可医治的疾病，一律不得转往市外治疗。

六、医疗费用（含大病保险）报销办法

（一）重庆市内就医

在重庆市内定点医疗机构因住院、特殊疾病门诊、意外伤害门诊就医的，

凭个人社会保障卡和居民身份证（或户口簿等有效身份证明）由就诊医疗机构直接报销。

解释 13：社保卡的问题前面讲过了，目前我们学校只需要出示身份证。

（二）重庆市外就医

在重庆市外医保定点医疗机构就诊的住院医药费用由个人先行垫付，出院后到区社保局进行审核报销。报销时间不得晚于次年的 3 月底。

报销所需资料：银行卡及身份证复印件；身份证或户口簿；住院医药费统一收据；费用总清单；诊断证明；转诊证明；加盖公章的住院病历复印件；医院等级证明；代办人需提供代办人身份证。

产前检查和住院分娩报销还需：住院分娩统一收据、产前检查费统一收据和相对应的检查项目报告单，《出生医学证明》。

七、社会保障卡如何办理

社会保障卡的办理由各高校按规定搜集相关资料后，报市里统一制作，通过各高校进行发放，每张社保卡需缴纳工本费 25 元。

解释 14：不用办。

八、其他

咨询机构：区社保局、各高校校医院

区社保局咨询电话：

023-××××××33（参保咨询）、023-××××××69（待遇咨询）

注：以上政策如与市级统筹政策和相关业务操作规程不一致，以全市统一政策为准。

解释 15：记住校医保办的电话是 67××××55，值班电话是 67××××20。

罗翔宇

2017 年 9 月 21 日

“双十一”的糖

关于发糖，其实也没有什么特别的理由，就是那天崔馨文同学在总班群里说了一句“光棍节有没有人请吃糖啊”，我便随口接了一句“我请你们吧”。其实我当时真的就是那么随口一说，当然，你我都懂得覆水难收这个道理。在多次充值给支付宝寻求淘宝的红包赞助未果后，在周末给狗去宠物店洗澡、家人随身带的钞票被小偷光顾后，在周末和老友吃饭突然皮带断裂后，我觉得这基本就属于花钱消灾的性质了。当然，一切以同学发糖的理由为准，话说他们都说的是什么理由？

其实主要是我想说点东西，我开学前就已经说过，以文章沟通将会是我们在未来的大学生涯中的一种常见的沟通方式，毕竟这种方式具有广泛的传播性和较为方便的推广性。虽然具体的效果不得而知，但每当我看到发布文章后那几十次的点赞，我还是会自欺欺人地认为你们都是看完了再点的。

开学以来我养成了个习惯，上班之前翻看 QQ 上诸位的状态，年级里张三昨儿轰轰烈烈地向某女生表白了，李四今儿又和部门里的学长学姐或是寝室里的哥们儿聚餐了，王五又开始抱怨某老师的课听不懂了，孙二麻子今晚又跑到学活去搭桁架了……虽然只是冰山一角，但大致还是能反映出诸位入学两个月来所遇到的一些普遍性的问题。下面我就逮着哪个说哪个。

一、关于谈恋爱

爱情嘛，人类永恒的美好话题之一，你们中的绝大部分都会在这条路上走上一走。当然，校园爱情作为这条路上风景比较优美的一段，常常被人们冠以各种名头，令诸多同学心向往之。据我了解，尽管才入学两个月，但年级里已经有些同学在这条路上开跑了。虽然我不能直接说是好还是不好，但我真的很想说，这哪怕在校园爱情里也基本属于“抢跑”的范畴了。

我之前说过，到了大学，无论男女，你都应该大大方方地去和你的老师、同学、师兄师姐接触。这看似是一句废话，但考虑到在你们的人格和情感逐渐成型的关键时期，学业的压力使得你们在情商和智商上的成长不成比例，很多人都欠缺起码的与人打交道的能力，在情感的把控上往往缺少一种“自觉”，匹配上大学这种相对宽松的大环境，那种为了恋爱而恋爱的想法似乎成了不少同学内心中一种不自觉的标尺——嗯，我怎么着也得谈一个。

我很欣赏某同学那种轰轰烈烈的同学总动员式的表白方式，不管成功与否，我觉得那就是青春该有的样子，一种不管结果，只要我做了就不后悔的态度。但我更希望同学们都能有一种成熟的爱情观，毕竟在爱情的道路上，烟花往往只是一瞬，更多的是趋于平淡后的相互扶持。在此之前，请先好好地充实你自己，认识足够多的人，参加足够多的活动，读上足够多的书，为了你自己的爱情，为了你和你未来的另一半，努力变得更加优秀。对于那些已然在路上的同学们，我想说的是：相互扶持，做个别人眼中的标杆吧。

二、关于学习

“我感觉大学读了两个月，学到的东西还没有高中一个星期学到的多。”“老师基本都不按课本讲啊！”这是某些同学发在QQ上的一些随意吐槽。其实这是高中到大学，在学习过渡期中比较明显的问题——不知道怎么去学。

中小学时代的课堂上，老师讲完了教材就开始做题，课后还有各种作业与考试，老师说什么你就做什么。我称这样的学习方式为被动型的学习方式，是专家们眼中的填鸭式教育。

大学的学习方式更多的是一种自己主动的学习方式。我常常听到有同学抱怨听不懂老师在课堂上讲的东西，却很少听到有同学因为听不懂主动去图书馆借阅相关书籍的。这样的高中式思维方式带来的影响远远不只是在的学习上，水管爆裂了第一时间联系老师而不是去关水闸，钱包被偷了第一时间联系老师而不是去挂失……诸位均已成年，尽管要改变一些已经形成的潜意识并不容易，但我希望诸位能以成年人的方式，更加主动地来改变自己，四年的时间，足够到奢侈的地步了。

最后附带个寻物启事，11月9日晚天伦辩论赛后，在图书馆学术报告厅，咱们有同学丢失一台黑色联想笔记本电脑，外有黑色金利来公文包，总价值超过1万元，内有重要资料，如果你有相关线索，请电话联系183××××××34，谢谢。

诸位早点休息，好梦。

罗翔宇

2013年11月11日夜

“你问我答”第一期

（关于学业、出境交流、辅修以及要不要着急表白）

截至上周六，共有 6 名同学通过邮件向我提了问题，其中还包括 1 名其他学院的同学。这其中有很多问题是有交叉的，也有让我觉得莫名其妙的问题。当然，既然开了这个口，我还是尽量尝试回答你们的问题，以下回答仅代表我的个人观点，仅供参考。

一、第一大类：学业

问题 1：亲爱的罗哥，我感觉现在学的东西很“水”，听师兄师姐说，期末提前一个月复习考试就好了，如果背书就可以了，那老师的意义在哪里？这么多课的意义究竟在哪里？

问题 2：罗老师好，虽然我不是行政法学院的同学，但我还有问题想要问您，我们专业课很多老师的教学风格差异很大，有些给其他班上课的老师很受同学们喜欢，而我们班有些课的老师真的想让人打瞌睡。我听过几次其他老师的课程，又觉得这种状态无法持续，我该怎么面对这样的问题呢？

回答：同学好，我来回答你们的问题。

问第一个问题的同学，我觉得是不是你的学习思维还停留在类似中小学的应试教育上，以考试来衡量学习的有用与否。殊不知以考试为目的的学习基本上是这个世界上最容易的学习了，而你到底为什么学这个问题很重要。

是就简单地通过考试考个高分？还是真正地把所学的知识内化为自己的思想，为了自己而学？

没有必要把大你们一级的师兄师姐的话当作“真理”，因为他们也才入学一年多，甚至他们中的相当一部分还没有摸到大学教育的门，所见所感还过于感性，流于表面。这也是我在开学前让已经毕业的 2013 级师兄师姐给你们分享一些经验的原因。因为这些完整经历过大学生活的同学的，所感所悟往往更加客观，心态亦更加平和。其中第一个板块就是关于学习的，我建议你再看一下，很多人写得很用心。你们有问题也可以问群里 2013 级的师兄师姐，他们都是很热心的人。

这其中有一段话我特别喜欢，来自一个匿名的师姐（其实就是我们群里的晓冰师姐，她是 2013 级第一学年的国家奖学金获得者）。原文如下：

“大学的学习成本与学习成绩是不成正比的，绝大部分科目的期末考试只要在复习周多啃啃书、多抱抱佛脚，考高分都不是很难。但我相信，大学的学习成本与学习效果是绝对成正比的，你付出多少就会收获多少，虽然这种收获不一定会体现在你的书面成绩上，但你得到的知识积累会是未来人生的一笔宝贵财富。等到四年结束，真正用心学的与混日子、混分数的，在知识水平与思维能力上的差距会越来越明显。”

我根据这一段话，配合着一个真实的事例再扩展一下。2013 级有一位师兄，如果仅从成绩来判断，他完全算不上是学霸，虽然有得奖学金，但也不是年年都有。我查了一下，他的整个大学期间的加权平均成绩在 449 名同学中排第 94 位。但他在 2013 级的同学中，是个名头响亮的学霸，是真正善于思考、勤于阅读的，也是真正带着问题和专业课老师交流的。结果是大二期间他就已经在协助老师做科研项目，甚至被其他法学院的老师直接带着出差去开研讨会。大四毕业，他以第一名的成绩考入清华大学法学院。我想这位师兄一定不会对期末考试这样级别的考试太过在意（当然他肯定会认真考），他在意的，一定是自己真正学了多少东西，一定是和自己认可的老师沟通并解决了多少专业问题。希望以上这两个例子能够帮到你。

题外话：你们也不要觉得这个师兄的生活中只有学习，这个师兄的同年级女朋友考上了中政的研究生。据说这个师兄的 STEAM 账号上的游戏非常多，我查寝的时候看到过他玩我少年时最爱玩的《帝国时代 2》，爱玩这类游戏的人，一般人文历史知识储备不会差的，就算是玩游戏，也是可以提升自己的。

问第二个问题的同学，其实我们年级已经有好多同学问过了。这个问题其实回答起来有些得罪人，我只能尝试回答你的问题，而且各个学院的要求不尽相同。

第一，由于扩招的因素，相较于2000年前高校扩招前的状态，我们的高校教育已经由精英教育转为大众教育，招收的学生数倍于以往，同样的，上课的老师也数倍于以往。一门专业课由数位甚至十几位老师同时给不同班级上课的情况并不鲜见。高校是一个崇尚自由的地方，因此，同一课程出现不同教学风格的任课老师也是非常正常的。当然，有些课程的任课老师在教学经验上也的确有差距。

第二，无论这位老师的风格你是否喜欢，有一条请你一定要记住，只要是用心上课、愿意教同学们东西的老师，不是那种混日子照着PPT或者书本念的老师（我相信这类还是很少数的），我都希望你们能给予这些认真的老师们相当的尊重，你们大部分已经成年，是能够做出判断的，可能老师的教学风格你不太喜欢，但开放包容的心态能让你走得更远，这不仅体现在读书上。

第三，如果你确实喜欢其他老师上的同一门课程，很多时候你都可以大大方方地跟你的任课老师讲：老师我非常喜欢这门课，您的课让我对这门课增加了不少兴趣，我听同学们说某某老师的这门课也上得很好，我也想在这一学期的学习中感受一下不同老师对这门课的理解和教学风格，您看可以吗？一般情况下，任课老师都会允许的。我记得以前就有法理学的老师特别洒脱，在课堂上建议大家去听其他老师的课程，让大家了解不同的风格。但请千万注意，一定要给予你的“原配”老师相当的尊重，不论是在言语还是在行为上。这不仅考验着你的情商，还考验着你的平时成绩。

第四，请遵循你所在学院的相关课堂纪律要求，尽量多沟通。一般情况下，爱蹭课的孩子总是有一颗爱学习的心的。

二、第二大类：出境交流

Q1：罗哥你好，我想在这封邮件里咨询关于港、澳、台交流项目的问题。

因为我自己没有在官网上查到答案，所以希望您能在百忙之中解答这些问题。

（1）交流时间。请问交流项目的具体时间是在大二上学期还是下学期呢？

（2）学分问题。在交流学校的学分是否和境外留学项目一样，直接算作本校的学分呢？综测和第二课堂的取得是否会搁置一个学期呢？

（3）申请时间。具体的交流政策和申请时间大概会在什么时候放出呢？这个问题其实没什么意义，毕竟我自己也会持续关注的。

（4）申请资格。取得台北大学的免学费名额的具体要求是什么呢（比如期末综合排名）？有没有往年的经验可以参考？

Q2：罗哥你好，我想咨询下去国外交流的问题。我们现在的英语课程不是很多，而且可能大三就没有英语课了，我怕之后缺少学习英语的环境。我家人一直希望我能在大学里申请出国交流。我想知道什么时候申请合适？您有没有什么特别的建议？

A：回答到这两个问题已经打了2500字了，我好困。

第一位同学，我觉得你在官网找资料的能力真的需要加强。我花了5分钟在学校国际合作与交流处的网站上找你的问题的答案，都有。你要找到相关网站的相关板块，比如学校国际合作与交流处官网的国际交流板块。地址是http://intex.swupl.edu.cn/gzzt/index.htm，这其中的具体项目一览表是看得到所有项目的派出时间和学习时长的。

而在具体地区的留学项目表里是能够看到具体学校的要求的，比如日本的学校通常要求日语N1、N2合格或者相应的日语学习时长，欧美的学校会要求你雅思、托福达到多少分以上，成绩又在多少分以上，通常学校越好，要求就会越高（不信你看看哥伦比亚大学的要求）。从这点上看，你想去的台北大学在要求上不如其他学校严苛。

学分的问题不用担心，都是可以互换的。唯一的问题在于，综测和第二课堂在你交流的这段时间确实是无法计分的。不过根据现有的奖学金政策，学业成绩才是根本（学业成绩进入前20%才有资格评奖学金），而第二课堂只离开一个学期的话，大四肯定是能够修满的，这点不用担心。实在担心的话，你也可以像 2013 级的林双双师姐一样，拿了国奖和校长奖学金，在各方面条件都非常成熟的情况下，在大四毕业前申请优秀本科生交流项目，去德国交流（大四已经没有课了，自然也没有奖学金、综测的担忧了）。她一直交流到 8 月底，9 月份继续在交大读研。

申请的时间和资格在官网上确实可查，大二以上（含大二）都可以申请，你也可以前往国家合作与交流处咨询（在勤业楼，具体楼层可以在大厅问工作人员）具体的资格要求。

第二位同学，我给你的建议是一定要学好英语。如果你要选择英语项目，现在就可以积极地准备托福或者雅思的英语考试（每个月都可以报名，费用不便宜），可以的话报一个班，保持一种学习的习惯，毕竟学校的英语课程在这方面缺乏一定的针对性。同时不要放松自己的专业课程，毕竟大部分院校都有成绩要求的（而且挺高的）。个人认为大二下、大三全年、大四下（在不考研直接申请海外学校或者保研的情况下）都比较适合申请，能选择锻炼语言能力的地方就尽量选择这样的地方（在短期交流上，对专业的方面真的帮助不算太大，更多的是开阔眼界和充实简历）。一般来看，欧洲和美国、日本的项目的质量相对来说要更高一些，优本计划更是学习成绩优异的体现。

三、第三大类：关于辅修

Q1：罗哥你好，我想问下第二学历和第二学位到底有什么区别？之前人家催我尽快做决定，但我没有去，现在看有些同学去了又很纠结。这个东西到底有没有用？

Q2：罗哥，我想问您一些关于辅修的事：

（1）咱们学校只有金融和会计两个专业的辅修吗？

（2）据说北方地区是不认可本校的辅修的，我的想法是：如果能学到真东西，就算不认可也没有关系，就当增长了一项技能。关键是如果我选择辅修并且认真学的话，能不能学到真本事？辅修的资源配置是怎样的？

A：不知不觉就 3700 字了，我真的好困啊！

统一回答：

第二学历就是自学考试，简称自考，这是国家认可的，表现为你毕业时学信网上是能查到学历学位信息的。

第二学位其实就是辅修，国家官方是不认可的，但是你所修的学校会给你一个学位证，证明你通过了。

看似一个是认可的一个是不认可的，但里面还是有点可说的。很多人由于“出身不好”（比如是个专科），可以通过自考考取一个重点大学的相关学位，在学信网上真实可查。但一般自学考试的教学水平不算太高，这导致很多单位在看简历的时候更加注重你的第一学位。所以社会上对自考的评价不算高。现在推销的师兄师姐都不叫“自考”，改叫第二学历了，可能是为了增加报名率，他们好收个提成吧。

西政的诸位，由于你们的“出身”还算可以（至少是个重点院校），所以通过辅修这类国家不认可的第二学位，往往会成为你刻苦学习、合理安排时间、用功读书的佐证（当然你也是可以报其他学校的第二学历，比如西南大学、四川外国语大学，这些都是在西政上课，目前西政的辅修应该就只有金融和会计）。

无论你报的是第二学历还是第二学位，你都不用因为你的“出身”而担心社会的眼光。如果你顺利完成了相关学业，基本都能像一个技能证书一样证明你在大学期间努力学习过。一般来说辅修的师资在配比上要比第一学位的师资弱一些。但就像第一部分我说的那样，如果你带着问题去读书，带着问题去和老师交流。那肯定比被动学习的效果要好得多的。一句话，慎重选择（不要跟风），选择后积极主动地学习。

四、第四大类：关于要不要着急表白

Q：罗哥，我最近喜欢上了一个女生，我很纠结要不要向她表白，因为我觉得表白风险很大，成功了固然很好，但失败了会适得其反，反而会破坏现有的良好的朋友关系，把双方的关系搞得很尴尬，所以到底要不要告诉她呢？如果告诉她的话，以一种什么样的方式比较合适，不会太突兀，并且成功率能高一些呢？

A：4500字了，我觉得我要来不起了，让我缓一缓。

其实你如果聪明的话，你应该清楚，我不可能给你让你去或者不去表白的明确答案，因为这样无论什么结果，我都可以不负责任！这种感觉真好。

开个玩笑，因为我确实不知道你们两个发展到什么阶段，也不了解你们的个性如何，所以无法做到具体问题具体分析。但我可以讲讲大学应该具备什么样的恋爱观。

我知道你们中的大部分都渴望爱情，特别是经历高考之后，很多人都希望大学能够轰轰烈烈爱一把。不论是心理还是生理上，这都是正常的。我们国家的影视作品表现得要含蓄一点，欧美诸如《美国派》等影片则将青年男女渴望爱情的心理和生理因素放大，用夸张讽刺的艺术形式进行表达（有兴趣的可以看一下，算一个心理调节），含蓄也罢，夸张也罢，都表明这确实是这一年龄段青年人共有的一些特性，也是经久不衰的话题。

我推崇什么样的恋爱观？我其实蛮认可思修课本里的恋爱观，不信我给你列几点：

第一，提倡志同道合的爱情。大学生恋爱应把具有一致的思想、共同的信仰和追求放在首要地位，把心灵美好、情操高尚、心理相融作为择偶的第一标准。

第二，正确处理爱情与学业之间的关系。爱情是美好的，它是人生的重要组成部分，但不是人生的全部，它应该服从于事业，促进事业的发展。一个人只有事业取得成功，其爱情之花才会开得更加鲜艳芬芳。

第三，要懂得爱情是一种责任和奉献。大学生在恋爱中应该懂得，爱不仅是得到，更重要的是一种责任和奉献。

以上三点其实告诉你的就是，恋爱是个严肃的事（当然你也完全可以不严肃的对待，接受结果就好了）。不要被荷尔蒙以及“她喜欢我”这样的错觉冲昏了头脑，你如果是因为无聊去谈恋爱，那么你的对象八成也是因为无聊；如果你是因为寂寞去谈恋爱，那么你的对象八成也是因为寂寞；如果你是因为爱玩去谈恋爱，那么你的对象八成也是因为爱玩。你需要努力一点，让自己变得更好，因为你是什么样的人，你遇见的就是什么样的人。

在迎接真正的爱情之前，我只会对你以及对其他有类似疑惑的同学提一点建议，把自己打理得清爽、干净一点（这几乎和金钱没有太大关系），把自己变得优秀一点，适当地和异性接触，获得和异性做朋友的能力。如果你都无法和异性做朋友，无法从另一个性别的视角来看问题，那么等你的恋爱真正来临的时候，就算不会立马分手，想必维系起来也异常艰难。

好好加油，日子还长，如果你高中就谈过恋爱，有过那种体会，想来也不必着急。如果你从没有谈过恋爱，又特别向往校园爱情，也不必太着急，这事强求不得。本科四年都没有谈恋爱，还有研究生三年可以期待嘛，硕士三年没有结果，那不还有博士N年可以期待嘛！博士毕业要是都没有找到——博士都毕业了还要爱情干什么，那时候你就该心怀天下了。

祝好。

翔宇于家中

2017年11月21日

大一初体验

2018 级的各位同学：

今天天气很好，艳阳高照。此时此刻你们可能正在复习明天的《宪法学》考试，不知不觉大一第一次期末考试也快结束了，复习之余来看看 2014 级的师兄师姐给你们写的信吧。

一、关于学习

卢旭东（2014 级行政法学院法学实务人才实验班毕业生，大学期间加入过校学生会、模拟联合国，现为对外经济贸易大学国际经济法专业硕士研究生）：尽管我好像没什么资格来说学习，但还是想叨叨几句。

大家进入大学之后，一定要摆脱一种高中学生的观念，要意识到，大学是一个开放的大课堂，这里不会有老师家长天天监督你做作业、看书、背书，这里也不像高中你可以随时去老师办公室问问题。在大学，没有人会惯着你、陪着你，没有谁有义务帮助你做这做那。遇到问题自己解决，解决不了自己积极想办法寻求帮助，我们的两个辅导员带了我们四年，她们都很友好，也可以去找她们寻求帮助。

就像我刚才说的，大学是一个开放的课堂，这里没有什么是必须做的或者不能做的（当然违法乱纪、翘课作弊什么的不许做），每个人都有自己的发展方向。可能学了一两年法学之后，你发现“法学什么的我根本不喜欢啊”，完全没关系，你可以找自己的路，只要你喜欢就好。举个例子，我有认识的刑侦专业的同学喜欢摄影，后来去了传媒行业，我也有认识的法学专业同学转行去了金融行业。

所以在大学，你要拓展不同的可能性，认识更多的人，不要整天闷在寝室里盯着电脑屏幕看剧、玩游戏。

陈睿（2014级学习总班长，2014级行政法学院法学实务人才实验班毕业生）：摆正心态，进入大学后真的不能像高中描述的那样肆无忌惮地玩，要尽快找到自己的路。不管大一怎么“浪”，成绩一定要保持一个中等偏上的水平，不然等你大二、大三后悔就来不及了。大学是一个“60分万岁”的地方，但成绩确实是决定你能否拿到各种奖项的关键性因素。没有成绩，你无法入党（入党的各种环节基本要求你的成绩排在前50%）；没有成绩，你拿不到奖学金；没有成绩，你无法保研甚至无法走支教保研（保研基本要求三年成绩前10名，支教保研要求三年成绩前40%）。所以，在大一的时候，期末认真复习，花上一个月给自己留下一条路。学习分为长久的学习和期末考试的学习，长久的学习就是不间断地看书，期末考试的学习就提前一个月整理出重点，背书就可以了。

吴辰（一个热心的学霸）：六级一定要高分一次过，什么事情都一定好好准备，一定要趁早，不要想着以后还有机会，会耽误和错过很多事情。多学习，推荐网易公开课，没事儿多看看好书和世界范围内优秀的公开课，别总聊天和刷微博，没用的，别熬夜，对眼睛不好，一定要自律！别信“不挂科就行”的鬼话！一定要能考多好就考多好！等到以后你就会发现，学习好的都保研了。别和每天都叫你逛街、打游戏的人在一起，一定要学会分清好坏，远离消耗你的人，四年的时间足够塑造一个完全不一样的人格。

李仁俊（2014级学习总班长，考入北京大学法学硕士专业）：多读书、多学习总是好的。学习特别好的，可以争取保研；学习还不错的，可以拿奖学金滋润一下生活；学习很一般的，多看书也有好处，在考研复试的时候学习压力小一点，就算本科毕业直接工作，在面试时能展示出优异的法学素养也更容易获得用人单位的青睐。如果觉得在寝室没有学习氛围就多泡图书馆，看什么书可以咨询各专业课老师。

谢凤珊（院团委财资外联部部长，考入中山大学法学硕士专业）：学习方面，好好学习，多去听老师的课，不要觉得老师没有按照期末或者司考的标准和模式去讲就觉得没必要听，其实老师们所传达的理念和思考问题的方式有时比课本内容本身更重要。

罗欣（2014级行政法学院法学学术人才实验班班长，考入山东大学法学硕士专业）：好好学习，天天向上。

冯婉琪：各位师弟师妹好！恭喜你们脱离高中的高压和紧张，来到了一个包容而又自由的环境中。大学是学习的开始，不是结束。希望你们都因热爱自己的专业而轻松地学习，珍惜时间，多多了解与自己专业相关的知识，早早地确定人生规划。希望大家都能用自己所学的知识养活自己，不建议大家利用主要的学习时间甚至是上课时间去做兼职，而是把这些时间用在提高自己的专业水平上，拿到奖学金。如果选择兼职一定要选与专业相关的职业。人生宝贵，愿多尝试，愿不荒废！

何洪群（2014级纪检总班长，西政民事诉讼法研究生）：学习成绩固然重要，但每个人有每个人的打算，除了学习，社会实践能力也不能忽视。不要盲目学习，忙忙碌碌不知所措，要有一个大致的规划，清楚自己要达到的效果，然后坚强地去做自己想做的、要做的事情。我刚进校时抱着“不挂科”的想法，就那么“不挂科”地过了四年，每次考试在400多人中总是排290名或300名，现在想来挺后悔没有拿过一次奖学金。不过无论成绩好与不好，什么时候努力都来得及。

二、关于读研

卢旭东：虽然我觉得考研这个话题对你们来说好像显得有点早，也有点沉重……但我还是说一说吧！大家也知道，法学专业每年毕业的人数很多，就业太难，所以很多人都会选择读研来给自己增加找工作的筹码。相应的，考研的难度也很大，每年都会有很多人考不上，然后选择放弃或者二战继续考研。

写了一段，我还是觉得这个话题对你们来说好像有点早，你们大二、大三再考虑吧！考研这个事情！我们学校大多数同学都会选择人大、中政、西政本校，或者某些地区比较著名的院校。当然这里也来一波“软广”，欢迎师弟师妹未来报考对外经济贸易大学国际法专业！“在贸大遇见你，是我今生最美丽的风景！”好了，大概就是这样。祝大家大学生活愉快！好好学习，天天向上！

何洪群：研究生这个话题为时尚早。很多人一开始就目标明确要读研，很多人会临时起意，你们还有四年可以慢慢考虑（我是离考研还有两个月的时候，临时起意考的咱们学校的民事诉讼法）。

保研分两种，一是支教保研（支教保研要求三年必修和限选的裸成绩排名年级前 40%），支教保研工作在大三下学期开展，除了成绩要求，还要求是党员，以及有 100 小时的志愿者时长，具体可以在西政官网了解。二是成绩保研（保研基本要求三年的裸成绩排名年级前 10 名），成绩保研对成绩要求高，但是免除研究生的初试，成绩保研还是不错的，毕竟西政的奖学金也挺丰厚，开学会有小册子详细介绍奖学金。

三、关于寝室

陈睿：大学室友基本是你最熟悉的人，但不一定是你最亲密的人，我们学校的室友是随机分的，所以你和他（她）不一定有缘能成为朋友，但是起码要保持面上的尊敬和友好，不要闹翻，互相尊重。要学会整理，大学宿舍是很多人第一次离开家自己住的地方，自己要学会处理自己的事情，特别是个人卫生和居住环境。

何洪群：大学室友来自天南海北，地域不同，对一些事物的看法也不相同，每个人的生活习惯、日常作息时间不可能完全合拍。四年朝夕相处的人，多沟通、多交流，有什么问题大家说出来好好解决，相互理解彼此尊重。不是每个寝室的关系都会如同《小时代》，如果做不到亲密无间，请给彼此保留各自的空间，每个人都有每个人的世界，不必太过苛责，做不成好朋友、好哥们、好姐们，大家也还是相识一场的同学。大学不只是有室友，还有部友、同学、队友，以及各种活动上认识的志同道合的人，总有一款适合你。强扭的瓜不甜，人与人的情感讲求缘分。

四、关于实验班

卢旭东：我不知道 2019 年学校还开不开设或怎么开设法学实验班，政策一年一变，我也不清楚 2019 年会怎么弄。我只说说利弊，至于大家考不考，主要还是看自己。

利：首先就是师资，这绝对是没得说的，给法学实验班上课的老师基本上都是各个教研室的大佬级人物。虽然说作为一个本科生还达不到他们那种水平，但是正如那句话所说，“所谓大学者，非谓有大楼之谓也，有大师之谓也”。多跟这些水平高的老师在一起交流，绝对大有裨益。其次就是同学，大家从高中考到大学，再从大学中考试选出实验班，你身边的同学绝对不乏大神。有良师，当然也得有益友。起码从我们班来看，四年下来，一个班同学的感情绝对是靠得住的。法实会固定教室上课，大家天天待在一起，不会像其他走班制的同学一样——“网络一线牵，珍惜这段缘”。有了良师，有了益友，相信你们在大学也会有很好的视野和发展。

弊：相信有不少同学在高中期间也是实验班的，实验班的竞争压力可想而知，身边优秀的同学都在学习、做科研、打比赛，这种环境一方面会逼着你更加努力，一方面也会带给你更多的压力。除了竞争压力，还有课程安排。既然实验班挂着“实验”的名字，那就显而易见，我们是教改的“小白鼠”。学校如果打算做什么教改的尝试，我们是第一批吃螃蟹的人，如果有领导来听课，我们当然也是一马当先。所以，相对于其他同学来说，实验班的课程会有更多的不稳定性，这一点也需要注意。

总之实验班利弊皆有，怎么选择，最终还是遵从你的内心。

五、关于学生工作

卢旭东：大家入校肯定知道一些学生组织，比如学生会、青年志愿者协会（青协）、社团联合会（社联）等，有院级的，有校级的，还有许多社团组织。我自己在校学生会学术部工作了一年，大二、大三在校模拟联合国协会工作，对学生组织有一定程度的了解，这里我就简单说一下学生会和各个社团吧。

先说说学生会。可能大家在进大学之前，对学生会有各种各样或正面、或负面的了解，比如有人说学生会官僚，有人说学生会锻炼人等。从我们学校校学生会来说，我个人的感觉是很好的，我们的部长会带着我们出去吃好吃的，出去看电影，出去玩，什么欺压、官僚，我没看到。我也有很好的朋友后来在校学生会做了部长，除了在真正工作的时候，可能急了会说你几句，对你要求严格批评一下，其他时候大家还是很好的朋友。现在我们和原来的干事们的关系还是很好，大家互相喊外号也很正常。学生会确实很锻炼人，我在校学生会学术部工作一年，自认为文书能力和活动组织策划能力得到了极大的提升。举个例子，大四我们筹办毕业晚会，一起工作的人可能不到十几个，人数少工作多，但是晚会的质量依然很高。结束之后我想了一下，我们这些人基本上都是在学生组织工作过的。所以，参加学生组织是一定可以锻炼你的工作能力的。

再说说社团组织。我们学校的社团组织挂在社联底下，人员、财务等都由社联管理。社团相对于我前面说的学生组织而言，没有那么严格的组织结构，大家都是凭着对某一个东西的兴趣聚在一起。这里宣传一下，如果大家对国际事务等有兴趣的，欢迎了解一下模拟联合国协会！社团嘛，玩得开心就好。

不管是学生组织还是社团，大家都会认识很好的朋友。大四毕业，我回想起来，我在大学期间的好朋友几乎都是在校学生会或者模拟联合国认识的。

陈睿：当年级干部是一个锻炼人的活儿，但是看你想不想锻炼自己。每一个地方都有每一个地方的精彩，是否值得只能个案判断。

徐灵兮（2014 级学管委纪检部副部长，考上重庆选调生）：进入大学之后，参加社团、学生组织是认识其他同学的最好方法。有人曾说，大学也是一个小社会。成为一名部门干事，不仅能很快认识新朋友，更能积累一些实用的工作经验。大一时，我成为一名院学管委纪检部的干事，还担任了班级纪检委员。纪检工作的特殊性让我很快地认识了年级的大部分同学，也在烦琐的工作中不断地磨炼了自己的性子。曾经，我认为大学的部门工作只是为自己的简历添彩，在大二竞选部长时因为胆怯而逃避，幸亏部门师姐一直鼓励我才能够站上竞选的舞台。直到在大四找工作时，我才发现，之前所做的一切不是浪费时间，而是创造机会。因曾在大二担任纪检部副部长，这段经历让我有了报名选调生的资格，也让我走出了求职失败的阴霾，最终成功上岸。

每个人进入一个新环境都会有些胆小和害怕，还会兴奋与好奇。但毫无疑问，勇敢地走出自己的舒适区，在大学四年里抓住一切机会去争取、去尝试，在果子成熟之时总会有些许收获。如今我依然认为，人生没有白走的路，每一步都算数。

喻茂婷（2014 级年级总班长）：欢迎来到西南政法大学，无论是预期之中还是意料之外，无论是荣誉加身还是一事无成，无论是踽踽独行还是群友相伴，这四年的经历将会成为你难忘的记忆，你所学到的也将不止于知识。师姐已经毕业，回头一看在校园中经历的种种，有种恍惚的感觉。怀念认准目标全力拼搏的自己，也记得因胆小错过机会的自己；怀念给予我帮助和关怀的老师，也记得批评和指责我的师长；怀念那些或聪明、或坦诚的同学，也记得或自私、或木讷的同学；怀念校园中四季变换的风景，也记得未曾变过的西政精神。

从进校开始，你将会面临多种选择，军训选择偷懒还是尽力，学生工作选择混综测还是做实事，学习选择偶尔翘课还是堂堂必到，业余时间选择宅寝室吃吃喝喝打游戏还是锻炼社交上自习……都是你自己的自由。在大学，你的法理老师会和你讲什么是自由，而你自己也会因为各种选择理解自由的内涵。每一种选择并没有对错之分，也不可预期未来的对错，就像四年后是图书馆常客的同学成功保研，学生工作出色的同学求职顺利，体育优秀的同学拿奖到手软，善于经营的同学成了小老板，打游戏出色的同学也开始了职业生涯……这些都是真实的，我所见过的可知的未来。师姐后来明白一个道理，无论做什么事，专注且认真，一心一意去努力，就能得到一个不错的结果。师弟师妹们，希望你们能在进校之初思考一下大学四年后你们的样子，如果想不出来，就认真做出选择，对一件事尽力而为，这样，大学四年后，你至少有一件事是值得骄傲的。

师姐是一个平庸的人，成绩平平，相貌平平，没有特长，履历也不见得强。但是当年因为军训期间走寝，认识了很多同学，在竞选总班的时候成为优势。据老师说，还有一个原因是我的申请表填得比较规范，最后选上了年级总班，一做就是四年。经历了改选换届，同学们也认可了我和搭档。非常感谢老师和同学给的这个机会，让我学会了很多很多。

年级干部是一个整体，是协助辅导员管理和服务于全年级同学的一个团队，从年级总班长到学习、文体、纪检、生活、宣传总班再到各小班班长和委员的一条线，加上团总支书记到各小班团支书这条线，形成了管理年级事务和党团事务的一个系统，为的是更快捷地传达和实施学校的一些安排，反映和讨论解决同学们的诉求。如果有师弟师妹想成为年级干部的一员，进校之初的能力、成绩什么的都不是重点（除了学习总班对学习有一定要求），重要的是，能不能让老师、同学看到你的决心和努力。成为总班后能不能真正做到为同学服务，融入并带领团队，理智和独当一面地处理问题，毕竟每年都会换届选举，还是要用行动证明自己。师姐也对其他学院各个年级的总班有所了解，发现其中优秀的人比比皆是。如果你发现别人特别优秀，既要有见贤思齐的上进心也不能丧失对自己的信心，不信自己，何以信人？踏踏实实做好分内工作，和同学好好相处，同时平衡好社团、学生组织工作以及学习的时间，面临选择的时候理性思考，我相信，这四年绝不会虚度。

李仁俊：各种学生组织可以参加一下，但不要贪多。推荐一下行政法辩论队吧，一支优秀的队伍，师兄师姐都很热情地等待各位的到来，对辩论有兴趣的同学可以去玩一下。

谢凤珊：学生活动方面，大一刚入学的时候，可以试着加一个学生组织，或者竞选一下总班、班委感受一下。大一下或者大二开始慢慢明确自己的目标，如果喜欢学生组织或班委可以继续干下去，有其他目标的同学可以试着慢慢调整，把更多时间放在你的目标上。做学生干部可能会提升你的一部分能力，但相应的也会牺牲一些学习或者做其他事情的时间，这要自己权衡两者之于你哪个更重要。

最重要的一点，大学期间一定要尝试做一些你曾经不敢或没有做过的事。

比如害羞不自信的同学一定要尝试多参加集体活动或者演讲、辩论赛，走出自己的舒适区，让自己变得更自信一些。学习不刻苦的同学可以尝试着好好学习，让自己成为学霸等。总之，以大学为契机和起点，改变、提升自己（师姐大学以前就学习不太好，也不太自信），希望大学四年以后你也会有质的提升！

何洪群：学生工作能快速提升一个人的抗压能力、处理事情的灵活性以及对新事物的适应性。因人而异，不是每个人都会想去参与学生工作，如果参与了，请尽职尽责、问心无愧。

入学的时候，不建议加很多部门，过犹不及。院级部门有院级部门的温暖和乐趣，校级部门有校级部门的严肃和正式，社团有社团的志同道合，有很多组织和很多活动在等着你们。学校还是有很多不错的团队，加入这些组织可以锻炼社会实践能力，获得综测、第二课堂，收获友谊甚至感情，也要量力而行。

六、关于生活

陈睿：认真分辨。大学是一个小社会，不是完全的象牙塔，在学校你也会受骗，特别是刚入学校，你会接收到无数的上门推销，认真分辨自己的需求，便宜的不一定是好的。打个广告：欢迎去宜家购买家居用品，这是我大学四年最喜欢的地方。在大学一定要有好友，不然会走得很累。加强锻炼，现在的社会是一个“看脸”的社会，没有办法快速提升颜值，也要保持锻炼，除了塑形，更要保持健康。

吴辰：不要只想着脱单和与别人搞好关系，充实自己才是最重要的。没事多学习、泡图书馆，多走出去参加下活动，做做兼职，你需要做的是关心并且思考更广阔的世界，别纠结小的事情和人际关系，恋人、朋友和室友都一样，别太纠结。

女孩子要慎重，知人知面不知心，坏人无处不在，细节决定成败（非亲身经验，仅凭观察所得）。建议没有社会经验的女孩子多看一些反映社会阴暗面的东西，再走入社会，别那么傻，世界上和你底线一样高的人没几个。

兼职交钱的一定都是骗人的，天下没有免费的午餐，有的话也是假货，最忌贪小贪利，做人一定要有格局，与其和小商贩讨价还价，不如多做几个有意义的兼职，买正价、质量好的东西，一定要和三观正确、格局大、目标坚定、善良的人在一起相处。

最后，硼酸除蟑螂最好用；泰国的驱蚊水好用，搜吓人的东西的时候记得开启浏览器的智能无图模式。

罗欣：少熬夜多锻炼，少吃零食，按时吃饭。女生一定要好好爱惜自己。

李仁俊：多锻炼多运动，南门外有两家健身房，楼上的更大，楼下的环境好一点（如果为了洗澡选楼下，淋浴间更干净）。住北苑的可以选两江时光那边那一家，环境很好，但印象中比坡下贵很多。健身卡可以收二手的，很多同学坚持不下去，转卖的基本都是白菜价。

权帅帅（2014 级 2 班班长，考入复旦大学法学专业）：热爱生活，不要抱怨，大学期间是塑造你三观的重要时期，不管遇到怎么样的挫折，都要依然热爱生活，时刻保持乐观的心态和不断进取的精神。停止抱怨，学会改变自己从而提高自己，祝愿所有 2018 级的师弟师妹们在西政能收获进步。

何洪群：①锻炼身体，身体是革命的本钱，运动可以加速新陈代谢，是不错的情绪调节方式。②欣赏生活，即使再忙都不要把自己变得除了忙碌就剩空虚，培养自己的小兴趣、小爱好。我喜欢养花，所以四年在宿舍阳台养了满满一阳台的花，闲下来浇浇水、剪剪花枝，看着那些植物茁长成长，心情会很好。③生活中的糟心事很多，遇到事情，先想解决办法，直面惨淡的人生，逃避于事无补。

七、关于人生态度

权帅帅：智慧源于勤奋，伟大出自平凡。首先欢迎 2018 级的师弟师妹来到西政，在这里你会收获友情、知识，还有爱情。从学校层面来说，西政是一块足以让你骄傲的“牌子”，学风浓厚，法学底蕴深厚，也有一群社会各界精英的师兄师姐影响着你、感召着你。

我一入学的时候，一个师兄曾经对我说过，西政再好是西政的，你优秀才是你自己的。如何让自己变得优秀？师兄会给你们以下建议：①脚踏实地，不管是在学习中，还是工作中，一定要一步一个脚印，踏踏实实地走下去，不能要小聪明，自欺欺人。②尊重他人，包容他人，每个人都是独立的个体，每个人在大学有自己的生活和职责，学会尊重、包容。尊重老师们的决定和安排，尊重同学们的生活习惯，尊重一些和你价值观念有冲突的理念等。包容即宽容，严以律己、宽以待人，你会发现自己也能收获他人的包容，甚至赞许。

钱金跃（中共党员）：大一开学，相信大家和四年前的我们一样，怀揣着各种思绪，会担心和室友相处不好，担心饮食习惯的冲突，担心重庆是不是真的像传说中那样自带烤炉属性，恐怕还有一部分人担心军训，会不会给脸上镀上“健康的肤色”。

不管怎样，从踏进西政开始，所有的生活，学习的点点滴滴，都需要我们去经历、去感悟，最终内化在这四年乃至一辈子的记忆之中。希望大家能多多参与到班级和年级的事务之中，大学班级的凝聚力并没有大家想象中的那么松散。最后，预祝大家顺利启航，学业有成，开学快乐！

何洪群：做一个有想法、不会盲目从众、心理素质过硬、自律性强的人吧！看清自己的路。（不要周围人在考什么就跟着考，周围人在报什么班就跟着报，周围人买什么就跟着买，周围人在比什么就暗自较劲，行动之前先过一下脑子，是否需要。）

一些热心的师兄师姐还在继续整理自己大学四年的感想和建议，下期我们继续聊。

作为你们的辅导员，我想告诉你们，大学里有三件事很重要：一是培养自己独立思考的能力；二是自主完成个人事务的能力；三是对自己所有事情负责的责任心。希望各位 2018 级的同学能在这里度过充实愉快的四年，尊敬师长、前辈，与同学友好相处。

周　婕

2019 年 1 月 7 日

谈考试，做个无悔的有心人

期末很快就到了，大家都觉得还没有忙够，就到了集中结课和考试的时间。我要告诉大家：法律逻辑学，2014年是金承光老师出题，题目会比以往几年都难，其中可能会有文言文语句的分析，这让挂科率比较高的法律逻辑学难上加难，如果不反复演练习题，法逻挂科率可能会再创新高。所以各位一定要慎重，给大家一点复习建议：去西政各大复印社买《法律逻辑复习指南》那本册子。我当年就是凭看了不低于十五遍的书和做了不低于五遍的题，才赢得考研复试翻盘的结果。当然之前看的几遍可能都没记住，之后就反复看重点和做错的题目。宪法学、法理学对大家来说，可能相对要好一些，期末时一定要认真复习。希望大家都能及格，并取得自己满意的成绩。要知道，如果挂科一门（不论必修、选修），取消本学年的评优资格，没有保研资格。有的同学对于考试可能比较消极，不打算保研，也不打算评优等，认为偶尔挂一科两科没什么，这种心态也不能说就是一种很坏的心态。但是大家也尽量地为自己着想，老师是经历过的，等你大学快毕业或者已经毕业的时候，你的想法或许就不像现在那么轻浮和不负责任，那个时候的你或许就会后悔当时自己为什么没有在学习上多用点心，后悔当时自己为什么不能多读点书，多做点有意义的事情。当你感觉书到用时方恨少的时候，当你意识到"大学及格万岁"这个命题未必靠谱的时候，当你意识到工作或其他事情与自己失之交臂的原因可能就是当时没能多考那么一分的时候……亲爱的孩子们，真的不希望大家等后悔的时候才晓得当时努力的重要，不希望大家失去了才懂得珍惜。

考期临近，希望大家安排好自己的时间，有条不紊地做好考试准备，不要因为自己的粗心耽误了考试或记错了考试时间。同时提醒大家，不要在考试方面耍所谓的小聪明，不要考试作弊等，碰触学校和学院三令五申的各种制度性规定。那些掩耳盗铃、自欺欺人式的作弊手法，换来的可能是学校的处分，这种处分是要陪伴你一生的，最终会影响到你的毕业和工作等各个方面。作弊等情况出现时，谁都救不了你，因为你触犯了考试的底线。退一步讲，即便你不小心挂科了，通过正常的途径，最终会没问题的，可以自救，也可以求救。孩子们，一般情况下，大学的考试相对来说是比较简单的，以你们的智商，加上当下大学教育的模式（上课笔记、考试重点、课程专业特点等），稍微用点心，及格是比较简单的，再稍微用点心，考试 80 分以上甚至 90 分以上，也并不是难以完成的事情。所以从这个意义上来说，我经常把大学的考试比喻成“无脑考试”或“模式化考试”，当然咱们学校的考试相对需要你“有脑”一点点。总之，大学任何事情，贵在有心—— 一颗恒心、一颗细心、一颗善心、一颗诚心、一颗爱心、一颗责任心……但愿大家不要没心没肺就好。

最后，祝愿大家期末考试顺利，取得理想的成绩。

罗翔宇

2014 年 1 月 7 日

第二章　适应与成长

——谁的青春不迷茫

不知不觉，你们已经成了大一新生口中的师兄师姐，可还是对很多东西充满了迷茫，怎么规划自己的大学生活？大二、大三的我应该做些什么？实习到底有什么用？别担心，听我们慢慢道来……

由期末成绩说开去

孩子们，上学期诸位的学业成绩和综合成绩已经上传到群共享了，在本周末最后一次针对有异议的同学的成绩复审之后，最终成绩和奖学金人选也将确定，估计周一就会公布。

原本很早就想写一点关于大学期间学习的文章分享给诸位，但迟迟未动笔，一是工作太忙，二是似乎找不到着眼点。索性趁着这次成绩公布，趁热打铁，分享些感悟与诸位听听。

一、大学里学习不是唯一的考核标准，但不等于它不是标准

诸位都是通过高考这一途径来到西政的，不管考得好与不好，有一点是可以肯定的，那就是你周围能上清华、北大、复旦的同学的学习成绩通常都比你优秀，而上蓝翔技校的同学的学习成绩通常都不如你。这句话的意思很简单，在中国现有的高考制度下，衡量高中生是否优秀的最终甚至唯一标准就是高考，也就是学习成绩。

当你们中的一部分走进大学校园，眼前浮现着高中老师抑或过来人们的“谆谆教诲”，诸如“到了大学你就自由啦”“大学里你就不用天天做题、周周考试啦”的时候，你们似乎就已经迫不及待地想走进这新世界的“自由之门”了。套用周超坤同学的话说：“罗哥，我们之前高中真的管得太严了，到大学之后，这种日子真的太舒服，就是过得有点太快了。”

优哉游哉的日子总是流逝得飞快，却很难刻在你的脑海里。痛苦的日子总是过得很慢，但高中备考、大学军训，会让你们回味绵长。

那么什么是衡量一个大学生是否优秀的标准呢？成绩已不是其唯一标准，

社交能力、组织协调能力、执行力、创新力、写作能力都是重要的要素。任何一项短板最终都会像木桶效应那样，影响着你今后的发展。

如果你的成绩有补考，而招人单位需要提取你的成绩；如果你没有作为一个法务工作者应有的写作能力，而用人单位明确要求需要擅长写作的毕业生；如果你在学校没有参加任何社团和集体活动，而用人单位需要一个有组织协调能力、执行能力和团队意识都突出的同学……这些情况，我都希望孩子们自己提前想一想，有短板不可怕，可怕的是不去改变它。我希望你们都能去积极地改变自己，包括学业、生活、性格等方面，这些都是一个大学生真正要去做的。

二、为了丰富你的简历，请从现在开始制订计划

我记得，2013 年媒体就提出了一个“史上最难毕业季”的名词。其实写标题和做人都一样，万事都不能做得太绝，作为一个前媒体人，我一直很担心曾经的同行会找不到词来形容 2014 年的就业季。结果他们弄出了个“史上更难就业季”。我现在无比期待，到 2017 年的时候，他们又会弄出什么新名词。

调侃归调侃，如何避免成为被调侃的对象才是你们应该做的。每年有 700 万毕业生，法学学生十几二十万，当上千份简历堆砌在招聘单位人事部的邮箱里，怎样才能保证自己在不超过 30 秒钟一份的简历初审后不被草草地拖入回收站？答案就是丰富自己的简历。

应聘条件：①全日制统招大学法学本科及以上学历；②英语 CET–6 或 TEM–4 及以上，听、说、读、写、译语言能力强，并具备一定法律英语能力；③需具备法律职业资格证书；④能熟练操作计算机；⑤熟悉国家相关法律法规，特别是涉外法律知识；⑥具有较强的信息获取能力和资源开发掌控能力；⑦综合素质较好，有较强的综合分析能力、组织协调能力、执行能力和团队意识。

这是一家国内央企对应届法学本科毕业生的一则招聘启示，诸位现在可以对照一下，能够在大学里完成其中的多少，自己离这样的要求还有多少距

离。然后闭上眼睛深呼吸 5 秒钟。对你的大学生活有点什么新的想法了吗？你还有 3 年的时间去完成它。

邓同学在填写宜家兼职的信息表时，发现表格里有对应聘者的一些要求，是否过了四六级？是否过了计算机二级？是否考过了普通话？是否拿了驾照？她说她在那一瞬间感觉到自己还有很多东西要学，突然间知道了自己到底要干些什么。我觉得很好，我也希望以上的例子能够让你们中的更多人能够有所转变。

我希望你们都能从现在开始给自己制订计划，这学期一定要考过什么考试，下学期一定要拿到什么资格证……也许在执行这一计划的时候你会觉得枯燥，但当你在大三完成了你绝大部分的计划，回过头看的时候，你会为自己骄傲的，就业抑或升学，也成了水到渠成的事情。

三、学习，在相对的被束缚中保持相对的自由

中国的基础教育，从一方面讲，高压下的填鸭式教学能让大部分的中国高中生在应试学科上完胜世界其他各国的同龄人。但从另一方面说，一旦进入相对自由的大学环境，相当数量缺乏自觉性的中国学生都成了迷失目标的孩子。似乎除了最顶尖的那几所高校，几乎所有的高校仍保留着一丝高中的影子，希望以此来督促你们中的绝大多数，点名、查课、查寝……莫不如是。

我记得崔同学前不久在网上稍微抱怨了一下某位老师用变相点名的方式来保证课堂的到课率。我其实挺理解的，我理解崔同学为什么会抱怨，我也理解那位老师为什么用这种方式。在非精英化的大众教育背景下，你们都只能在相对被束缚的环境中感受大学带给你们的相对自由。当然，绝对自由本身就是不存在的。

如果你希望获得更多的自由空间，那么需要你展示的也就越多。你们有一个九几级的师兄，从黑龙江农村里走出来的孩子，他读本科的时候只听自己想听的老师的课程，除此之外就是一个人看书。后来他到歌乐山的农户里租了一间小屋子，只有电灯和书籍做伴，每个月下山一次，为的就是买点面条和剪头发。这位师兄几乎所有的科目都是年级拔尖，没有一位老师会对他

不听自己的课有公开的意见。反之，若他长期出现在某位老师的课堂上，会让这位老师在自己的教研室里骄傲不少。他最终被保送去了川大，博士又被推荐到了香港中文大学，最终在浙大留校任教。所以有些时候，规则是可以为了你们去打破的，关键还是在于你们自己。

另外，上学期我发了条说说，说是会给年级学业加综测得第一者做个蛋糕（我当时估计会是个女孩子）。现在看来基本就是个男生了。男人嘛，就该有男人的奖励方式，所以我选择请他喝酒。蛋糕我也会做，就给女生的第一名吧。特此说明一下。大家加油，晚安。

罗翔宇

2014 年 3 月 20 日

让自己的大二有目标地忙起来

前些天成绩放榜了，和以往不同的是，我在传统的成绩数据后增加了一项和之前一个学期成绩的对比波动，邱师兄还专门用渐变色让这个数据看上去更扎眼一些。结果我自己还没有来得及找波动很大的同学，就已经有好几个人按捺不住主动找上门了。

一聊还是发现了很多共性的问题，在度过了一个有点手足无措、相对忙碌的大一新生学期后，在逐渐掌握了一定的大学生活运转规律的情况下，很多同学就开始有点无所事事了，生活节奏也开始放缓，天天教室、寝室两点一线（毕竟连吃饭都可以在寝室叫外卖解决）。上课虽然有去，但是主动学习的热情不高，翘课开始增加，期末突击成为主流，反正有平时成绩在那里兜底，期末考及格也算容易。一对比，似乎和第一学期在兴奋劲儿和积极性上都差了不少，和高中那种打鸡血的状态更是差距明显。如果你已经意识到自己有类似的状态，并且想有一定的转变，那么请将这篇文章耐心看完，因为若让这个颓势状态贯穿你的大二生活，那么一年之后，你可能就会被那些目标明确的同学抛得很远。

一旦了解我们法学学生的大学整体时间进程，就会发现，大二是最容易被忽视也是最重要的学年。大一，大家一进校，就会参加各种各样的学生组织。学校会组织各种丰富多彩的活动，学院会组织读书会以及各类的新生入学教育。大二下的暑假，大家会统一集中实习到当年的十月份。在度过大学四年最短的一个学期后，就将在大三下迎来法学学生最为艰难的法考复习期。而大四除了法考，还有考研、公考和各类就业笔试面试，等稍微忙得差不多的时候，也就到了领毕业证的时候。而你仔细看看我刚刚的描述，似乎大二整个一学年都没有出现，而一旦过了大二又有多得不得了的事情。你能想象自己以一种颓势状态度过大二，然后就面临大三大四的各类压力，会是什么画面吗？自己到时候能做好身体、心理、精神上的充分准备来从容应对吗？

我到底要怎么做才好呢？我们现在进入正题。

一、离开寝室，制订计划，主动找事做

“半夜不睡觉，早上起不来，浑浑噩噩睡到中午，点个外卖，卧在寝室刷刷知乎，看看电影，打打游戏，然后天也快黑了，到夜里总觉得一天里面好像少了点什么，得给它补回来，然后又是半夜睡不着，如此循环下去……”以上的状态如果你也有，我的第一个建议就是尽量少待在寝室，把它当作一个休息的地方，而不是你大学生活的全部。

有计划的同学请在本学期明确你的计划，按照计划执行。尚没有计划的同学，或者不知道自己到底要干什么的同学，我可以给你们发散一下，比如，今年要看多少本书，是否要提前将明年科研项目的合作伙伴、指导老师及选题确定好，通过四六级，减肥多少斤，增重增肌到多少，做志愿活动，竞选个班干让自己有点事情做，或者今年参加多少文体活动锻炼一下自己，等等。

要知道，大多高校活动的参与门槛非常低，诸位大二晚上的课程基本已经修完，这时完全可以以自己的兴趣或者以锻炼自己的能力为目的主动参加各类活动，这样也能避免很多同学到大四写简历时才发现自己的主要活动都来自大一的尴尬。

二、有任职的同学，请提前做好工作计划，不要把学习和工作对立起来

有些同学担任了年级或者班级的干部，有些则留部担任了学生组织的干部，有时候会忙得不可开交，总觉得时间不够用，一天稀里糊涂地就忙完了，更有甚者影响到了自己的成绩，觉得学业和学生工作两者的矛盾不可调和。

对于这部分同学，我想送给大家一句话：“凡事预则立，不预则废。”高校的学生活动，不论是年级的还是学生组织的，往往都有一个特点，那就是

它们有常规性和可预见性。大部分的活动，什么时候搞，需要搞成什么样子，都是有经验和规律可循的。以团活为例，每学期要搞几次，一般有何种形式，除了一些临时性政策导致的变化，作为团支书想举办一个活动，需要找哪些小伙伴帮忙，要不要提前私下联系下小伙伴们，活动预计会办成什么样子，这些问题早在开学的时候就应该已经想好了。相应的文件总结在师兄师姐或者我自己写过的材料里可否找到模板，以后新的活动办完后甚至不用改这些模板的框架。用这样的思路做起工作来，才能游刃有余，才不至于出现一活动就手足无措的情况。

三、主动扩充自己的学习面和学习资源

如果你不太喜欢大学里的某一位老师上课，或者有些你喜欢的课程在本年级没有开设，这个情况除了蹭课还有其他的办法吗？

当然是有的，不论是知乎还是果壳，这类网站对于如何扩充自己的学习资源方面都有相当多的帖子。我推荐两个慕课平台，一个是中国大学 MOOC，一个是好大学生在线，这两个网站无论是质量还是热度，都是国内很好的平台。英语基础很好的同学完全可以上国外的慕课平台。唯一一个建议就是最好不要在寝室看，因为太容易被影响了。

四、用视觉冲击法给你带来持续性的可控压力

如果你觉得自己是一个自控能力不太强的同学，又想给自己带来一定改变，又怕自己坚持不下去。那么我推荐你这么做。

请用白纸记录下以下几个问题：

（1）我想要什么？（目标越具体越好，考研、过法考、找工作、拿驾照、减肥、增强身体素质、找真爱……都可以，目标不要多，一两个就好。）

（2）怎么样才能达到？（可以列举一些答案，让你看到达到目标的难度在哪里。）

（3）我现在所做的是否有利于我想要的？

（4）我愿意为之付出什么样的代价？（少点一份外卖？）

（5）我怎样才能持之以恒？

以上这些问题，你最好在空白处写出自己的答案，并将它贴在你的床头或者电脑桌旁，时刻提醒你。

如果觉得上述方法不足以督促你，那么请下载一份月历（已上传到群共享），将 9 ~ 12 月份的月历用 A4 纸打印出来，在每一天的空白处记下你当天除上课、吃饭、睡觉以外（因为这些事情大家都做了）觉得有意义的事情。诸如看了几节有意思的慕课、跑步多长时间，联系到了立项的小伙伴、完成了什么比赛、听了多久听力、做了志愿者活动、看了书、看了电影、爬了山、看了话剧之类的，只要你觉得有意义，都可以按点在睡前简要记录。如果你能坚持 1 个月，那么一整张密密麻麻的记录一定会督促你继续写下去。相信我，写这个东西是会上瘾的，一个学期下来还会很有成就感，说不定到时候年级还会搞一个个人月历成就比赛。

好了，你们都大二了，年纪最小的同学也成年了，希望大家能拿出成年人的思维和状态去迎接自己的大二生活，未来的一年，好好加油吧。

罗翔宇

2018 年 9 月 11 日

“你问我答”第二期

（关于暑假要不要实习以及如何戒烟）

问题 1：

尊敬的罗翔宇老师：

您好。

我是 2017 级行政法学院学生。有几个关于暑期实习的问题想征求一下您的意见，希望您能给出一些建议。

（1）大一的暑期实习是否有必要呢？我希望在大一暑假找一份实习，增加自己的阅历，也让暑假过得充实一点。和一些师兄师姐说了自己的一些想法，师兄师姐给我的意见是大一的实习基本上学不到什么，最多能让我感受一下工作的氛围。如果不是特别需要实习经验，大一的暑假可以先不必实习。罗哥，对此你有什么看法呢？

（2）哪些单位会接收大一的暑期实习呢？我比较想去基层法院实习，法院会不会不需要大一的实习生呢？我们确实学识水平有限。

（3）我希望能够找到一个基层法院的实习机会，请问罗哥，我需要做哪些准备呢？需要带什么材料呢？

想留重庆实习或者是回老家那边实习，但说实话我还是挺茫然，感觉自己什么都不懂，现在离暑假也只剩一个月左右了，现在找实习会不会太晚了……

希望罗哥可以给我一些建议，抽空给我一个回复啦，谢谢。

祝您工作顺利，生活愉快！

回答：

问题有些代表性，我就不再单独回复，而统一做解答了。由于已经基本确定 2017 级将作为最后一届学生参加司法考试（在年级大会上我会讲，我个人认为是好事），如果仅仅只算诸位的本科阶段，那么大一的暑假将是大家唯一一个可以自由安排的暑假（大二要实习，大三要复习司考或者考研）。在这个前提下，怎么安排大一的暑假还是蛮重要的。我个人的意见，还是多有些经历比较好。

这个经历可以理解为去专业实习，也可以理解为去找份兼职（家教），当然还可以理解为出去旅游，或者多方面结合，都可以。

事实上，不论是大一的实习还是大二的实习，在专业实习经验的收获上可能都会低于职场人际交往的收获（我讲的是一般性）。以法院为例，不太可能（应该说不可能）让你直接负责一个具体的专业事项（如书记员），而会让你们做一些容错率相对比较高的工作（如整理卷宗），同时会让你对法院工作的基本流程有所了解，基本上是一些体验式的实习，也就是你说的感受氛围。仅从这一点说，大二的师兄师姐即将面临的实习也并没有比你专业到哪里去，毕竟在实习单位看来，你们连职场的菜鸟都算不上。

但这些工作确实能让你了解到法院工作的基本流程，一定程度上影响到你对未来职业的选择，更能够在相关的工作中锻炼与人交往（这里特指职场交往）的能力。如果你能够保持一些积极主动性，可能收获的还远不止这些。因此，我个人对大一假期是否要参加实习，还是持开放和鼓励态度的。

至于哪些单位会接收，通常情况下，作为廉价的劳动力（或者说是免费劳动力），体制内单位对这部分同学是持开放态度的，律所类的因为要考虑到实际效率，一般对大一的孩子可能考虑要少一些。

如果家里没有什么关系，无法给你介绍，而你自己又有意愿去，那还是自己推荐自己吧。体制内以法院为例，一般都是政工部门负责实习的相关事项（法院的政治处），你在网上搜到法院官网查询到相关电话后，可以主动推荐自己，在有意向性的基础上发送自己的简历给对方。至于简历怎么写，可以看我 2017 年下半年的帖子，依葫芦画瓢即可。碰壁的概率肯定有，但这本身也是一种经历，以 2013 级的例子看，还是有很多同学在大一期间自己找到家乡的法检进行实习的。如果需要开介绍信，直接联系我们即可。希望你能顺利地找到实习机会。

问题 2：

罗哥你好，我这个问题可能问得比较搞笑。进入大学后，我在其他人的影响下第一次尝试了吸烟，我知道抽烟不好，但有时候就是忍不住，现在想戒烟，不知道有没有什么办法？

回答：

兄弟，你虽然在 4 月 27 日提了这个问题，而我一直没有回答你，不是我不想回答，而是这个问题也……好吧，我尝试回答你的问题。

作为一个高中阶段就有吸烟史且在大学阶段成功戒烟的过来人（当然现在偶尔也抽，仅限于很开心的场合，也就一年不到 10 支吧），我大致能够分析一些抽烟的心理（肯定不能穷极所有的理由），大致有三点：①好奇，就是单纯的好奇；②年轻人张扬个性的一种表达方式，觉得酷炫；③“少年不知愁滋味，为赋新词强说愁”，觉得吸烟能够渲染或烘托某种情绪。以上几种理由，抽着抽着就变成一种习惯了。我觉得我接触的抽烟的人，差不多都能被涵盖在这几种理由里了。

我不抽的原因很简单，一个是当时的女朋友（也就是你嫂子）反对，一个是某年暑假回到了爷爷出生的老家，发现家族里肺部的遗传基因不太好，男男女女死于肺癌的可能有十多个。还有一个是觉得生活费不太够了，便宜的烟又抽不惯，索性就不抽了。

总而言之一句话，一个习惯是否能改变，取决于你到底需要什么，取舍之下，你觉得改变是可行的，那一切就顺理成章了。

很多人劝戒烟都从健康的角度着手，我就不老生常谈了。还记得大四考研上政治辅导班的时候，老师在讲经济学原理的时候提到，国家对烟草的高税收其实就是劫富济贫，默认所有吸烟者都是富人。这个观点让我记忆犹新。前段时间看到一个帖子，国外也有类似的表达方式，贴出来博诸君一乐吧。

祝早日找到那个让你改变现有习惯的动力。周末愉快。

罗翔宇

2018 年 6 月 1 日

大二了，学生干部怎么做

2014 级的各位同学：

这学期还没有给你们写东西。此前本想就上学期的期末成绩跟大家聊一聊，但我知道有的同学不喜欢看心灵鸡汤，更何况，大学也不全是唯成绩论，讲求全面型、复合型发展。你们已经在大学待了将近一年的时间，对有的东西会有自己的看法，也在慢慢形成自己的价值观。但今天，我想要给你们聊聊总班委报名的具体情况。

报名表总共提交了 29 份，根据此前发布的《关于行政法学院 2014 级公开选拔年级总班委的通知》中“职位要求”的规定，筛除两个不符合报名要求的同学，实际符合竞选要求的只有 27 名同学。不知道你们知不知道这意味着什么？

我再说一说，在符合申请要求的 27 名同学当中，男生 12 名、女生 15 名。其中，1 班 3 人，2 班 2 人，3 班 2 人，4 班 3 人，5 班 3 人，6 班 5 人，7 班 1 人，8 班 3 人，法实 1 班 1 人，法实 2 班 4 人。年级将要选出 20 名同学组成新一届的年级总班委，这意味着法学实验班的 5 人中将要选出 3 人，其他班级的 22 人中将要选 17 人。你们想说这个竞争压力好小吗？对，你们想得很对，竞争非常小。但是，客观地说，报名人数与录用人数的比例就连最基本的面试要求都没有达到，暂且不说 1∶2 这个标准要求，就连 1∶1.5 都没有达到。从昨天到今天，我在想，这群孩子是咋了？原因有多方面，可能是你们已经在学生组织就职；可能是你们打算在大学剩下的时间清闲地过过小日子；可能是你们本身对竞选干部这件事就没有想法；可能是你们发现错过了交申请表的时间；可能是你们心里有点想法，但是你们害怕自己不够优秀，竞选不上，反而会被同学笑话；可能是你们不够勇敢、不够自信；可能是你们怕自己做不好被我训话；也有可能是你们压根不知道竞选总班委这件事，但我想最后一种可能性微乎其微。无论是哪种可能，我只想告诉你们，你们的大学刚刚开始，你们的人生才刚刚翻开精彩的一页。

在这个相对宽松的环境中，这次总班委的选拔是为各位提供一次锻炼的机会，就像上学期在演讲比赛中我跟你们说过的一样，如果你愿意当只鸵鸟，如果你心甘情愿地窝在自己的世界里，OK，每个人都有自己的选择，可能你将来会后悔，但这一刻，你做出了决定，那我尊重你的决定。但如果你有想法，如果你愿意让自己有点改变，那一定要勇敢地站在舞台上，站在中心，告诉他们，你们看，我现在站在这里了，哪怕我表现得不完美，哪怕我没有成功，但是我站在这里了，这就是我的前进，我的改变！其实每个人最终要战胜的，只是自己！人呐，输不丢人，怕才真正丢人！而真正的竞争，一定会有人落选，竞争是残酷的，这说明你这时候还没有成为最好的自己，还需要养精蓄锐，以待将来有一天能够站在舞台中央，光芒四射。每个人前进的脚步是不一样的，也就用不着去羡慕别人如何如何，你要战胜的，你要比较的，最终还是自己。孩子们，希望你们记住，只有多尝试、多努力，才会有更多收获！有梦想的人，如果只是梦和想，那永远也迈不开脚步，如果没有为之实践过、坚持过，那也不叫你为你的梦想奋斗过。

所以，如果你们还想要报名，那请在本周四中午12: 00之前，亲自将申请表交到办公室来。正所谓“是骡子是马，拉出来遛遛”！之后会根据大家的报名情况确定最终的总班委职位设置，不排除减岗的可能性。但同时请各位注意，如果竞选上了，我可能会根据职位的要求并结合你本人的情况，对岗位进行调剂，所以也希望你们服从调剂。在其位，谋其职，我希望你们不是满腹牢骚和抱怨地学做事情，而是心甘情愿，这样才能做好。如果是一根筋，不愿意服从调剂的同学，这两天也请思考一下，一旦竞选上，如果被调剂了，是否能接受。若不能接受，可在这两天选择QQ、电话、邮件、面见私聊。

祝好。

周　婕

2019年10月9日

关于社会调查报告以及“三下乡”的二三事

销销销销销销销销，请还在思索今天晚上花式查寝要摆什么姿势的同学先看过来，也就几分钟，毕竟我这篇字也不多。

还在纠结社会调查报告怎么弄的同学，我先把今天在工作群里发给班导师的话给你们看看。

一、关于选题

1. 教务办给了此前各个教研室出的题目，大家可以以这些题目为参考让学生选。

2. 导师们自己有项目，需要学生支持来做调查的，亦可以布置给同学们。

3. 同学们自己有想法的，想自己写感兴趣的题目的，诸位班导看过后觉得有操作性的，亦可以操作。

4. 是否可以多人参与同一个调查，以及“三下乡”的报告是否算作社会调查报告，只要导师们认可，且同学们完成的报告在版块内容上有所区别，达到规定字数要求，是可以的。

5. 以上四种方法可以混合搭配。

我会在年级大群上传 10 份 2013 级同学最后获评为优秀等级的社会调查报告，供同学们参考其格式和方法。我也会同时上传到本科生导师的 QQ 和微信群里。这几份报告仅供参考，原则上不允许同学重复选题。

二、时间安排

各位班导，建议在 2018 年 6 月 31 日前由班长或者学习委员收齐各班同学的选题，便于放假前给同学们最终确定的题目。

以上内容提炼出关键词就是：有固有选题可以选（如果你不知写什么），有模板可以参照（但是你不能选一样的选题），可以自由选题，也可以组队（但内容要有区分，且达到字数要求），核心要义是只要说服你的班导师，你就可以操作了。估计近期很多班的班导师要开班会，一定也会提及这个事情。

三、很多同学在问的“三下乡”

第一，这个不是强制性的活动，是团的活动，和年级工作没什么关系，但我觉得可以和大家的社会调查报告、三创或者科研立项结合一下，也可以和小伙伴们出去走走看看，同时还会有综测加分等，建议大家有空弄弄。

第二，“三下乡”不是非要你下到农村去。总有同学问我某农村的联系方式，我上传在群里的2013级、2014级的模板你们可以看看，乡镇、街道、社区，都是可以的。关键是你要有一个主题，到底要去干什么。

第三，可以跨年级、跨学院组队，但最好是以我们学院为主，否则不容易认证，当然，如果你觉得后续的时长这些都无所谓，那就没有问题。

第四，如果联系的地方需要介绍信，可以提前拟好，到我办公室来签字盖章。模板自己上网找，成年人了，这点小事儿得自己弄，我不负责。

第五，怎么找想去地方的联系方式：通过政府官网，想去村先找镇一级的联系方式。互联网时代，这个东西自己搞得定的。

好了，就这样吧，东西我一会儿上传。诸位好好预习吧。

罗翔宇

2018年6月21日

“你问我答”——关于实习问题的十问十答

诸位好，开学头一周事情比较多，考虑到上一周很多同学都在问我自建点的问题，且学院四月份差不多就要落实各个点的报名情况，基于此，我还是抽空给大家就一些前期的问题和自建点的问题统一回复一下。

1. 实习是否都要参加？

实习是诸位人才培养方案上的必修学分，所以是每个同学都要参加的。

学院自本科 2013 级开始制定全员集中实习的方针以来，一直落实的是以学院联系的实习点为主，学生自己联系的实习点为辅的政策。历届学院点和自建点的平均比例大致为 3∶1。

2. 实习时间？

具体的实习时间在本科大二年级的暑假，通常在期末考试结束后一周内开始实习，至 9 月末。国庆结束后正常上课。

3. 有没有个人单独实习的情况？

有，每一届这种情况的比例都非常小，但是确实存在，主要针对的是暑期有比赛任务的高水平运动员同学、暑期正在进行出国项目的同学、现有实习点在生活上无法满足其宗教信仰的同学，以及其他经学院认定不适合集体实习的同学（大部分是因病）。这部分同学，在暑假或在之后的学期，提交个人的实习相关材料，由学院单独认证。

4. 自建点的条件是什么？

原则上为接受 5 人（本院）以上的含食宿的单位（法检、律所、司法局皆可）。部分地区和本地的同学（如重庆、成都、北京、天津等）因为就住在附近，可以满足在家里食宿的条件，这条要求可以放宽。针对外省的实习生源，这一点则为必要项目。

5. 自建点的两种类型。

（1）和学院签订协议的自建点：需签订实习基地协议，挂咱们学院实习基地的牌子。这对单位来说有一定的正面宣传意义（即本单位是西政的指定实习点）。这种点原则上要求提供食宿（主城除外），未来根据单位和学院的沟通情况，看是否接着承担后续的实习生实习（不是必要项）。由于学校对学院每年有新建实习点的考核，对于这种协议挂牌点，学院会给予相关同学一定补贴。

（2）一次性的自建点：能够在当年解决部分实习生的实习问题，单位可提供食宿，但不想签订实习基地协议，也不愿意挂牌。

6. 建好自建点，怎么跟学院沟通？

已经或打算建立自建点的同学，请在仔细阅读前面几点的基础上，在3月20日以前，报备给我如下信息：具体单位名称；具体单位对接人、职务、联系电话；拟接收实习人数情况（几男几女、包食宿否、有无交通补贴之类，越详细越好）；目前这个点联系了多少同学确定会去（仅限本院，一般建立自建点肯定有点自己的小算盘，所以肯定会有你的小伙伴的。当年2013级关系好的外省同学甚至有直接住在某位同学自己家里一起去实习的情况）。也就是说在你报给我信息之前，你把一切都已经沟通好了。特别注意，为避免信息遗漏，请在QQ上报备的同时以QQ邮件的形式进行报备，年级最终以邮件报备的信息为准进行上报。

7. 实习点怎么确立，以及我最终会去哪里实习？

3月20日后，学院教学秘书办公室会根据我手里自建点的名单，优先联系自建点，在跟自建点单位沟通各方面无误后，在4月进行自建点的报名和确定工作，实习人数达不到学院要求的自建点（目前原则上为5人及以上）会被取消。

自建点实习人数确定后，学院将根据剩余人数联系学院的实习点（主要是防止名额浪费），并将在4月或5月公布，同时年级开始实习点的报名抽签工作。

大部分同学都将根据学院公布的单位和岗位情况进行报名，年级将会对报名人数大于实际需求人数的单位进行抽签，以确定最后该单位的实习名单。未能抽中的同学进入第二轮，并重新在有空余岗位的单位（或全新的单位，因为学院不能保证一次性就能放出所有潜在单位）中进行报名，以此类推，直至选择结束。

在此过程中，原则上此前去自建点的同学不能更改自己的报名志愿（不能说觉得好像学院提供的更好而不想去原来的点），反之亦然。

8. 上一届学院的实习点有哪些？

表 1 为上一届学院的实习点，但不保证其中的每一个点 2019 年都接收且人数无变化，具体的信息要等 4 月份学院同单位联系后才能确定，此表仅为参考。表 2 为 2013 级学院确定的实习点的具体情况，可以看到还是有很大变化的。

表 1　2016 级学院的实习点

序号	类别	省份	报名实习点编号及名称	食宿情况	总人数	男 / 女
1	A	广东省	广东省佛山市人民检察院	包食宿（早、午餐）	12	6 / 6
2	A	广东省	广东省河源市人民检察院	包食宿	4	4 女
3	A	广东省	广东省深圳市龙岗区法院	包食宿	12	8 / 4
4	A	广东省	广东省梅州市政法委	包食宿	6	3 / 3
5	A	广东省	广东省东莞市人民检察院	包食宿	8	2 / 6
6	A	广东省	广东省东莞第一法院石碣法庭	包食宿	4	4 女
7	A	广东省	广东省东莞市第二人民法院	包住宿	10	2 / 8
8	A	广东省	广东省东莞第一法院	包食宿	30	14 / 16
9	A	广东省	广东省遂溪县人民法院	包食宿	19	3 / 16
10	A	广东省	深圳市福田区人民法院	包食宿	24	8 / 16
11	A	广西省	桂林市中级人民法院	包食宿	3	3 女
12	A	海南省	海南省万宁市人民检察院	包食宿	6	2 / 4
13	A	海南省	三亚市城郊人民法院	包食宿（三餐补贴）	20	2 / 8
14	A	河北省	河北省石家庄裕华区人民法院	包食宿（包早、午、晚一天 5 元）	20	4 / 16
15	A	河南省	河南省信阳市中级人民法院	包住宿	5	1 / 4
16	A	湖南省	湖南省益阳市中级人民法院	包食宿	15	5 / 10
17	A	湖南省	湖南省韶山市人民检察院	包食宿	3	3 女
18	A	江苏省	镇江经济开发区人民法院	包食宿	10	2 / 8
19	A	山东省	山东郯城县人民法院	包食宿	3	1 / 2
20	A	四川省	四川省绵阳市高新区人民法院	包食宿	7	2 / 5
21	A	四川省	四川省华蓥市人民法院	包食宿	4	4 男
22	A	云南省	昆明市西山区人民法院	包食宿	29	8 / 21
23	A	重庆市	重庆市第二中级人民法院（万州）	包食宿（早、午餐）	12	6 / 6
24	A	重庆市	重庆市大足区人民检察院	包食宿	3	3 女
25	A	重庆市	重庆市渝中区人民法院	不包住	22	3 / 19
26	A	重庆市	重庆市第一中级法院（渝北）	不包住	32	17 / 15
27	A	重庆市	重庆市人民检察院	不包住	15	5 / 10
28	A	重庆市	重庆市荣昌区人民法院	包食宿	5	5 女
29	A	重庆市	重庆市两江新区市场和质量监督管理局	包餐	4	2 / 2
30	A	广东省	深圳市龙岗区法院横岗法庭	包食宿	8	3 / 5

表 2 2013 级学院的实习点

序号	实习基地	提供的岗位	实习基地名称	实际报名学生人数	备注
1	安徽省检察系统	20	安徽省检察系统	21（11 男 10 女，有 2 个本地人无须住宿）	提供住宿
2	广东省江门市	7	广东省江门市中级人民法院	7（3 男 4 女）	包住宿（自带床上用品，仅有席子）与工餐；可能下放到基层法院，但都在市区
3	广东省佛山市	26	广东省佛山市顺德区人民法院	20（6 男 14 女）	提供住宿
4			广东省佛山市检察院	7（3 男 4 女，有 1 女生为本地人，不住宿）	提供住宿（早、午餐）
5	广东省河源市	10	广东省河源市人民检察院	10（4 男 6 女）	提供住宿
6	广东省惠州市	10	广东省惠州市惠城区人民法院	10（6 男 4 女）	提供住宿
7	广东省茂名市	40	广东省茂名市电白区人民检察院	4（2 男 2 女）	提供住宿
8			广东省茂名市人民检察院	20（10 男 10 女）	提供住宿
9			广东省茂名市信宜市人民检察院	10（4 男 6 女）	提供住宿
10	广东省汕头市	20	广东省汕头市人民检察院	20（6 男 14 女）	提供住宿（房间为 4 + 4 + 6 + 6 住宿，据此安排）
11	宁夏中卫市	6	宁夏中卫市中级人民法院	7（4 男 3 女，有 1 男 1 女可不住宿）	提供住宿
12	江苏省常州市	14	江苏省常州中院	6	提供住宿
13			江苏省常州市武进区法院	4	提供住宿
14			江苏省常州市溧阳市法院	4	提供住宿
15	湖北省荆州市	10	湖北省荆州市公安县人民法院	9	提供住宿
16	湖南省韶山市	8	湖南省韶山市人民检察院	6	提供住宿
17	湖南省益阳市	10	湖南省益阳市中级人民法院	10	提供住宿
18	云南楚雄	10	云南楚雄彝族自治州人民检察院	11（4 男 7 女，1 女生当地人不住宿）	提供住宿（自己带床上用品）
19	河北省张家口市	10	河北省张家口市人民检察院	11（学生后来又联系增加了一个房间，1 男 10 女）	提供住宿
20	四川省夹江县	10	四川省夹江县人民法院	10（10 个女生）	提供住宿（对方租房或提供宾馆）
21	四川省绵阳市	12	四川省绵阳市高新区人民法院	12（6 男 6 女）	提供住宿
22	重庆市	74	重庆市第二中级人民法院（万州）	15（2 女 1 男为当地人无须住宿，剩下的 6 男 6 女）	提供 12 个人的住宿，不住宿的人都可以接收
23			重庆市黔江人民法院	7（2 男 5 女）	提供住宿
24			重庆市荣昌县人民法院	13（4 男 9 女）	提供住宿（早、中、晚）
25			重庆市荣昌县人民检察院	8（2 男 6 女）	提供住宿
26			重庆市万州区人民法院	12（有 2 名男生不住宿，剩下 5 男 5 女）	提供住宿
27	重庆市主城区	121	重庆市渝北区人民法院	24	不提供住宿
28			重庆市渝北区人民检察院	15	不提供住宿
29			重庆市交通执法总队直属支队	6 个南岸 2 人，渝北、九龙坡、沙坪坝、江北各 1 人	不提供住宿
30			重庆市巴南区人民法院	8	不提供住宿
31			重庆市江北区人民法院	4	不提供住宿
32			重庆市九龙坡区人民法院	6	不提供住宿
33			重庆市五中院	8	不提供住宿
34			重庆市渝中区人民法院	8	不提供住宿

9. 为什么听说上一届自建点的人数是 3 人，这一届就不能是 3 人了？

单个点人数过少，必然会导致实习点数量增加，而实习点的增加必然会导致实习检查老师工作量的增加，用学院负责实习事项的范老师的原话说是“真派不出那么多老师啊”。诸位要理解老师们对于假期的渴望，当一个暑假里有一半的时间都要检查学生实习，对于老师们来说是绝望的。这一点也许要等到大家工作后才能有更深刻的体会。

10. 我怎么看实习，或者怎么选择实习点？

关于这个问题，我尽量在抽签结束后抽空专门写一篇东西吧，这里大概谈一下。仅从我个人来说，我巴不得诸位像我们读书那会儿一样，自行安排实习，这样我就不需要写这些东西，也不会有很多其他额外的工作。但从学院工作或者是从总体实习情况来看，集中实习的总体受益度肯定是要大于自行实习的，毕竟我们当年自行实习的时候，随便找个关系、盖个章的大有人在（当然肯定也有自己找了实习点认认真真地去学东西的同学，比如我）。

关于实习的内容，大家或多或少都会从师兄师姐那里了解一些。考虑到大家实际的专业学习和专业知识掌握情况，结合到实际的专业应用中，实习单位是不会把一些专业性很强的工作交给大家做的。用我自己的话说，更多的是一种“体验式实习”。而这一次实习的经历，将会对你们当中相当比例的同学的未来择业观产生重要的影响。眼见为实，自己到底适合干什么工作，实际经历过后才能更明确自己的需求，同时也会提升诸位的职场沟通能力，这几点我之后会抽空详细地讲一讲。

关于实习的地域，很多同学会觉得离家近最好，或者是一窝蜂地选择广东。就我自己的看法，如果你未来大概率是在家乡工作，那么就不要在离家近的地方实习了。人生太过短暂，在没有各种负担、压力的情况下，能够自由地选择一段短期的工作经历，为什么不选择去一个陌生的地方走走看看呢？经历不同地域的生活和工作状态，在空闲的时间了解不同地方的人文风情，体会各种人间烟火，在不同的环境中收获新的友谊，甚至更多的东西。

一线城市的同学去二、三线城市看看，沿海的同学去去内陆城市，内陆城市的同学去去沿海地区，只有见多才能识广，只有脚踏实地地工作过、生活过、体验过，才能助长你对这个时代、这个国家、这个社会、这个专业，以及对自己人生的定位和三观的认知。

好了，暂时能说的就这么多。有想法的同学积极地去联系自己的自建点和小伙伴，更多的同学既来之，则安之，还是先想想这个学期的学习计划怎么安排吧。下周我会安排邱邱师兄给科研立项的同学做一场交流会。具体的安排和统计本周会完成，祝好。

罗翔宇

2019 年 3 月 4 日

由实习的话题说开去

同学们，第一轮报名结束，在即将迎来抽签的日子里，我的 QQ、微信乃至办公室，都涌来了自大一入学后最大的一波信息流和人流。提出的问题大多让我啼笑皆非，有表示后悔选点的，有表示能不能先退出然后重新选的，有表示能不能再去报一个澳洲实习的，有表示选不上自己心仪的点能不能再弄个自建点的，也有疑惑自己报名的实习点干的是不是专业相关的事情的。比起这些问题，我似乎更愿意回答姜润峰同学提出的——“所选实习点附近有无健身房”——这类看似玩笑却积极直面现实的问题。当然，很多同学用全景地图来了解实习点周边的环境，这让我对你们的创造力感到开心。

虽然一直懒得动笔，但我毕竟在《“你问我答”——关于实习问题的十问十答》里承诺给你们再写一篇关于实习的帖子，承诺过的东西总是要兑现的，不仅为了兑现承诺，更是要让你们明白一些最最基础的道理。当然，这也连累了邱邱师兄，让他的五一假期没过好（但其实他已经拖了很久），天天都在催 2013 级在相关单位工作的师兄师姐们发经验分享。还有的师姐发着高热在给你们写分享，在此我特别感谢他们。

闲话不多说，我们直奔主题。

1. 实习点的差异到底体现在哪里，这些差异会带来何种不同？

毫无疑问，由于经济发展的不平衡，一线城市的实习点在工作量上肯定是大于其他城市的。当在重庆一中院民庭实习的刘师兄跟我们说法官今天审了 5 个案子就感觉很累了的时候，在深圳福田法院实习的李师兄回了他一句说今天法官速裁了 33 个案子。别着急，我说的这个工作量和你们其实没有太多关系，因为这里面大多数的活儿你们都做不了，也不会让你们做。

我想强调的是这种节奏，以及在这种节奏下你们会面对什么样的环境。对于一线城市的实习单位来说，实习生永远是不缺的，有本科生也有研究生，谁能干什么、该干什么，分得一清二楚，不会掺杂太多感情。甚至有些时候，你想给带你的实习老师表达下情感之类的，人家会用实际行动提醒你——你就是来干活的。漫长的通勤时间，拥挤的夹杂着汗味的地铁、公交也会不断提醒着你，如果未来要想到一线或者准一线城市立足，这些都是你必须去承受的。用李洋师兄的话讲，从舒适的角度不推荐来深圳，但从感受毕业后职业生活的角度来说，还是推荐的。

反之，经济不那么发达的地区，工作和生活的节奏相对较慢，人与人之间会有更多、更充分的沟通，你会有相对充裕的时间思考工作和人际关系。同时，由于经济不发达地区的实习生没有一线那么多，实习生的分工往往也不会那么明确，你可能会比在一线实习点工作的同学多接触到一些他们无法接触到的工作，或者有一些特别的体验。还有相当大的概率，你们会和带你们的工作人员结下相对深厚的友谊。我至今还记得在某次党员发展的会议上，有人讲述你们2013级考入中政的李智师兄，在广东某地级市最偏远的派出法庭（条件真的不好），在离别时同带他的、比他大不了几岁的法官相拥而泣，那让众人无比感慨的场面，这是结下了多么深厚的战斗友谊啊！一些师兄师姐在他们大三、大四的时候，还会兴奋地在QQ、微信上晒出带他们的哥哥姐姐来西政培训一起吃饭的照片。

这种差异所带来的不同，以及你对这些差异适应程度的高低，决定了你未来适合在什么样的环境里工作。花不到三个月的时间去追寻这样一个答案，是适合还是不适合，在我看来，是非常值当且高效的事情。毕竟人的一生中，去弄明白很多事情所花费的时间和精力比这个要多得多。

2. 实习时我到底能干些什么，我能从中获得什么？

我从一开始就告知大家，由于你们的专业学习并不全面，你们在大二阶段的实习更多的是“体验式实习”。这意味着，你们所从事的工作大多是辅助型的工作，卷宗整理、文书上网、裁判文书的批量修改、递送文件、检索法条、与当事人打交道。在这些过程中，你们也会有机会亲历到具体的办案过程，会有机会经历一些让你在青年阶段留下较深刻回忆的具体事件，但这些事件不会是你们实习生活的常态。

不要看不上这些工作，没有这些工作经历，你就进不了职场的大门，而这些工作所要求的工作能力，以及你所展示的能力的高低，决定了未来你在职场到底能走多远。我的公文写作能力是否得到了锻炼？我的语言是否更加精练准确？我能否快速地找出文书的错误并进行纠正？我在学校学习的办公软件操作，能否提升我在实习期间的工作效率？我到底怎么和人打交道，才让人觉得专业且舒服？这些都是你们在实习中可以去不断反问自己，不断去摸索的。我举一个2013级师兄的例子。他在集中实习后的寒假又找了当地县里的法院进行实习，在将文书挨个上网的同时，做了一套Excel版本带超链接的简易查询“系统”，能够在一定程度上提高办公效率，为此法院还发给了他一笔劳务费。因为其家庭困难，他想用这笔钱买一个平板电脑看司考视频，又担心不被其他同学理解，还专门找我咨询过能不能买。这当然是后话，但我想说的是，没有人要求他这样做，他自己在工作中发现这种做法可以提升工作效率，于是他就做了。就如同没有人要求我一定要写这些东西，但我发觉这样做确实能够提升我的工作效率，能影响到更多的同学，于是我就这样写了。这或许能为你们的实习或者未来的工作提供一定的思路。

除了基本的工作能力，实习带给你们的，还有对职场人际关系、社交能力的锻炼。人是社会动物，哪怕你再讨厌社交，最终都要面对，特别是在这个专业本身就是一个与人打交道的专业的情况下。我真心地希望你们能在实习中展现出谦逊、好学、乐观、积极等优秀品质，没有人会希望自己的工作同事或者下属是一个自以为是、啥事儿都没干好还觉得自己是挺不错的人。如果带你们的老师展现出来是一副“你们就是来干活的，我也不想和你们有太多的交集，毕竟你们实习几周就走了”的态度，请告诉自己这是职场常态，自己应该调整好心态积极面对。当然如果有老师愿意带你学东西，愿意给你们一些这个年龄段不常有的机会，请一定要感恩，因为这很难得。

好了，这只是一段两个半月的实习期，实习期完了你们该回家回家、该回校回校、该上课上课。这不是几十年前看不到前途的上山下乡，也不是计划经济时代没有选择必须服从的工作分配。没有选到心仪的实习点的孩子们，如果还是想去你们心中更好的实习点实习，大可以在下一个寒假、大四毕业、研究生的寒暑假去完成，毕竟工作是做不完的。从某种意义上，我看到了你们积极的心态（希望迎接挑战），这也是不错的。而单纯地希望回家或者去某地旅游（这种心态确实有）的同学，没有选到自己心仪的实习点，我也没什么说的，孩子们，人总是要成长的呀！

好了，下面交给你们的师兄师姐了。同样的几个问题问了三种不同在性质单位实习的师兄师姐，看看他们是怎么说的吧！

祝好。

罗翔宇

2019 年 5 月 6 日

2013 级师兄师姐的实习问答

一、检察院

（一）李晓媚：福建省石狮市人民检察院书记员

1. 实习工作内容

在检察院，实习生最经常做的一件事就是归档，因为平时积攒的卷宗实在是太多了！有时也会跟着承办人，也就是检察官一起去提审。

2. 优秀实习生应具有的品质与能力

优秀的实习生，首先要任劳任怨，你要明白，真的积了很多事，就是每年等着实习生来做的。所以不要想着偷懒，借实习的名义四处游玩，休息日可以，但是工作日该完成的工作还是要完成的。其次就是谦虚求教，不懂的事主动问，不要想当然地去完成被交代的事。最后就是要和“同事”们相处和谐，不要觉得自己实习完就走了，无所谓。出去实习毕竟代表的是学校，如果真的有什么，对方提起来的肯定也是某某学校怎么样，而不是个人怎么样。

3. 哪些行为是不希望有的

要有责任心！这是很关键的！不要吊儿郎当，不要得过且过。

4. 实习过程中的骄傲或糗事

当年实习的时候，有幸被分配在反渎职侵权局，跟着科长同时也是师姐办案。

5. 实习对择业的影响

我个人觉得，如果以后有考公打算的，可以在法院、检察院之类的单位实习，如果想当律师，可以去律所实习，这样能够提前了解未来的工作性质，也有助于了解自己是否真的适合这个职业。

（二）石珂：重庆市梁平区人民检察院检察官助理

嗨，亲爱的师弟师妹们！我叫石珂，是西南政法大学2013级本科生，现在，我是重庆市梁平区人民检察院一名入职不满两年的新人检察官助理。能够得到罗哥的邀请给你们写这篇分享，我感到非常荣幸（大学时期我是小班长，很少有机会和师弟师妹分享我的感悟，哈哈）。好啦，话不多说，咱们进入正题！

1. 实习工作内容

2018年，我所在的梁平检察院刚送走了一批西政实习生，他们分别被分配到我院的公诉科和侦监科，接触审查起诉和审查逮捕等方面的工作。可以说这两个板块构成了检察院最核心、最主要的职能。实习生们主要负责整理卷宗、审查案卷、录卷扫描、旁观庭审，参与讯问、询问、出庭等工作。

2. 优秀实习生应具有的品质与能力

虽然这群师弟师妹来到院里只有短短两三个月的时间，但他们的工作态度和能力早已被领导、同事看在眼里。可能最后写在他们的评语中的满是夸赞，但究竟谁最勤劳肯干，谁又无所事事，相信每个人心里都会有较为客观的评价。那么，要成为一名不只是存在于形式中的，而是真正意义上的优秀实习生，需要的是什么呢？我认为最重要的两个品质便是勤奋和无怨。来我们办公室实习的是一位姓谭的师弟，那时正处于我院机构改革前夕，每个检察官手上都堆着案子。小谭来的第一天，我们便让他加了一晚上的班，可以说是一来就毫不客气地把他当作了救急劳动力。他不仅没有怨言，还会主动了解案情，提出自己的见解，在工作过程中抓住一切可以学习的机会。即使是录卷扫描这类杂事，不论交给他多少他都不嫌烦，笑嘻嘻地接过去后，保质保量地及时完成。可以说，他拥有我认为的实习生最为重要的两个品质，其他同事私下里也对他赞赏有加。

其实，我很理解现在很多实习生的想法，来到实习单位，做一些像录卷扫描这类的繁杂事务，就算是参与讯问、开庭，也没有多少发言机会，感觉自己屈了才，免费当了个“司法民工”。有这样的思想并不奇怪，但人才能够转变思维，而庸才却只会一味地埋怨。师父让我加班，那我就趁这个机会多了解了解案情，顺便再用少得可怜的法学储备去和师父您“硬碰硬”一次，认清自己有多么弱后，多背法条、多翻案卷，赶紧找补！能有这一连串的思想拐弯，那么我认为他应该会是一名优秀的实习生。记住，主动寻找学习机会，远比等待别人来教你更重要。

3. 哪些行为是不希望有的

我想大家也都看出来了，最不在职场被看好的人通常具有两种特质：懒惰成性和埋天怨地。我在这再给大家加上一个吧：傲慢不逊。前面两种我想不需要再赘述了，而最后的这种态度，可以说是所有实习生的大忌。师姐那一届有一位陈同学，是我们院公认的“大神”。我和他彼此间并不熟悉，但我知道，在我还在拼命啃书、妄图记住行政诉讼法里那些弯弯绕绕时，他已经和导师坐在一起进行学术交流了。我为什么在这里提到这位大神呢，绝不是因为他是一个骄傲自大的人，而是因为他足够优秀，优秀到他的实力允许他骄傲，可就算是他在课堂上站起来和老师争论问题时，我也从未在他的言语中听到过半点蔑视和自满的意味。我想，正是因为这份谦逊，他才能一直进步吧。师弟师妹们，你们当中肯定有年级第一、辩论天才、论文能人等，但这些不过是你的一层“外装”，脱下它，你不过是一个学生。人这一生都在学习，你又怎么可以因为自己的一点成绩就目中无人呢？职场，对你来说是一个陌生的领域。对于检察院来说，我们不畏强压，在被恶势力威胁时，仍旧依法决定批准逮捕犯罪嫌疑人；我们维护正义，将一个个罪犯送进监狱……也许你实习的地方不是检察院，但那里的每个人肯定都有着闪光点，值得你学习。记住，学会低下高昂的头，你会发现更多的美。

4. 实习过程中的骄傲或糗事

说了这么多，师姐来说说自己当年实习的时候吧。大二暑假，我去广东省佛山市顺德区人民法院实习。为什么报这个地方呢？其实我只是想去沿海地区看看，感受一下相比内陆可能更为完善的司法体制。而对于是在法院还是检察院实习，在我心中没有孰优孰劣，所以我就随大流报了比较热门的法院。早在聚会时大家就说，千万别被分配到执行局，至于是什么原因，我已经记不清了。结果你们应该猜到了，是的，师姐被分到执行局去了。最开始我有些担心，因为所有人都说执行局不好。不过担心归担心，开始工作之后，我还是非常兴奋的，根本闲不住，总觉得带我的法官这么忙，我却优哉悠哉，简直是太不像话了！所以我经常去找师父们讨点活干，小到寄挂号信、做模版文书，我都感到好奇。这种工作上积极的劲头也让我接触到越来越多的工作，闲着没事的时候我就把法官的案卷抽出来查阅，一看到法官要去被执行人家里就屁颠屁颠地跟着，生怕错过接触新鲜事物的机会。老实说，执行局的工作帮我理清了当时学得乱糟糟的民事执行知识。不过，我也遭遇了语言上的滑铁卢，本以为可以一口标准普通话走天下，结果发现，这在广东根本行不通。接待当事人时，交流不畅；电话沟通时，驴唇不对马嘴；甚至在做会见笔录时，都需要法官把对方的话翻译给我听……那时候，我只恨自己粤语学得少，只字听不了。可能因为在广东时，语言障碍影响较大，很多工作没有办法放开手脚干，所以这一次的实习并没有在我心中留下十分深刻的印象，法院也因此没有成为我的就业首选。

5. 实习对择业的影响

在准备司法考试时，我发现自己对刑事司法方面的知识非常感兴趣，对刑事案件的分析把握也比较准确，相较起来，我的民法就略逊一筹。我渐渐地开始向往检察机关的工作，能够天天跟刑事案件打交道，可以说是我梦寐以求的事了。所以毕业后我便报考了检察院，实现了自己的梦想。正是因为热爱着这份工作，我的工作劲头一直很高，即使是加班到深夜，也觉得乐在其中。2018 年，单位领导派我去参加全市检察机关的讲习比赛，我每天反复修改稿件和练习，将自己的情感融入每个字。谁能想到，一个 22 岁的新进小姑娘，首秀便拿到了全市第一名。市院贺恒扬检察长为我颁奖的那一刻，我想我这一辈子都无法忘怀，那是我工作以来得到的最大肯定，也将在今后的岁月里激励着我不断前行。我打心底里认为，对一份工作的喜爱程度，可以影响你对这份工作的认真态度。师弟师妹们，如果你还不确定自己的职业规划，不妨先发现自己喜爱什么职业，我无法担保你会一生热爱它，但不论再辛苦，记住，这条路是你自己的选择，请坚定地走下去。

二、法院

（一）任辉：安徽省阜阳市中院法官助理

1. 实习工作内容

我现在在法院工作，法院的工作很忙，案件数量和质量的压力都很大，所以如果有实习生来，大家都特别高兴，都是抢着要的。工作内容主要就是在书记员的指导下整理卷宗、打印复印材料、校对判决书、法庭记录、送达文书等，从立案到执行整个环节都可以参与其中，个别实习生可能会帮助法官拟写简单的判决书。

2. 优秀实习生应具有的品质与能力

细心、沟通、勤奋。首先是细心。从立案到执行，每个环节对于卷宗的管理都很严格，尤其刑事案件，需要细心地清点卷宗数量和光盘，以及其他随案移送的物品，因为一旦弄丢或者少了，是会被处理的，严重的甚至会被判刑。其次就是多沟通，不懂的、不清楚的多问问，这样不仅会提高效率，还能避免很多不必要的错误。最后就是勤奋，多思考，这样自己才可以成长。

3. 哪些行为是不希望有的

不能眼高手低、不沟通。做一些重复的事务性工作是必要的，这样才可以积累你对这件工作的认识。从小事做起，能够把每一件小事做好，就已经很了不起了，只有这样才可以取得师父的信任，从而更有机会成长。学会沟通很重要，这样可能会为自己减少很多不必要的工作，多问问总是没错的。

4. 实习过程中的骄傲或糗事

出糗的一件事情就是当时跟检察官一起去了看守所，发现自己没有带身份证，导致没能进去办事。

5. 实习对择业的影响

实习对于择业很重要，毕竟这是你第一次接触实务。如果有机会，建议律所、法检、法务都去实习一下，或者多听听不同行业前辈的意见，只有经过比较，自己才清楚哪个更适合自己、自己更喜欢哪个。当年的实习让我对检察院的工作有了一个大概的认识，使得以后再跟检察院的人打交道会更接地气一些，更理解他们工作的模式，便于开展自己的工作。

（二）秦浩南：重庆市万州区人民法院法官助理

我院实习生一般自发组织或学校集体组织实习，来院报到后，由政治处统一登记信息，再分派至各个科室。过去两年，累计接收实习生 72 人，男生 20 人、女生 52 人，其中分配至各业务庭室 57 人，行政部门 15 人。

1. 实习工作内容

实习生一般按所学专业分工，就业务庭而言，主要由书记员负责指导学习，主要从事如卷宗整理、文书上网、裁判文书的批量修改以及收发法律文书等辅助性事务，根据各自接受速度的不同，还会安排参与庭审、协助书写裁判文书等更进一步的工作。行政部门有办公室（研究室）、政治处和财会室，分别管理宣传、人事、物资方面的工作，实习生会接触诸如公文写作、普法宣传、舆情处置、组工人事、财务统计等工作内容。

2. 优秀实习生应具有的品质与能力

在我看来，法院工作的第一条原则就是保密，无论是业务部门还是行政部门，都会接触到各类涉密文件，可能是当事人的秘密，也可能是国家、机关的秘密，一定要牢记不该问的不问，不该说的不说。第二条是细心，诸如文书修改，一个不小心，轻则补正裁定，重则重审改判，对法院公信力产生很坏的影响。

在工作中一定要慎重，多看多想多问，拿不准的事情尽量向领导、前辈请教，不要不好意思，更不能自己想当然。

3. 哪些行为是不希望有的

除了保密与细心，我认为还需要有责任心，这是无论做什么工作都必须具有的。听政治处同事谈起，曾经发生过实习生工作几天就撒手不干的情况，让人一言难尽。说实话，我刚进法院时，唯一的感受就是现实中法院的工作和想象中的完全不同，一两个小时的庭审，背后可能是长达一两个月翻来覆去修改、订正的文书工作，奔波一天找不到当事人的漫漫送达路。落差肯定会有，但是以后的工作中肯定有更多的困难和不如意，逃避终究不是办法。提前适应落差，也是为将来的工作打好预防针。

4. 实习过程中的骄傲或糗事

大二暑假时，我在茂名市信宜市检察院的法制宣传科实习，印象最深刻的是有一次组织院里实习生一起去广场办一次普法活动。活动的内容很简单，主要是分发手册，为市民解答与婚姻、土地等相关的法律问题。当时的我们对法律知识知之甚少，但还是竭尽所能地去为市民答疑解惑，现在想来或许根本没帮上什么忙，但是收获的都是一声声真挚的感谢。虽然工作之后会遇到各种各样不可理喻的情况，但我还是觉得当事人的理解是对工作最大的肯定。

5. 实习对择业的影响

我认为实习对于择业的影响是显而易见的。任何一个职业都有着“围城”的现象，有机会去亲身体验一下心目中职业的工作流程，所收获的信息对于以后的择业弥足珍贵，毕竟“纸上得来终觉浅，绝知此事要躬行”。对职业的选择而言，最重要的还是自己的志趣所在，喜静或喜动，在职业道路上会有截然不同的选择。在检察院的实习体验与我想象中的是有差距的，但为人民服务的心没有变，毕竟一直都有一个替天行道的梦想，正好职业又给了一个实现梦想的平台。哪怕现实很骨感，哪怕自己只是一簇小火苗，也还是想做司法的燃灯者。

（三）高朋：常德市武陵区人民法院助理审判员

1. 实习工作内容

法院主要就是卷宗整理、文书的初步起草、接见当事人、签字盖章等。

2. 优秀实习生应具有的品质与能力

品质的话，勤学、勤做、勤思考吧，一定要细致，有责任心，于琐碎工作中有所学。

3. 哪些行为是不希望有的

不要因为处理琐事而觉得大材小用，以整卷来说，当你熟练掌握整卷流程，对于审理流程也会有更加深入的认识，毕竟学习都是从简单的内容开始的。

4. 实习过程中的骄傲或糗事

当时是在重庆市二中院实习，作为书记员参与了一个案子的审理，庭审过后与审判长就案件进行了深入交流，那是自己走出书本上的案例，参与处理的第一个实务案件，所以记忆犹深。比较尴尬的就是作为书记员记录时，因为听不懂重庆话，审判长便要求双方当事人都说普通话，可重庆普通话听着感觉更难记录了。

5. 实习对择业的影响

择业前最好多利用实习去感受一下不同的工作岗位，法院、检察院、律所都可以试试，毕竟理想中的工作环境与现实都有一定的差距，在法院实习的我最后又去了法院工作，可能是因为当时就挺喜欢法院的工作氛围吧。

（四）吉朋鑫：河北省新乐市人民法院科员

1. 实习工作内容

所在单位：河北新乐市人民法院。一般会去业务庭室（刑庭、民庭、行政庭、执行局）。

刑庭、民庭、行政庭工作内容：

沟通类：与当事人沟通——送达法律文书（乘坐警车各处转）等；与各单位沟通——去银行、不动产进行查封等。

文书类：在办公室跟着法官助理学习如何写判决、出裁定、整理卷宗，或者跟着书记员办理归档等事项。

执行局工作内容：

跟随执行员前往寻找被执行人下落，与其斗智斗勇；去银行、不动产、车管所等单位控制被执行人财产（查、冻、扣）；制作法律文书，与申请人、被执行人沟通，走相应法律程序。

2. 优秀实习生应具有的品质与能力

（1）心中有“人”，即做事考虑别人感受，不要太自我，待人要随和。比如：进别人办公室要敲门的小细节；不要在别人讨论案情的时候大声唠嗑；第一印象很重要，尊重别人也就是尊重自己。

（2）胸有“韬略”，即要有好学的态度，对于不懂的一定要多问，不要闷头瞎想。更要注意问的方式，不要硬去质疑，就算同事做的是错的。很多实习生一上来就会让去翻看卷宗，一本卷宗如何看才能更好地学到东西，是有门路的，千万别一本卷宗一翻，一天过去了，丝毫不交流。在写判决的时候，不懂的地方就多问，积极沟通交流，才能让自己了解得更透彻明白。

（3）眼里有“活”，即做事情积极一点，用心一点，负责一点。对于让自己写的法律文书，一定要保质保量。在没有事情的时候，要主动去找事情做，学会和庭室前辈“唠嗑”，不断的交流才能让其将经验传授于自己。

3. 哪些行为是不希望有的

打扮的花枝招展，做起事来没个准头——很多事情不会交给这样的实习生做。

4. 实习过程中的骄傲或糗事

实习第一次见面会，身为组长，因自己没有沟通好，导致一位实习生迟到，自己以为迟到没啥事，结果实习单位政治处主任还找我谈了话，当时感觉自己太松懒，一点不负责任，没有规矩意识，没有主人翁的姿态。

5. 实习对择业的影响

去体验自己想体验的，才知道自己真正适合什么。当年我去了检察院反贪局实习，因为自己对反贪工作很向往，也写过一篇关于反贪方面的论文，但是去感受了之后发现和自己想象的不一样，感觉不适合自己，就选择到了法院。

（五）谭洁雯：广东省佛山市高明区人民法院书记员

1. 实习工作内容

我在法院工作。在法院，实习生一般的工作内容是比较简单基础的工作。如果在立案庭，一般是导诉或者立案登记录入；如果在庭室实习，一般是案件的应诉材料的送达，更多的是协助书记员归档。

2. 优秀实习生应具有的品质与能力

优秀的实习生应当有端正的工作态度和责任心，同时要有一定的业务能力。虽然实习时很少可以接触到案件的核心内容，一般只是做一些很基本的工作，但要保持一份积极的态度，认真地做好法官、书记员交待的事情。同时也要拥有一定的业务能力，如果不懂一定要问，不要自作主张，因为有时你的一个自以为是，可能会导致一个很大的失误。实习生还应该有一颗好学的心，多学多问。

3. 哪些行为是不希望有的

遇到问题时不问，自以为是。实务操作和书本有时候会有出入，若不懂应多想多问，不然很容易导致错误的产生。

不遵守单位纪律、迟到早退等。遵纪是实习最基本的要求，如果作为实习生，连基本的单位纪律都不遵守，会给同事留下很不好的印象，对实习这件事也无益。

不服从安排。作为实习生，安排你到哪个岗位是由单位决定的，并非由你自己申请，如果不服从安排，对待工作态度不好，很容易导致同事、领导对你留下不好的印象。

工作态度不端正。面对琐碎的工作不停地抱怨，消极工作是很不好的，不利于自己的实习，会给同事留下不好的印象。

4. 实习过程中的骄傲或糗事

以前我在实习的时候，对很多事情都充满热情，归档归得很快，觉得很有成就感。现在当了书记员，面对堆积如山的档案，好奇自己以前哪里来的热情去归档，现在看见档案就好想来个实习生。

5. 实习对择业的影响

你可以选择自己感兴趣的方向去实习，去尝试。实习是一个尝试的过程，如果适合，以后的职业方向可以向这方向靠拢，如果不适合，还是需要不断地去尝试。

我目前的工作就是我实习的工作，但其实实习对我个人的职业选择并没有太大的影响，只是在适合的时间，遇到了适合的工作，如果有其他我更喜欢、更适合的选择，我可能会选择其他的。择业是不断妥协和不断优化的，我个人觉得实习只是一个参考，未来要怎么走，主要还是看喜不喜欢，适不适合。

（六）孔艺衡：山东省菏泽市中院法官助理

1. 实习工作内容

实习生一般都是做一些司法辅助类工作，比如扫卷、订卷之类的，当然不同的庭室侧重点也有不同，有的法官可能会让实习生参与判决书的起草等工作。

2. 优秀实习生应具有的品质与能力

我感觉只要不懒就是优秀实习生。平时工作中表现得积极一点，但是注意不要抢活干。多与同事交流，勤学勤问。不希望实习生在工作上偷懒、磨洋工、耍小聪明，待人接物没有礼貌。律所的氛围不太清楚，如果是在法检之类的机关单位实习，虽然不像行政单位那样过于压抑，但毕竟是在体制内，说话做事还是得注意分寸。

3. 实习对择业的影响

实习可以让你对法律职业有一个初步的认识，毕竟在学校学的理论知识与实践相比还是有很大偏差。其实无论去哪个单位实习，并不意味着你今后就要从事相关的职业，更多的是丰富经历、增长见识，也让在校学生更好地认清自己理想中的法律职业与现实中的法律职业存在着巨大落差。

三、律所

（一）陆海兰：广东广和律师事务所实习律师

1. 实习工作内容

帮指导律师洗茶具；整理案卷归档；打印、复印、扫描材料；根据指导律师的要求检索法规、案例；送材料；草拟简单的文书；其他工作。

2. 优秀实习生应具有的品质与能力

（1）良好的工作安排能力，比如在指导律师安排多份工作时，可以用笔记本记录下来，合理安排时间，及时完成指导律师交代的工作，若无法及时完成，一定要提前跟指导律师说明，以免打乱指导律师的计划。

（2）认真、细心：如果指导律师发布的任务描述不明，一定要及时把自己不清楚的地方问清楚，尽量合格地完成任务。在完成工作后至少检查两遍再发给指导律师。

（3）有学习的热情：不懂就问，但前提是你已经完成相关的检索工作但仍无法获得答案，也不能事事询问他人。

3. 哪些行为是不希望有的

在同一件事上出错三次以上。因为大家对实习生的期望和要求都很低，所以只要出错的次数不要太多就好了。

4. 实习过程中的骄傲或糗事

我大二是在检察院实习的，比较骄傲的就是把案卷全部归档了，解决了公诉科的一大“难题”。比较糗的事就是，在前辈们问我关于案件的看法时，专业知识不足。

5. 实习对择业的影响

会有一定的影响，但不会带来本质上的改变。像我是在检察院实习的，当时非常喜欢那样的氛围和工作节奏，最后还是选择了律师行业。所以职业的选择还是与个人的性格、人生追求等有很大的关联，职业无贵贱、无高低，喜欢就好。但在检察院的那段实习经验让我对公检法的办案流程有了一定的了解，对我接触刑事案件还是有一定的帮助。

（二）李荻：广州金鹏律师事务所律师助理

1. 实习工作内容

因为实习生的工作时间比较短，一般不会安排需要了解背景内容较多、耗时较长的工作。我个人了解到实习生从事的工作一般有以下几类（刑事方向）：①程序性工作，电话查询案件进度、现场递交材料、寄送快递等；②简单文书写作，在参考模板的基础上经指导写简单的法律文书（如变更强制措施的申请书等）；③辅助性工作，文件校对、法规案例检索、卷宗摘录等；④行政性工作，案卷归档、粘贴发票等。

2. 优秀实习生应具有的品质与能力

答：最重要的品质是靠谱，最重要的能力也是靠谱。实习生刚刚接触工作会有很强烈的能力不足的感觉，律师交办的大部分事情都不能根据原有经验独立完成。所谓靠谱既是一种态度，更是一种方法。面对任务，第一步要充分审题，了解清楚该项任务的具体要求，否则会南辕北辙；第二步要潜心研究，勇于发问，充分参考团队之前同类型工作的成果，扎实做好法律研究，讲究效率的同时注重细节，大胆向律师、合伙人请教；第三步要给出完整的意见，以选择题代替填空题，给律师有依据的完整意见供选择，不要把很多内容留给律师自己研究。用靠谱的品质做好每件事，就是一个年轻实习生最大的能力，在一件件小事上都得到认可，就是所谓的优秀。

3. 哪些行为是不希望有的

答：切忌“骄”“娇”二字。一方面，很多同学在学校担任各类职务、取得各种成绩，在刚刚接触工作时容易眼高手低，容易顶着优秀的头衔在最简单的地方犯错，甚至还会因为外部评价的巨大落差产生自我怀疑，无法进入工作状态。这些情况不但给团队高压工作带来很多风险，更是会因其情绪化表现给团队造成很大困扰。另一方面，不要抱怨工作，无论是经常需要加班，还是受到律师、合伙人批评，都要尽快调整好状态，培养高效的工作习惯和良好的沟通能力，这些都会为你以后的工作和生活赋能。另外，要讲礼貌、讲规矩、讲分寸。

4. 实习过程中的骄傲或糗事

答：值得骄傲的是整个实习下来，得到了指导法官、庭长、院领导的认可，并在实习期间以书记员身份完成自己人生中的第一个庭审，全程在法官、书记员的帮助下，记录粤语庭审内容。回想起来比较“糗”的地方是整个实习阶段穿着比较随意，衣服大多是在校时的T恤、牛仔裤等，没有职业着装的意识。

5. 实习对择业的影响

答：我个人而言，实习经历在一定程度上决定了我的就业方向。毕业后在选择城市时，因自己在佛山实习的经历，我首先考虑的省份就是广东；因在法院刑事审判庭实习的经历，我选择了律所刑事方向的团队。也了解到一部分大四实习的同学和同事，将当年实习的团队作为自己就业的首选，或者在实习过程中敲定了自己短期的发展方向，明确了发展目标。

（三）吴正阳：泰和泰（深圳）律师事务所实习律师

1. 实习工作内容

实习生的主要作用是解决团队积压的、无人想做的工作，比如归档、整卷、装订、打印复印、贴发票、报销、订餐等。

2. 优秀实习生应具有的品质与能力

第一，品质与能力：基本的办公软件操作技巧；耐心与细心（这个我也做不到）；基本的法学基础，能够分析问题并得出靠谱的初步结论（大二实习还好，就业实习的话，我见过被合伙人主动开掉的，基本都是对法律一头雾水的）；职场和校园里通行的做人做事的品质（这个就没必要展开了）。

第二，具体工作内容体现及怎么做：

文本起草与修改，应熟练掌握目录生成、多级编号、Excel公式嵌套。尽职调查，需要不厌其烦地核对底稿资料，发现不实陈述的蛛丝马迹。法律研究及方案论证，在对合同法、物权法、侵权法、公司法等部门法信手拈来的基础上，对国有资产、上市公司及公众公司、金融机构、外商投资企业相关法规有一定理解，对行业准入、反垄断、反不正当竞争、物价、食品安全、生产安全、质量标准有意识，对法律问题涉及的相关财务、税务知识有了解，能够准确检索国家及地方政策、部门规章、地方性法规和规范性文件，进而对法律问题得出初步结论及进一步研究的方向。

3. 哪些行为是不希望有的

挑三拣四，自以为是（这是普遍来讲被吐槽最多的）。

4. 实习过程中的骄傲或糗事

值得骄傲：大二的话，在七月到九月的广州，睡觉一直没吹空调，很骄傲。大四就业实习，老板画了个公司重组结构图，扬扬得意地说这里保留香港公司对目标公司25%的股权是他的得意之作，暂时不告诉我们为什么，自己悟吧。我立刻想到，你不就是想保留他的外资优惠政策吗？

糗事：

有个周末跟土豆去桂林玩了，早上坐车到广州，想上午就不去了。正好赶上指导老师来视察，幸好带我的书记员骗老师说派我去执行局了。

5. 实习对择业的影响

实习嘛，就不要缩在家里，去远一些的地方看看。对职业、城市有憧憬的，也可以趁机去试试。关于未来择业方向的选择，实习过后至少就知道了自己不想做什么。

在此表白陈楚风同学，没有他收留，我就不会去广州。那是我第一次去一线城市（现在不是一线了），没去广州我就不会去深圳、香港、澳门、台湾玩，就不会认识一个漂亮姑娘，总之当年的实习决定了我就业城市的选择。

（四）冉于琪：重庆原驰律师事务所律师

1. 实习工作内容

实习生的主要工作：协助律师进行案卷归档；协助行政人员进行客户接待；到法院或者客户单位递送资料；律师或者行政人员交办的其他工作。

2. 优秀实习生应具有的品质与能力

持之以恒，做事有耐心。案卷归档是一件很烦琐的工作，特别是遇到证据材料很多或者是审理程序很复杂的案件。刚开始可能会因为有比较强的新鲜感，所以还很积极。随着实习时间的增加，如果没有持之以恒的态度，就会产生厌倦心理，做事效率也相应地下降了。

遇到问题想方设法去解决，而不是将问题直接反馈回去。部分法院会对提交材料或查询信息的人员有身份要求（必须是代理人），这时候实习生可能会遇到一些阻碍。遇到类似问题，你应该考虑如何去解决，而不是直接向律师回复“我无法完成这件事”。

3. 哪些行为是不希望有的

无正当理由地迟到、早退。虽然只是实习，但遵守实习单位的基本工作要求是一件应该做到且内心认同的事情。

做事拖拉。律师或者行政人员交办的工作，就算是没有明确的完成时间，也应当及时完成。重度拖延症，会对你今后的工作、学习产生很不好的影响。

交办的事情不回复。无论结果如何，都应该及时反馈，包括对客户的反馈和对给你交办工作的人的反馈。这样的习惯可以帮助你以后更快地融入团队工作中。

4. 实习过程中的骄傲或糗事

没有什么“骄傲的事”，应该说都是“糗事”：

在法院实习，经常早上睡到 9 点起床（宿舍在法院大楼里面），拿着毛巾和漱口杯去卫生间洗脸漱口，身旁都是来法院开庭或者办事的人。

误将隔壁办公室的A领导认成B领导，一直这么称呼，直到3个月实习期快要结束才知道。

实习第一周的周末和朋友们去逛商场，结果回来的路上钱包就被偷了，生平第一次被偷钱包。

时间久远，更多的事情已经记不清了。

5. 实习对择业的影响

实习会让你稍微地了解一下，你这几年在大学里学的这些东西在实践中是个什么样子，但也只是“稍微”，实习的体验是比较肤浅的，更多的东西，还是需要等你真正准备好了，想要工作的时候才能自己慢慢去体会。

高考之后选择的专业并不必然和你大学毕业后会从事的工作相关，我认识的很多同学毕业后都没有做和法律相关的工作。是否对于这个职业有认同感，通过一两次的实习可能会有一些判断。

当年的实习对我的影响就是——从那之后，我更加坚定了以后不会进公检法单位。

实习生应该具备的品质

诸位同学：

期末考试结束后，同学们将奔赴全国各地参加暑期实习，这可能是绝大多数同学的第一次实习，也将是大家人生中的重要一课，在这儿有些建议与大家分享，希望有所裨益。

一、保持虚心

在实习之前，同学们一直接受的是学校的理论教育，没有实践经验，所以在实习中邂逅的每一位工作人员，不论职位高低、学历高低和年龄大小，都是同学们的老师。你们要虚心求教，不要随意看轻任何一位工作人员。从他们身上，你们可以收获许多课本上学不到的实践经验。

二、要有耐心

实习的时间并不长，你们要很快就掌握好工作技能，并不容易。在三个月的实习中，第一个月甚至所有的三个月，都将会是你们实习工作的探索阶段，在这一过程中需要慢慢了解自己的实习岗位。也许你会在实习中遇到这样的情况，一周五天时间里全是订卷宗、复印以及送文件；从一开始就要加班忙碌，完全没时间休息；领导老师会呼来喝去，没太顾及你的“玻璃心”。这时就需要大家调整好心态，踏踏实实地做好手上的事情，埋怨难过并没有太大的作用，想学东西就要用心用脑。

三、坚持信心

作为大二学生，在实习过程中，你会发现自己以前的所学在实践中所用甚少，或并未起太大的作用，这是因为实践中涉及的案件是集中在某些领域的，例如民一庭婚姻家庭案件居多，且主要是离婚案件；民二庭经济纠纷居多，且主要是借贷纠纷案件；刑庭多涉及盗窃，故意伤害等。除此之外，同学们尚未参加法律职业资格考试（俗称司法考试），知识体系并未整合，既有知识的空白，也有所学知识未能较好运用的情况，所以遇到这些情况大家不要沮丧，而是要好好地向老师学习，增强自己熟练运用知识的能力，弥补知识空白。在实习的过程中，你们还会发现许多实践操作与在学校学习的理论知识的不一致，这或许会在大家心中留下问号，但请大家将这个问号保留，在今后的学习与实践中，你们会找到自己的答案。

四、遵守纪律

在实习过程中，大家要遵守实习单位的纪律，最基本的便是保证每天按时上班，最好能够提前 5 ~ 10 分钟到达办公室，给人留下一个好印象。同学们要主动打扫室内卫生，整理好室内公共物品，如桌椅、报刊杂志等。但是要注意，在还不熟悉情况的时候，不要轻易乱动他人办公桌上的物品，因为从某种意义上来讲，办公桌也是一种私人空间。除此之外，要有计划地按时或提前完成自己的工作任务。

希望大家在实习期间平安、顺利，收获满满，回到学校后头脑丰富，“气质”变身！

周　婕

2016 年 6 月 16 日

由助学金的问题说开去

行政法本科2013级全体同学：

年级于上周五上午进行了助学金评定大会，从139名具有贫困生资格的同学中评选出了123名同学，分别获得一、二、三等国家助学金。

情况公示后，有同学于17日晚7点58分在QQ上对获得助学金的一位同学是否有资格向年级提出异议，并附上了该同学的新浪微博。

该微博显示，该名博主于9月26日至10月5日期间分别前往港、澳、台等多地参观、游览，且微博的手机客户端显示该博主使用的是苹果6手机。经再三确认，该博主为年级三班的童某某同学，该同学在本次助学金评定中获得的是三等助学金。

年级在听取了有异议同学的相关陈述后，通过对当事人的班级同学进行了解，确认其在实习结束后出境前往多地游览属实，且其拥有的苹果6手机也被再三确认。

由于我院2013级第一次全员参与集中实习，考虑到以往新学年的贫困生认证时间较为紧迫，针对这一情况，年级提前进行了贫困生的评定工作。当时童某某同学并没有出境游览，且使用的手机也并非苹果6，自然在自己的情况说明表内没有填写，其班级的评审委员会通过了其贫困生的资格申请尚属情有可原（由于但其本人是第一次申请贫困生资格，班级评审更应该慎之又慎）。在返校后以及随后的助学金评定大会上，三班的评审并没有对当事人的后续情况加以了解，或在会上进行情况说明，反映了该班对助学金认定工作的不重视。该同学在班级的贫困程度排名相对靠前，也使得在进行不获得助学金的投票中未能被筛选出。考虑到目前仅在公示期，结果还未上报给学校资助科，未造成更恶劣的影响，年级决定给予三班评审委员会口头批评和严肃教育。

今天上午8点30分，年级召开了由2名总班长、2名生活总班、10名生活委员（10班由班长代替）、以及三班的评审委员会组成的特别评定小组会议。在讨论童某某同学助学金资格的相关问题上，以全票赞成的结果取消了童某某同学的三等助学金资格。

同时，在听取了4班和9班生活委员针对各自班级申请人的详细陈述后，以16票对2票的结果，拟递补9班的郭咏诗同学为三等助学金获得者，特此说明。

行政法学院本科2013级年级办公室

2015年10月18日星期日

很难想到，时隔一年的“罗哥有话说”竟然是以这样的方式来展开的。其实我一个月之前构思的话题打算以小波同志《黄金时代》里的一句话来做个题记，顺带谈谈如实习、大学的后半段、就业、考研等问题，后来发现一篇文章里要写下这么多的问题比较困难，要是还影响不了几个人，那就真的是没有意义了。所以开头写了一个多月，仍就只是个开头，但我今儿是真的忍不住了。

先说两个事儿。前段时间武汉的华中农业大学火了一把，新闻里说该校的贫困生申请餐标必须低于7.2元。于是乎网上舆论四起，有的说不能以饭量作为标准来卡学生；有的说吃不饱；有的说反映出学校行政部门不作为，简单粗暴一刀切；也有的说支持这样的规定，因为真正的贫困生真的是吃饭都得算计怎么能省钱。（顺带说一下，该校是“985”加“211”，每年的国家投入数倍于我校，对于食堂的补贴也颇高，如《广州日报》的配图无误，该校1荤1素的套餐为3元，2荤的套餐为3.5元。）

还有一个学校的名字我忘了，总之也是个理工科学校，人家利用了自己的技术优势，在新生群体里通过记录大家在军训期间的一卡通消费（军训出不了学校，基本花费都用一卡通了），来确定消费后60%的同学才有资格申请贫困生资格，进而获得助学金（如果有同学确实贫困又花得多，提交个申请经过评议也没问题），结果网上也是什么声音都有。

两个事情以及网上各类发酵的声音说明了两个问题：①现行的贫困生评定和助学金评定问题很多；②这项工作在很多高校都是一个普遍性的难题，因为无论是通过技术手段还是其他手段，都会引起各类反对的声音。总而言之就是一句话——这事儿很烦。

然而麻烦不代表没有解决的方案，或者可以这样说，麻烦不代表我们找不到一个相对有效的解决方案。解决这个问题的核心因素不在于规则制定的有多么详细，而在于执行者是否有真正地履行其被赋予的权利与应该尽到的义务。

以这三年的贫困生资格评定工作来看，每年都有好几个同学的申请在班级层面就直接被否定了，这也从客观上反映出年级的评定审核工作确实发挥了作用。遗憾的是这种态度并没有在每一个班、每一个环节一以贯之。这次年级出现问题的当事人，在上学期申请时相应材料齐全，但在本学期助学金评定的环节之前，班级的评审未能对其进行二次了解，才导致了事情的发生。而如果我们把工作做到前面，也许只需要5分钟，问题就完全可以避免。

关于助学金的问题，我在年级大会等公开场合，不止一次表达过我的观点：①我认为年级里经济上确实很困难的同学都获得了一定的帮扶；②我个人认为国家出台这一政策的出发点非常好，也反映出了国家经济实力的提升，但我对分配的名额数量持保留意见。

至于帮扶的问题，我在助学金评定大会上也说过，不论是否是贫困生，如果真的遇到了困难，年级肯定会帮助。

我个人都认为大部分同学都做得很好，甚至有些同学在经济状况缓解的情况下，放弃了助学金、贫困生资格。我举三个例子：①年级有一位同学，大一、大二期间都是评的特困生和一等助学金，但本学年，他本人连贫困生资格都没有申请。我原先以为是小班工作的失误，通过各种渠道核实，最终得到的结果是因为其亲戚对其有一定的帮扶，使他自己觉得没有那么困难了，所以他本人就放弃了评定和申请。②年级有一个同学，其家庭备注一栏在入学时就由教务处单独备注过，他的社会身份属于国家优抚的范畴，全校也没有几个。但他本人在大学三年里自始至终从来都没有提交过贫困生的申请。③年级有一同学，在大一时因才入学不懂事，出手阔绰被班上同学否定了贫困生资格，后因家庭发生变故，且又因故不能找当地的相关部门盖章开证明，使得他本人从辖区认证上就无法完成贫困生认证。但在其本人给我的留言中，体现出了一个男人应该有的担当与豁达，在随后的几年中，他都是靠兼职来赚取生活费用，国庆期间仍在超市里做销售。

无论怎样，我代表个人对这些同学所表现出的优秀品质致以敬意。我们每一个人都可以从上述同学的事例中，体会到自尊、自爱与自强这些词的分量。

我希望类似的事情今后都不会发生，这当然还得指望我们 2013 级的全体同学们。如果我们在行使自己权利时，把这种权利看得严肃一点，在每一次的班级投票上认真地履行自己的义务，就能够避免很多问题的出现。你们才二十出头，在一个被王小波誉为“黄金时代”的年华里，我真挚地希望你们的行为能与你们的美好年华相匹配，祝好。

罗翔宇

2015 年 10 月 19 日星期一上午 11 时

大三了，我该走哪条路

开学接近一个月了，无论是助学金评定、综测评定、总班例会，还是公众号成员的讨论会，抑或一对一的聊天，我接触了上百名同学。谈及现在同学们的状态，相当大比例的同学可以用两个字来形容——“愁”与“慌”。

“愁”于不知道做什么，为能不能保研而发愁，为考研选择什么样的学校和专业而发愁，为觉得自己不适合读研想直接工作又不被父母理解而发愁……“慌”于遍地抓瞎，但凡有个讲座的风吹草动，就在朋友圈空间里疯狂转发，以求试听资格。各大培训机构贩卖的焦虑，如“皮下注射理论”，一般立马奏效，听闻已有不少同学开始交钱上课。效果好不好我不好说，反正最开心的一定是各大机构的销售和代理们。我不是说培训机构不好，我只是希望大家能够认清自己所处的状态，理性地做出符合自己实际情况的选择。这也是这一篇文章的目的所在。

一、不要人云亦云，要选择合适自己的路

上周我接待了一个同学，来办公室之前就在网上直奔主题，告诉我想了解考研和具体专业选择的问题。这个同学的情况我还算比较了解：①家庭条件不好，父母在学费和生活费上的支持极其有限。亲人患有重病，亦需要子女陪伴。②性格内向，不适合在律所以及一些需要进行大量社交工作的单位工作。③成绩在中下游徘徊，基础相对薄弱。④没有其他亲属的社会支持。⑤身处非常传统的北方小县城社会环境。

以上这些情况可以得出一些大致的结论：①由于性格、家庭环境和能得到的社会支持等多因素的影响，这位同学的就业容错率较低，抗风险的能力

也比较差。加上自身能力并不算突出，因此不建议选择去一线城市去拼机会。②无论是考研还是不考研，该同学的最终就业选择大概率是偏保守的，“稳”是第一要务。③该同学的家庭对其有一定需求。我给出的建议是：暂不要考研，以所在县城、邻近县城的法检，或其他可以报考的单位作为努力目标，在准备好相关门槛条件的基础上（法考、外语等），参加这些单位的应届毕业生的相关招考。可参加的考试有：省内法检招考、省内公务员招考、省内选调生招考、省内村官选拔。如未能如愿，则第一时间转变方向，以省内各市法检或法学专业能报考的相关单位的劳务派遣人员，或省内企业法务为目标，先找到一个能够养活自己的兜底工作，达到公务员社会招考基层工作经验年限两年的基本要求后，再报考相关单位。如对学历有心结，则可在进入相关岗位工作后，选择本省的高校就读在职研究生。因此时已经在具体单位工作，研究生学历的作用将主要用于职级晋升，因此选择在职研究生的性价比非常高。

这位同学需要做的准备有：①积极准备法考以及相关的英语考试。②将最近几年所在省份相关考试的资料全部搜集（例如：法学专业可以参加的考试或选拔有哪些，时间具体在什么时候，岗位有哪些，历年的报考招录情况如何）。列好月度安排计划表，有针对性地进行相关考试的准备工作。③进行简历、面试（含个人仪态、仪表）的相关培训或模拟训练。④在 2020 年下半年的法考准备期（秋招的黄金期），同时关注所在省份企业的校招工作，在相关手机应用软件或网站上投递简历的。⑤可以在本学期提前准备毕业论文的框架，有困惑的地方早求助论文所涉及方向的专业老师。提前做好准备，整体文稿先不用写出来，但是框架搭起来了，后续会节省非常多的时间。以上工作一旦开始认真地准备起来，自己就不会那么手足无措。任何规划的实施一旦细化，就能找到抓手，就能很好地落地，而比较抽象的目标对大多数人来讲，通常只会起到反效果。

我用更加生活化的语言将以上内容告诉了这位同学，从他的情绪和神态反馈上来看，应该是比来找我前因受到周边环境影响而一脸焦虑的状态要好很多的，也希望他最终能找到合适自己的路，并坚持走下去。

二、我到底适合做什么

年级共四百多位同学，每一个同学到底适合做什么，我并不能为每位都定制一个方案，但从大方向上来讲，我来分享一些我个人的感受，希望能够帮助到大家。

1. 目标特别明晰、学习能力较强且自觉性很高的同学，请坚持你的选择

这部分同学大多会选择名校或本校高分专业，抑或自己喜欢的专业（通常是有喜欢的导师）升学，亦有部分同学会选择特别明确（直接具体到工作地点、工作单位、工作岗位）的工作。

对于这部分同学，我唯一能做的就是支持你的选择，因为你肯定已经考虑了很久，该做哪些准备，自己现在在哪个阶段，你本人应该非常清楚，哪怕这个过程不顺利，也不要放弃。

2013 级有位陈楚风师兄，在同学们还在犹豫报哪个学校、哪个专业的时候，就已经明确要考清华大学法学院某方向某导师的研究生了。他为此做了大量的前期准备，听闻 2019 年已经直博了。而 2013 级的马进师兄，为了报考心中热爱的人大法学院社会法专业（我查了一下，2018 年就招两个），哪怕“一战”复试未能成功，第二年仍坚持理想、重头再来，最终顺利上岸。我给你们看看当年他备战时准备的法制史这一科目做的手抄表格，纵向是朝代，横向是立法＋司法＋监察＋行政＋法律文化法律思想等。用他的话讲，这样就不仅可以看到一个朝代之中的制度文化各种方面，还可以看到不同朝代之间的发展变化。顺便说一下，马进师兄的身高有 1.8 米以上，我想如果这样准备考试的同学都无法上岸，那就没人能够上岸了，你们说呢？

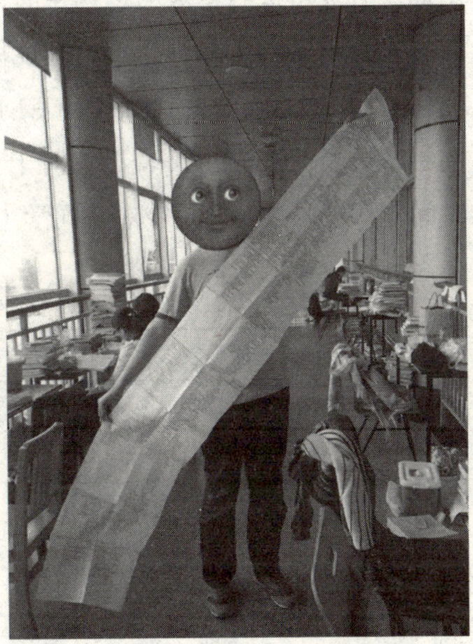

马进师兄和他准备的手抄表格合影

2. 打算考研，基础一般、目标也并不明确的同学，优先考虑的是“性价比”，是先跨进“学历门槛”

这部分同学大多是想研究生毕业后进入各方面平台较好的区域（一、二线城市或省会城市），获得有学历门槛要求的单位的考试或面试资格，诸如体制内、大型企业或还不错的律所（顶级企业或顶级律所的要求会更高）。那么我的建议是就别去拼名校、做分母了，你的目标应该放在录取名额相对较多、历年初试专业分数线划线不太高、复试录取比例高的学校和专业。你也可以以未来想去发展的省份的综合性大学为目标。做出这类选择的同学普遍是求稳心态为主，大概率也会选择在自己的家乡就业。各省的综合性大学，在毕业季的就业机会会比非综合性院校多不少。

一旦“一战”失败，则要立即调整策略，抓紧调剂机会，以一线城市二线院校（学校一般但工作机会较多，有些省份还有诸如选调倾斜的保护性政策）或部分中西部省份的接受调剂的重点院校（对于本身就是当地生源的同学来说，性价比极高）为目标进行努力。毕竟，当西政毕业的研究生师兄师姐们没有资格报名重庆的选调生时，当年和他们一起考研却未能上线调剂到邻省贵州大学的师兄师姐们，却能因为211院校毕业生的身份，获得了报名资格。（调剂的问题，到时我会专门发帖说的，现在就不展开了。）在考研人数年增长超15%的大环境下，对于只需要进入学历门槛的同学来说，不耽误时间非常重要，尤其是针对女同学（见表1）。

表1　历年考研人数与录取统计

年份（年）	报名人数（万人）	增长率（%）	录取人数（万人）	报录比
2010	140.6	12.80	47.44	3.0 : 1
2011	151.1	7.50	49.46	3.1 : 1
2012	165.6	9.60	52.13	3.2 : 1
2013	176	6.30	54.09	3.3 : 1
2014	172	–2.27	54.87	3.1 : 1
2015	164.9	–4.12	57.06	2.9 : 1
2016	177	7.30	58.98	3.0 : 1

续表

年份（年）	报名人数（万人）	增长率（%）	录取人数（万人）	报录比
2017	201	13.56	64	3.1 : 1
2018	238	18.40	68	3.5 : 1
2019	290	21.85	预计 72	4.0 : 1

3. 打算本科考公务员的同学，要对自己的能力有充分认识，并为之做好充分准备

有些同学可能不清楚，公务员考试在招录人员上，分应届毕业生招考和社会人员招考两种。国家为了保障大学生的就业，每年会专门划拨名额只针对应届毕业生进行招录，而这个身份在不同考试中的定义是不一样的。

国考（全称为中央机关及其直属机构公务员招录考试）规定的有效报考时间为毕业前后各 1 年，共计两年时间。对应届毕业生的界定为：国家统一招生的高校毕业生离校时和在择业期内（国家规定择业期为两年，有些地方延长至 3 年）未落实工作单位，其户口、档案、组织关系保留在原毕业学校，或保留在各级毕业生就业主管部门（毕业生就业指导服务中心）、各级人才交流服务机构和各级公共就业服务机构的毕业生，也按照应届高校毕业生对待。

广东省应届政策：从 2019 年 4 月 8 日起，广东省实行普通高等学校毕业生就业择业期（以下简称择业期）政策，同时取消暂缓就业政策，有效期 3 年，择业期内，高校毕业生在广东省就业、升学方面享有与应届毕业生同等的待遇。其中，硕士研究生、本科生和专科生的择业期为毕业两年内，博士研究生的择业期为毕业 5 年内。

如按每年都有一次考试机会来算，理论上，毕业生在广东可以有 3 次省考的机会。当然政策的执行也有例外，例如 2019 年重庆的法检考试从以往的六七月份推迟到了九月份，其针对应届毕业生的招录按政策既应该针对七月份已经毕业的 2019 届的毕业生，同时也应针对九月份进入毕业年级的 2020 届毕业生才对。但实际上，2019 年只有 2019 届的毕业生才有报名资格，因此各个省份对于应届生的定义和实际招录政策是有很大差别的。

社会人员招考针对的则是拥有两年及以上基层工作经验（可以直接理解

为两年工作经历）的社会人群，应届生是没有资格报名的。大家一定要提前做好相关事项了解和信息搜集，在综合信息的考量下，做出具体的报考决定，切记不要无目的性地报考。

从本科生能够报考的岗位来看，绝大多数都是地级市及以下行政级别的基层工作岗位（也有二线或省会城市部分岗位允许本科生报考的情况，但数量极少且竞争极大）。竞争大小以及难易度和当地的经济发展水平呈正相关性。因此报名西部地区公务员考试的同学，在录取概率和实际数据上来讲，要远高于东部发达地区，西部甚至会出现你的竞争者就是你的高中同班同学的情况。以 2013 级师兄师姐为例，各省毕业生考上公务员比例最高的省份是宁夏，占到了八成，而 2013 级毕业 1 年后的总体公务员比例不到两成，其中中西部地区远超东部地区，由此可见一斑。

如果自己应届毕业生相关的公务员考试全都失败，但仍然想进入这一行业，可以先以劳务派遣的身份（即所谓临时工）进入有用人需求的单位工作。近几年，劳务派遣人员的待遇相较于以往有较大幅度提升，且相当比例的此类岗位是不需要笔试，直接面试考核的（近些年有些平台较好、待遇较好的单位的劳务派遣岗位也需要考试选拔了，诸如重庆市高院的书记员等）。对于很多家庭困难的同学来说，先找到一份工作兜底来养活自己，不给家里增加负担，同时在工作一段时间后对相关工作有进一步的认识和了解，也便于在获得两年基层工作经验后，进行下一步的职业选择，某种意义上讲，这是一个很务实的选择。

4. 律师还是法务？建议结合自己的性格和家庭经济条件来选择

不论你进入的是大所还是一般的小所，较强的公关社交能力都是不可或缺的，甚至小所在这一块的要求更高（因为要靠你们去开拓案源）。而本身这方面能力相对较弱的同学，就最好别硬要选择律师这一行业了。同时，在部分律师行业竞争过大且“蛋糕不怎么大”的城市，在拥有近乎于无限廉价实习生资源的情况下，对年轻律师来讲，连受薪制都是一种奢侈的存在。反倒是在一些法律资源欠发达的地区，实习律师的薪资还能在一个不错的水平。

但我们都知道，律师是一个厚积薄发、主要拼后期和平台的职业，如果本科就选择在行业竞争较大的城市工作，那么除了拥有较强的个人能力，前期来自家庭的支持也是非常重要的。

而企业法务作为企业的风控部门，其实不太需要有强大的社交能力，需要的是踏实、严谨、认真的品性。从整体薪资上来看，相比实习律师，法务的待遇还是更有保障一些至少在入门阶段。对于经济条件不太好的同学来说，能否养得活自己、不给父母添麻烦，确实是一个影响职业选择的重要因素。当然，优秀对法务的要求也是非常高的。

5. 如果不想从事和法学或者公务员相关的职业，我有哪些选择

只要你做好准备，一般大文科范畴的工作都能够胜任。以你们的师兄师姐为例，从事非法学、非公务员工作的有：顶级地产公司的销售，培训行业的古典文学老师，教育系统的行政、职业文宣，保险行业、铁路和机场等交通系统的工作人员，小学老师，健身教练甚至动漫声优，职业电竞玩家，等等。例如行政法本科 2014 级的李晓萌师姐就是一个电竞世界冠军。

但这些同学大部分都不是头脑发热随便选择的职业，而是经过整个大学期间的学习与思考，深思熟虑后的结果。为此付出了大量的努力，试想：没有良好的口才和相关专业技能，如何能够在培训机构立足？没有强大的社交能力，又如何能进入顶级的地产行业做销售？而拿不到教师资格证，又如何能担任小学老师？

三、我现在可以做什么

说了那么多，还是回到现在你们所处的这个阶段，我到底可以做些什么？怎么做才对我的未来有所帮助？

1. 不要给自己一些不切实际的压力，尽量以具象的、可以落地立马实施的工作让自己过得充实

要是考不上研究生，我该怎么办？我到底要不要考公务员？这些问题现在统统和你没关系，你想了也是白想。为什么高三那么大压力，很多同学都扛过来了？那是因为你们隔三差五就要考试，有做不完的习题。现在为什么慌？是因为很多同学根本就没动。成年人，必须要有从被动学习到主动学习的转变。

你要做的是把你的四六级成绩、雅思和托福成绩提得再高一些。英语基础差的同学可以去报个班，每天保持学习的状态、想出国的同学抓紧算下绩点够不够，要不要继续刷分。

“三创”也罢、科研立项也罢，离结项还有很多的时间还很早，但我为什么不能现在就把工作做完，到时候就走个答辩流程，未来多留一点时间给自己呢？

“别人都有‘三创’和科研立项，看他们好忙的样子，我有点慌。”那为什么不提前把毕业论文准备好呢？没有一个指导老师会对一个一看就知道是精心准备的本科毕业论文选题说不的。

哪怕是做一些看似和学习无关但对自身有益的事情，既可以调节身心，也有助于增强后续高强度学习的韧性。如果没有一个健康的体魄，别说考研加法考，可能单独一项坚持下来就很难。看看你们王瑱玥师姐当年司考结束后拍的复习资料的照片，姑且不说耗费了多少脑细胞，这么重，你没有力气连搬都搬不上去。

王瑱玥同学司考结束后拍的复习资料图片

怎么办？你完全可以像土豆师兄当年那样，有空余时间就泡健身房，虽然他现在胖回来了，但人家当时来看确实很有成效，并确实助力了他之后的学习。

2. 万事要有计划，而计划要看得见、摸得着，并要付之于行动

此前在年级大会上，我给大家用家人的例子讲过“月历法”，不论你是贴在墙上，还是放在你的电脑桌面上，它都会时刻提醒你现在的状态和你未来即将要面对的问题。这是你们刘强师兄 9 ~ 10 月找工作时做的电子月历（见表 2），他的求职目标是地产企业。这期间他一共投递了 26 份简历，参加了 12 次初面、5 次二面、4 次终面，最终找到心仪的工作。

表 2　刘强师兄的电子月历

2019 年 9 月						2019 年台历
周一	周二	周三	周四	周五	周六	周日
						1 初三
2 初四	3 抗战胜利	4 初六	5 初七	6 初八	7 初九	8 白露
9 十一	10 教师节	11 十三	12 十四	13 中秋节 [休]	14 十六 [休]	15 十七 [休]
16 十八	17 美的置业宣讲 : 重大 B 区二综 212 报告厅 岗位 : 法务 – 成都 状态 : 网申已投	18 宣讲 : 重大 A 区民主湖 19:00 岗位 : 法务 – 重庆 状态 : 网申已投	19 廿一	20 廿二	21 廿三	22 廿四
23 龙湖集团 宣讲：重大 B 区二综 212 报告厅 18:30 岗位：法务 – 投资 – 重庆 状态 : 网申已投	24 中南置地 宣讲 : 重大 A 区民主湖 告厅 19:00 岗位 : 法务 – 重庆 状态 : 网申已投	25 华润置地 宣讲 : 重大 A 区民主湖 19:00 岗位 : 法务 – 成都 状态 : 待终面测评	26 远东宏信 岗位 : 投资 – 重庆 状态 : 网申已投	27 中海地产 宣讲 : 重大 A 区民主湖 19:00 岗位 : 法务 – 全国 状态 : 网申已投	28 三十	29 九月初一 [班]
30 初二						

续表

2019年10月						2019年台历
周一	周二	周三	周四	周五	周六	周日
	1 国庆[休]	2 初四[休]	3 初五[休]	4 初六[休]	5 初七[休]	6 初八[休]
7 重阳[休]	8 俊发集团/旭辉地产 宣讲：B区建工馆338 15:00/B区二综212报告厅18:00 岗位：法务昆明 状态：已参加终面	9 十一	10 富力地产/样生地产 宣讲：重大B区二综212报告厅19:00/B区建工馆338 19:00 岗位：法务－重庆/昆明 状态：参加终面	11 奥园地产 宣讲：重大B区二综212报告厅 岗位：法务－重庆 状态：参加二面	12 东原房地产 宣讲：重大B区二综212报告厅19:00 岗位：法务－重庆 状态：参加二面	13 世贸集团/恒大集团 宣讲：重大A区民主湖19:00(恒大) 岗位：法务－上海/法务－全国 状态：一面/网申已投
14 新城控股/中国金茂 宣讲：重大B区二综212报告厅19:00/重大A区民主湖 状态：参加终面	15 中建钢构 岗位：法务－西南大区 状态：参加终面	16 新力地产 宣讲：A区国际会议厅306 岗位：法务－全国 状态：参加终面	17 阳光城集团/合景泰富集团 宣讲：重大A区民主湖19:00/A区国际会议厅 岗位：法务－全国/全国 状态：参加一面	18 金科地产/正荣置业 宣讲：重大A区民主湖19:00/重大B区二综212报告厅19:00 岗位：法务－重庆/成都 状态：参加一面	19 廿一	20
21 中国电建地产集团 宣讲：A区主教学楼107室 岗位：法务－全国 状态：参加二面	22 廿四	23 廿五	24 融创 宣讲：重大A区民主湖 岗位：法务－西南区域 状态：直通二面	25 廿七	26 廿八	27 廿九
28 寒衣节	29 初二	30 初三	31 初四			

很多事都是相通的，我既可以做好现在每一天的记录，也可以提前计划好时间节点，对不同的考试分别做好准备。你不能说法考客观题结束了，突然发现心仪的某省的省考通知出来了，时间就在法考主观题考试之前，然后以时间冲突为理由，哀叹着时运不济，发个朋友圈就不去了。

正常的、有准备的逻辑应该是：我可能参加的考试以往会在几月份？我在明年的九月份到十一月份一共会有几场考试，我现在每天的时间安排应该是什么？我每天要做到什么才能完成我制订的计划？

对待学习考试要这样，甚至对待休息和玩耍，我都建议做好规划，一定要有劳逸结合的途径。这周五要去铁山坪爬个山放松一下，下周六要去打卡某家网红火锅店，同样也把它们记录下来，作为自己心路历程的美好点缀。打有准备、有计划的仗其实是大家从小就具备的能力，现在只是需要你们把这种能力捡回来而已。

3. 要学会取舍，做好自己的心理建设

如果部分同学在准备过程中，发现自己的能力确实有一定的欠缺，同时准备多个考试压力过大，那么要适时调整。比如一心就想考研的同学，那么法考对你来说并不是当务之急，如果不能兼顾，考上研究生后再进行法考的准备也是可以的。事实上，有相当比例的师兄师姐就是这样做的。如果法考客观题过了，在准备主观题的过程中发现考研复习过于急促，在复习重心上也是可以进行调整的。现在法考客观题成绩保留 1 年的政策，相比你们 2013 级的师兄师姐来说，已经是非常人性化的做法了。

除了适时取舍，不断地给自己心理暗示、鼓励自己也非常重要，如果自己的意志力足够强大，其实是可以面对这些挑战的，内心要给自己不间断地加油打气。如果自己需要其他人的帮助，那么可以和小伙伴们相互协助，让他们督促你完成每天的计划。最好能配上奖惩措施，比如最近复习效果特别好，周末大家可以邀约“撮一顿”。如果偷懒了，可以拿出小金库的钱给大家买买零食，这样既可以相互提携，也能够增进友谊。

好了，这是我入职以来写的最长的一篇“罗哥有话说”。思考了很久，虽然最终的成文也不算满意，但我最终完成了。我真切地希望能够影响到一部分同学，并帮助到最近心中有困惑的孩子们，也希望大家最终都能有一个好的结果。从2013级到2017级，我一直都在讲，希望大多数同学能够通过自己的努力，脚踏实地、一步一步成为一个“体面的普通人”。“体面”二字其实是很难的，这里面既有精神上的含义亦有物质上的含义，同时还有个人在社会环境中被认可程度的含义，不同含义背后所达成的时间也是不同的。而“普通人”三个字，则更多代表的是对自身角色（职业、家庭）认同的一种心态。我真心希望大家能够在未来一年半的时间里，为了自己的理想去主动拼搏一把。你们未来会理解，但凡能够主动拼搏去赢取机会和可能，都是幸福的事情。在你们的未来，还会面临很多被动砸在你头上而且你必须扛起来的事，这就是人生。

好好加油吧，孩子们。

祝好。

罗翔宇

2019年11月7日

给行政法 2013 级孩儿们的一封信

2013 级孩儿们：

很遗憾，我们没能延续做什么都可以借用模法的传统，因为装修，模法与我们无缘了，甚至“有关部门”连个教室也不借给我们。我们只能采取这样的方式来表达我们对你们的思念，毕竟我们有太多的话语渴望与你们沟通和分享。鉴于篇幅有限，我们只能通过列点的方式，将我们希望你们清楚的事项告知。

第一，我们搬办公室了，新的办公室地址为敬业楼 4 楼 4061 室。面积比原来小了一半，但我欢迎大家过来聊人生、谈理想的热情不减。

第二，返校报到的时间为 2 月 20 ~ 21 日（涉及大家拿书），上课的时间为 2 月 22 日。

第三，学年论文的结稿日期在 3 月底，请大家积极联系自己的论文指导老师，毕业论文的选题时间应该是在 5 月份。（是不是心头一紧？）

第四，下学期大家除了两门必修课，8 ~ 10 班的同学还需要完成剩下的法律实务课程（律师大讲堂、大律师论坛或庭审直播室），以及实务写作课程（校园庭审）。1 ~ 7 班个别还没有完成相关课程的同学也请到时一并完成，以免学分未修满影响毕业，同时大家还要在校运会上最后一次留下你们的印记（运动会第一天上午）。

第五，我们会在下学期进行司考、考研的经验交流分享会，同时也会针对就业的问题，在简历、面试技巧等方面邀请专家进行相关讲座。

第六，发几个能够刺激一下你们的数据。截至 2015 年 6 月，年级英语四级通过的人数为 416 人，通过率为 91.83%，3 个学期的通过率已经比 2011 级毕业时的通过率高了。没过的同学还得加把劲，期待在2月份能够知晓你们的好消息。英语六级的通过率为42.38%，相较于2011级毕业时候的54.81%还有不小的差距。但你们还有3次机会，好好把握。

第七，大家关注的近些年的司考数据（见表1）：

表1　近年司考情况统计

年级	年级人数（人）	参考人数（人）	通过人数（人）	总人数通过率（%）	参考通过率（%）
2008	230	214	118	49.56	55.14
2009	296	281	156	52.70	55.50
2010	451	432	265	56.76	59.26
2011	436	414	240	55.05	57.97
2012	441	422	182	41.27	43.13

司考改革的文件已经下发，对于我们来说，无论是最后一届还是倒数第二届以在校生身份考试影响都不大，因为考过就是考过了，没有考过等到毕业了咱又符合只有毕业生才能参加考试的新政策[①]。唯一的区别可能在于改革前后的考试大纲和科目可能会有变化，但目前看来没有出明确的文件，我们唯一能做的是为当下的考试做好准备。从数据上看，2015年通过率确实有一定下降，但总体上看，通过率还是能体现出法科院校的优势。对于个人来说，数据也仅仅只是数字，更多的还是靠大家自己。

说到司考，还得提醒部分同学，你们学生证的办理进度得抓紧了，报名的时候是需要学生证的。

第八，大家关注的近些年的考研数据（见表2）：

表2　近年考研情况统计

年级	年级总人数（人）	考上人数（人）	本校人数（人）	外校人数（人）	升学百分比（%）
2008	231	59	30	29	25.50
2009	297	78	46	32	26.20

① 根据司法部出台的相关政策，仅允许毕业生参考，而在校生无法报名参考，因此2013级的学生正处于新旧政策过渡期，不确定适用新办法的日期。

续表

年级	年级总人数（人）	考上人数（人）	本校人数（人）	外校人数（人）	升学百分比（%）
2010	451	116	69	47	25.70
2011	443	138	68	70 （其中 19 人出国）	31.70

考研同样是不少同学关注的。2011 级的数据在总体上还是很漂亮的，升学率全校第一。同时也能看到一些新的现象，那就是出国的人数会越来越多，当然绝大多数都是自费，有这方面的考虑同学应该早做准备。此外。在考研结果出来的时候，2011 级的情况不算理想，但有 40 多位同学在分数没有达到所报考学校专业的情况下，通过调剂最终达成了升学的目的。这对我们也是一个提醒——调剂是一条很重要的路。

第九，关于 2011 级就业情况的相关数据（见表 3，数据截至 2015 年 11 月 30 日）：

表 3　2011 级就业情况统计

升学	138 人 （占就业人数 34.6%）	本校研究生	68 人	占总人数的 31.7%
		外校研究生	51 人	
		出国读研	19 人	
公务员	46 人 （占就业人数 11.5%）	机关单位 （绝大多数为法检）	38 人	占总人数的 10.6%
		国家基层项目	1 人	
		地方基层项目	7 人	
企业	122 人 （占就业人数 30.6%）	国有企业	33 人	占总人数的 28%
		三资企业	2 人	
		其他企业	87 人	
其他	93 人 （占就业人数 27.4%）	律所	45 人	占总人数的 21.4%
		事业单位	2 人	
		自主创业	5 人	
		自由职业	41 人	
就业总计	399 人	总人数 435 人	年底就业率	91.7%

从就业数据上看，一个明显的趋势是企业类从业人员在人数和比例上远远高于公务员就业的同学，也高于其他各类就业人数，企业法务类、管理类的岗位已经成为很多人就业的首选。相较于公务员和事业单位，这些氛围轻松、唯能力论的单位往往能够提供给大家更大的发展空间。

第十，关于期末考试，千万别作弊！年级现在已经有两个同学留校察看（留校察看是没有学位证的），1个同学记过了。我真的不想这个数字再增加了。考场别走错了，否则即便是最终改过来了，0分的试卷也够你心惊肉跳一阵了。

第十一，上面的数据如果让你感到手足无措，但你本人又渴望得到改变，我希望你能够在每天都能看到的地方贴上你的1年计划。如果还不知道怎么下手，你可以给自己写下五个问题，并试着回答一下：

（1）我想要什么？（目标具体越好，考研、过司考、找工作、拿驾照、减肥、增强身体素质、找真爱都可以，目标不要多，一两个就好。）

（2）怎么样才能达到？（可以列举一些答案，让你看到达到目标的难度在哪里。）

（3）我现在所做的是否有利于我想要的？

（4）我愿意为之付出什么样的代价？

（5）我怎么样才能持之以恒？

我本来是希望在年级大会现场，我们每一个人都能写出来，可惜现在只能在这里给大家分享了。我希望大家能贴在自己每天都能看到的地方，给自己以一定的压力和鼓励。可以以月作为单位，如果你觉得你这个月完成得很好，那么我建议你一定要给自己一些奖励。当然，你愿意把你的计划发给我们，让我们来定期督促一下，也是很不错的选择。

第十二，马上年关，希望大家都能当上“过儿”。同时别忘了给家人带去你们的心意，哪怕只是麻花、火锅底料。再亲近的情感也是需要物质载体的。如果你能在新年里帮着家人做上一顿年夜饭，可以算是拽得飞起的一件事儿。

还要记得开学的时候，大家把你们家乡的特产带来与朋友们分享，将你们纯洁的革命友谊再升华一下。

好吧，篇幅有限，心意无限，新年快乐。孩子们，祝好。

罗翔宇

2015 年 12 月 31 日

给 2017 级孩子们的一封信

2017 级的孩子们：

当你们收到这封信的时候，我希望你们能在寒夜里烫着脚或者洗漱完毕躺在暖暖的被窝里，开着小夜灯，安安静静地展开这封信。信的内容其实没有什么特别的，是我在周一年级大会给大家交代的核心部分。之所以要以纸质和公众号文章的形式再发一遍，除了让大家对我想告知你们的内容留下更加深刻的印象，从而让你们中的一部分更加理性地做出未来的选择，还是我对自己的一个交代。4 年前，我也以同样的方式给你们 2013 级的师兄师姐写过一封信，都是我带的亲学生，总不能区别对待吧。

我不像有些老师，习惯性用类似“你们是我带过的最差的一届”这样的话来反向刺激大家，更多的还是用数据分析来给大家一个实事求是的判断。总体上，我对大家的状态是很满意的：如“三创”、科研立项的申报人数创全校新高；评优、评奖时大家积极参与的状态；刘强师兄他们几个前段时间在初审大家简历时，发出了“总体来说，比我们当年同时期强很多”的感叹。但这些方面的进步，相当部分来自他人的帮助或提点。而你们即将面临的几个关卡（法考、升学、就业），更多的是要靠你们自己。在你们做出抉择前，我尽可能地把我了解到的咱们学院的相关数据和我的看法分享给大家，希望能够帮助到你们。

一、大家关注的法考（司考）数据（见表1）

表 1　行政法学院本科生近年法考（司考）情况统计

年级	总人数（人）	参考率（%）	客观题通过人数（人）	客观题通过率（%）	主观题参考人数（人）	主观题通过人数（人）	主观题通过率（%）	总通过人数（含C证）（人）	最终通过率（%）
2010	451	95.78	—	—	—	—	—	265	59.26%
2011	436	94.95	—	—	—	—	—	240	57.97
2012	441	95.69	—	—	—	—	—	182	43.13
2013	449	95.77	—	—	—	—	—	223	51.86
2014	513	89.67	—	—	—	—	—	258	56.09
2015	438	83.11	287	78.85	—	227	62.36	227	62.36
2016	462	75.32	236	67.81	221	182	52.29	182	52.29

对比2019年全国总通过率（A＋C证）14.2%的这个数据，咱们学校学生历年的通过率能够反映出学生的水准。但从数据上看，还是能看出一些新的趋势，例如近三年参考率开始下降，2019年甚至有1/4的同学没有参考客观题。在通过客观题的人数中，也有超过17%的同学没有参加主观题的考试。这其中有相当部分的同学是把精力投入到了考研或其他选择中。很难只用对错或者划算与否去衡量这样的行为，但这确实反映出同学们在做出选择时，加入了更多的主观思考。

从此前《司法部法律职业资格证书制作采购项目中标公告》中司法部要求供应商三年内每年提供12万套“法律职业资格证书”的描述，以及2018—2019年的最终通过人数（含C证）印证了每年的通过人数在12万人左右，逻辑顺推，2020年的总通过人数大致也会在12万人左右。相较于2014级以前的师兄师姐们，你们有着保留客观题通过成绩一年的优势（2019年25万参加主观题考试的考生中，有近 1/3 是利用前一年的客观题成绩来参考的）。如何利用这些规则，去做出适合自己的选择，是非常重要的。大家还有一个空前绝后的优势，作为最后一届以校内生身份参考的你们，将在未来两年独享这一考试资格。未来两年你的竞争对手里，除了此前没有通过的人，将不会有下一届同学的身影。对于就业来说，这也是一个很大的利好，因为未来两年的应届生人才市场里，仅有 2017 级的毕业生有可能会通过法考——你们赶上的不仅仅是法考末班车，而且还是 VIP 席。

二、大家关注的考研、升学数据（见表 2 至表 4）

表 2　历年考研人数与录取统计

年份（年）	报名人数（万人）	增长率（%）	录取人数（万人）	报录比
2010	140.6	12.80	47.44	3.0 : 1
2011	151.1	7.50	49.46	3.1 : 1
2012	165.6	9.60	52.13	3.2 : 1
2013	176	6.30	54.09	3.3 : 1
2014	172	–2.27	54.87	3.1 : 1
2015	164.9	–4.12	57.06	2.9 : 1
2016	177	7.30	58.98	3.0 : 1
2017	201	13.56	64	3.1 : 1
2018	238	18.40	68	3.5 : 1
2019	290	21.85	预计 72	4.0 : 1

从学院最近 3 年的升学率分析，如果扣除保研和出国人数，可以发现：考研人数显著增加，录取率则明显下滑。2013 级报名 280 人，实际录取 115 人。参考通过率 41.1%，2014 级报名 360 人，实际录取 111 人，参考通过率 30.1%；2015 级报名 336 人，实际录取 91 人，参考通过率 27.1%。以上报名人数中含缺考放弃的人数，各年级放弃比例均在 10% 左右，这一总体趋势的变化与全国的情况相吻合（见表 2）。

表 3 近 3 年行政学院考研情况统计

年级	总人数（人）	国内升学成功（考研+保研）（人）	国内升学率（占总人数）（%）	考研										保研					出国留学	
				报名考试人数（人）	考研升学（人）	统考本校			统考外校			调剂								
						人数	占国内升学（%）	占总人数（%）	人数（人）	占国内升学（%）	占总人数（%）	人数（人）	占总人数（%）	保研人数（人）	保研占比（%）	校内（人）	校外（人）	变动说明	占比（%）	人数（人）
2013	444	124	27.9	280	115	64	52	14.2	19	15	4.3	32	7.10	9	2.0	5	4	校级实验班压缩了各学院的常规保研名额	1.4	6
2014	514	150	29.2	360	111	52	35	10.1	34	23	6.6	25	4.70	39	7.5	9	30	校级实验班在本学院，保研率大幅增加	2.9	15
2015	436	109	25.0	336	91	47	43	10.8	29	27	6.6	15	3.40	18	4.1	1	17	取消校级实验班，各学院保研率有一定增加	3.9	17

根据自己的实际情况选择学校非常重要，特别是对仅需要跨进门槛，未来想以研究生身份报考公职人员的同学来说，近三年选择学校相对不错（在生源所在省份，影响力较大的综合类院校或理工类院校），但法学专业评级低于本校的同学的比例开始上升，这无疑是一个务实的选择。

考生人数增加带来的影响除了录取率降低，还有：①接受调剂的学校的总体数量在下降，以往不少同学“看不上”的院校被直接报满而无法放出调剂名额，部分相对优质的学校在调剂期间的竞争也极为残酷。②就业下行压力加大，考公人数增加，导致相当部分省份在执行招考政策时，缩小了招录范围。以 2019 年下半年的广东国考为例（此例子来自晓冰师姐，我也没有关注别的省），仅限 2020 届毕业生参考，竟出现了 2019 届毕业生复习数月、最后没有考试资格的情况。同样，2019 年 9 月重庆的法检考试，也出现了仅限 2019 届参考、2020 届应届毕业生不具备考试资格的情况。

那么，大家还有哪些出路呢？

1. 调剂（见表 4）

表 4　近 3 年行政法学院学生考研调剂情况

年级	总调剂人数（人）	占国内升学比例（%）	占总人数（%）	“985”院校录取人数（人）	“211”院校录取人数（人）	一本院校录取人数（人）	二本（或科研机构）院校录取人数（人）
2013	32	26	7.1	5	19	30	3
2014	25	17	4.7	5	18	23	2
2015	15	14	3.4	0	7	13	2

调剂仍然是考研结果不理想的最重要的出路之一，其关键在于信息的掌握、务实稳健的心态，以及积极的行动。到时候我会告知你们这一块要怎么做的（你们从历届的调剂人数上，是不是可以看出点端倪）。

2. 非全日制（含调剂）

对于部分只需要研究生文凭的同学来说，这也是一条路。毕竟毕业之后，我只会说我是哪个学校毕业的，或者是我的学历是研究生，不会加上是全日制还是非全日制。对于不需要进入法检等明确要求全日制研究生的单位的同学来说，这也是一个务实的选择。以本院的例子来看，2013 级报考非全日制研究生的仅有 1 人，2014 级则高达 9 人，涨幅可谓惊人。

3. 出国

对于家庭条件尚可的同学来说，出国确实是一个选择。除了本身成绩过硬、可以申请顶级学校的同学，对于成绩不那么拔尖，觉得国内升学压力过大且家庭条件足以支撑这一选择的同学来说，建议尽早联系留学机构，选择适合自己的可行性方案。年级已经有六七个同学在本学期确定了大致方案。你们还可以通过组群的方式互通有无，提高效率，规避风险。对比近三届的数据，出国的比例是显著增加的。

三、就业数据的相关分析（见表 5 至表 7）

表 5　行政法学院 2013 级就业情况统计（数据截至 2017 年 12 月）

<table>
<tr><th>类别</th><th>人数（人）</th><th>占总人数比例（%）</th><th>具体去向</th><th>人数（人）</th><th colspan="2">说明</th></tr>
<tr><td rowspan="4">国内升学</td><td rowspan="4">124</td><td rowspan="4">27.9</td><td>统考本校</td><td>64</td><td colspan="2" rowspan="4">其余具体见表 3</td></tr>
<tr><td>统考外校</td><td>19</td></tr>
<tr><td>调剂</td><td>32</td></tr>
<tr><td>保研</td><td>9</td></tr>
<tr><td rowspan="4">公职人员</td><td rowspan="4">51</td><td rowspan="4">11.4</td><td>法检单位</td><td>19</td><td rowspan="3">均含劳务派遣</td><td rowspan="9">236 人，占总人数 52.6%</td></tr>
<tr><td>政府机构</td><td>16</td></tr>
<tr><td>事业单位</td><td>9</td></tr>
<tr><td>选调生</td><td>7</td><td>—</td></tr>
<tr><td rowspan="4">企业</td><td>33</td><td>7.4</td><td>国有企业</td><td>33</td><td>其中建工类最多，共 15 人</td></tr>
<tr><td rowspan="3">152</td><td rowspan="3">34.2</td><td>三资企业</td><td>—</td><td rowspan="3">地产企业 17 人</td></tr>
<tr><td>民营企业</td><td>—</td></tr>
<tr><td>律所</td><td>56</td></tr>
<tr><td rowspan="2">自由职业和待就业</td><td rowspan="2">78</td><td rowspan="2">17.6</td><td>自由职业</td><td>37</td><td colspan="2" rowspan="2">毕业一年后的统计中（截至 2018 年 8 月），国内升学 16 人，出国 2 人；国企、民企 13 人；律所 11 人；公务员（含劳务派遣）20 人；2 人企业；16 人待业</td></tr>
<tr><td>待业</td><td>42</td></tr>
<tr><td colspan="5">总人数</td><td colspan="2">444</td></tr>
</table>

表 6　行政法学院 2014 级就业情况统计（数据截至 2018 年12 月）

<table>
<tr><th>类别</th><th>人数（人）</th><th>占总人数比例（%）</th><th>具体去向</th><th>人数（人）</th><th colspan="2">说明</th></tr>
<tr><td rowspan="4">国内升学</td><td rowspan="4">150</td><td rowspan="4">29.1</td><td>统考本校</td><td>52</td><td rowspan="4" colspan="2">其余具体见表 3</td></tr>
<tr><td>统考外校</td><td>34</td></tr>
<tr><td>调剂</td><td>25</td></tr>
<tr><td>保研</td><td>39</td></tr>
<tr><td rowspan="5">公职人员</td><td rowspan="5">41</td><td rowspan="5">8.0</td><td>法检单位</td><td>24</td><td rowspan="5">—</td><td rowspan="9">214 人，占总人数 41.6%</td></tr>
<tr><td>政府机构</td><td>8</td></tr>
<tr><td>事业单位</td><td>3</td></tr>
<tr><td>选调生</td><td>5</td></tr>
<tr><td>纪检</td><td>1</td></tr>
<tr><td rowspan="4">企业</td><td>23</td><td>4.5</td><td>国有企业</td><td>23</td><td>建工行类最多，共 15 人</td></tr>
<tr><td rowspan="3">150</td><td rowspan="3">29.2</td><td>三资企业</td><td>—</td><td rowspan="3">律所最多，占总人数的 12.25%</td></tr>
<tr><td>民营企业</td><td>—</td></tr>
<tr><td>律所</td><td>63</td></tr>
<tr><td>自由职业</td><td>68</td><td>13.22</td><td colspan="4">暂无后续数据</td></tr>
<tr><td colspan="5">总人数</td><td colspan="2">514</td></tr>
</table>

表 7　行政法学院 2015 级就业情况统计（数据截至 2019 年 7 月）

<table>
<tr><th>类别</th><th>人数（人）</th><th>占总人数比例（%）</th><th>具体去向</th><th>人数（人）</th><th colspan="2">说明</th></tr>
<tr><td rowspan="4">国内升学</td><td rowspan="4">109</td><td rowspan="4">25.0</td><td>统考本校</td><td>47</td><td rowspan="4" colspan="2">其余具体见表 3</td></tr>
<tr><td>统考外校</td><td>29</td></tr>
<tr><td>调剂</td><td>15</td></tr>
<tr><td>保研</td><td>18</td></tr>
<tr><td rowspan="4">公职人员</td><td rowspan="4">10</td><td rowspan="4">2.20</td><td>法检单位</td><td>4</td><td rowspan="4">2015 级相对较少是因为很多省考和法检考试在下半年，而此表的统计时间为 2019 年 7 月</td><td rowspan="8">209 人，占总人数 48%</td></tr>
<tr><td>政府机构</td><td>2</td></tr>
<tr><td>事业单位</td><td>—</td></tr>
<tr><td>选调生</td><td>4</td></tr>
<tr><td rowspan="4">企业</td><td>22</td><td>5.2</td><td>国有企业</td><td>22</td><td>建工行类最多，共 8 人</td></tr>
<tr><td rowspan="3">177</td><td rowspan="3">40.6</td><td>三资企业</td><td>—</td><td rowspan="3">律所最多，占总人数的 12.84%</td></tr>
<tr><td>民营企业</td><td>—</td></tr>
<tr><td>律所</td><td>56</td></tr>
<tr><td>自由职业</td><td>43</td><td>9.86</td><td colspan="4">暂无后续数据</td></tr>
<tr><td colspan="5">总人数</td><td colspan="2">436</td></tr>
</table>

从近三年的就业数据看，还是有相当多的同学愿意尝试报考公务员或事业单位，进入体制内。2013级、2014级的数据统计时间为毕业半年后的年底，2015级的数据统计来自则是刚好毕业的当年7月份，考虑到很多省市的省考和法检考试都在下半年，有这样的数据差距也是正常的。但这些同学也不全是通过考试这一途径进入的，仅以2013级为例，仍有超过两成是通过劳务派遣的用工形式进入体制内单位工作的。

在其他单位中，律所占绝对大头，其收入差距也较大，符合律师本身的职业发展规律。在企业中，地产业和建工类国企则以较好的工资待遇吸引着相当比例的同学，仅以2013级我自己相熟的同学为例，绝大多数毕业两年多便靠自己能力买房（首付或部分首付加还贷）的同学都来自地产业。对于很多能力优秀、抗压能力强、家庭情况不算好的同学来说，这是一个非常务实的选择。

至于从总体工作区域和薪资来看，仅以2013级为例，毕业两年后，工作地域的最大流入地仍是珠江三角洲地区，主要和较高的薪资水平、较多的工作机会，以及方便跳槽、加薪、升职有一定的关系。

四、“二战”

我在此前的年级大会就专门谈过这个话题，造成“二战”这一结果有多重原因：有经济下行压力和求稳的社会环境的影响，亦有来自家庭的要求或支持，甚至还有逃避现实压力的选择，等等。但一般情况下，除非家庭条件极为优越，一般的家庭环境是不允许你长期处于待业，或者是反复拿考研这样的行为来搪塞家人的。

这一点在我们的就业数据上也有比较清晰的反馈。以2013级为例，刚好在2018年8月2013级毕业一周年之际，在国务院督查办的督导下，我们完成了对2013级师兄师姐的二次就业统计。其中，在2017年12月统计的78位填写自由职业和待业的同学中（自由职业37人、待业42人），毕业一年后（2018年8月）：国内升学16人，出国2人；国企、民企13人；律所11人；公务员（含劳务派遣）20人；2人创业；16人待业。待业比例仅为3.6%。此前已经就业后辞职，“二战”考研成功的同学共 20 人，和国内升学人数数据叠加，毕业一年后“二战”考研成功的同学，共计 36 人，占年级总人数的 8.1%。

这些数据告诉我们两个答案：第一，“二战”成功的比例确实没有你们想象中那么高；第二，无论以何种形式，最终大家都要进入社会，直面生活的压力，好在绝大多数的人都能找到应对的办法。相比你们的师兄师姐，法考的两年 VIP 票在这个时候能帮你们一把，但前提是得自己争气，不是吗？

好了，未来一年多的时间，是你们的漫长人生中，仅需要对自己负责且付出努力就会有回报的时间段。马上就要考试了，别的话我也不多讲，祝你们考试都过。2020 年是鼠年，是正儿八经新的地支的开始，愿大家都有新的开始。孩子们，新年快乐！

罗翔宇

2019 年 12 月 24 日

致大三下学期的你们

前些天参加运动会，张琼老师给我拍了一张迎面接接力棒的照片。我把照片发在自己的好友群里，得到的回应如下：

“这是你吗，看着年纪不小了啊……”

“狰狞！”

“这是看见钱了吧？”

“这是要咬人了……”

“我确认了好几次才发现居然是你……”

……

照片里的我刚刚迈出接力的第一步，风把头发吹得扬起，面部完全变形，两个硕大的眼袋极为“耀眼”，与作为背景的其他学院们老师们加油欢呼的愉快氛围，形成了极为鲜明的对比。

我喜欢这张照片，因为它真实地反映了我当时的状态：专注、拼搏、努力、疲惫……

我希望这也是现目前处于大三下学期的你们应该有的状态。

前段时间大家都做了一个问卷，不管是自己专心填写的也罢，还是随便应付的也罢，甚至是找人代填的也罢，总之我们收回了448份问卷。这份做了近15天、四度易稿的问卷远谈不上完美，但在某种意义上，还是能够反映出目前大家的一些状态和一些可供参考的数据。

在此特别感谢支部公众号运营团队的近20位同学和学习总班吴同志，尽管有些错误，但还是依靠纯人工的力量完成了这份问卷的数据统计（当然我们也可以称之为云数据），为年级接下来的很多工作提供了数据支撑。

我将从这份问卷分析的结果以及我个人的经验，就核心的几个问题给大家谈谈我的想法。

一、关于司考

在问卷的第 1 题“你是否已经确立目标”的回答中，有 358 名同学选择了复习司考，而在问卷的第八题“你是否要参加司法考试”这一封闭式的问题上，有 440 名同学选择了“是”。前后相差近百人，说明有相当比例的同学对于司考处于一种盲从的状态。参考前几届，最终没有参加司考的人数通常都占到了总人数的 5% ~ 7%，可见一部分同学内心充满了犹豫。

问卷的第 13 题“ 你对司考的时间安排和计划”中，有 55 位同学选择了“有很详细地涉及了周、日的计划”，占总人数的 12.3%；216 位同学选择了“较详细地涉及月的计划”，占总人数的 48.32%；154 位同学选择了“较粗略涉及季度的计划”，占总人数的 34.45%；28 名同学则选择了“没有计划”，占总人数的 6.26%。

大家可以通过以上的数据了解一下自己在年级里所处的状态。2016 年司考的参考人数可以肯定将是史上最高值，在这样一个时间背景下，如何去调整自己的状态，拟定一份可以坚持下去的可行性较高的计划，是非常必要的。如果一开始就抱着“打酱油”的心态，那么何必非要去承受那份从一开始就知道结果的宿命呢？大家都是聪明人，时间其实还是很充裕的，真心希望大家能够很理性地对待这门考试。

二、关于考研

在这个问题上，在问卷的第一项“你是否已经确立目标”以及问卷第 16 题单选“你是否要准备考研”的回答中，选择考研的同学的人数分别为 246 人和 257 人。相较于司考的数据统计来说，相差不大，可见考研的同学在目的性上要更为明确一些。参照近些年的数据，基本上最终参加考研的人数都在总人数的一半左右。

在问卷的第十七项“若准备考研，你准备报考下面哪类高校？”选项中

（此选项未标明多选或单选，但从选择的情况上来看，有一些同学选择了两个及以上的答案，说明还是有一定的犹豫），选择考本校的同学有 187 人，选择“北大、清华、人大、中政等（一流院校或一流专业）”的人数有 66 人，选择“专业比西政稍次，但平台较好的 985、211 类院校”的有 65 人。

上周我们拿到了 2012 级的考研数据，结合 2011 级的数据，我尽量给大家呈现得详细一些，其实在这些数据里，已经有一些很明晰的线索可以供大家参考了。

2011 级总人数 443 人，参加国内考研的总人数不详（一般在五成左右）。考上的总计 119 人，其中本校 68 人（含支教保研和推免），外校 51 人；调剂成功的同学共 19 人，其中本校 3 人，外校 16 人。本校 68 人中，考上人数前五的专业为民商法 18 人、法硕 9 人（含 3 人调剂）、行政法 8 人、刑诉 7 人、民诉 6 人。外校中录取 3 人的学校（含保送）有 4 个，分别是武汉大学 4 人、华东政法大学（4 人）、中山大学（3 人）、贵州大学（3 人）。

2012 级总人数 441 人，参加国内考研的第一次意向统计人数超过 270 人，4 月中旬统计仅不到 180 名同学有考研成绩。考虑到各种情况，我们按照以往经验暂估有五成同学最终参与了考试。考上总计 114 人，其中本校 64 人（含支教保研和推免），外校 50 人；调剂成功的同学共有 15 人，均调剂至外校；具体专业上我们没有相关的数据。外校录取中超过 3 人的学校（含保送和夏令营）的有：中政（8 人，1 人推免）、武大（7 人，3 人为推免、2 人为夏令营）、华政（5 人）、贵州大学（4 人，均为调剂）、川大（3 人）、西南大学（3 人，均为调剂）。

从这两届的数据以及我们掌握的情况来看，有几个新的特点：①随着大部分考生越来越注重实际，以法硕形式调剂到本校的情况在本年度完全绝迹，因为直接报考法硕的人比以往多了不少。由此可以推论，同学们打算先报考名校，如果考不上调剂到本校法硕的做法，已然行不通了。②尽管调剂的人数较 2011 级少了，但录取的学校要比 2011 级更为集中，也不乏有山东大学、外交学院等。其中西南大学、云南大学、贵州大学这 3 所“211”院校在近两年都有录取本校学生，堪称调剂的西南“铁三角”。总体来看，调剂每年的变数都比较大，信息获取的速度和广度堪称关键。

从这两届的信息来看，一流院校同时具备一流专业的最终录取人数扣除推免的人数，都没有超过 10 人。如果按这一规律推论，那么我们年级有意愿考这类院校的 66 名同学中，将有超过八成同学终成“炮灰”。

而对于你们中的绝大多数来说，考研更多意味着以更好的平台来面对就业（问卷第 19 题，有 85.44% 的同学选择该选项），所以理性的考研状态非常重要。尤其对于广大女生来说，年龄将成为未来 3 ～ 5 年内越发敏感的话题，这将是影响到你们的婚姻、就业，甚至是就业地点的重要因素。因此，最大可能地避免时间浪费，是我发自内心对你们中的绝大多数的希望。

我大一的时候就知道一位很有才情的大三师姐，特别想跨专业报考国内心理学专业第一名的北师大。等我到大四考上研究生的时候，才知道这位师姐仍然在坚持她的梦想。从个人意志上来说，我很佩服她的坚持。但从实用主义的角度来说，即便她后来考上了，毕业的时候也 30 岁左右了。当我们看到，一个正常时间毕业的女性研究生在求职时，都能被用人单位以没有本地的男朋友、看不到留在这个城市发展的决心后拒绝的新闻时，你完全可以想象那位师姐要面临的尴尬状况。所以我再三地希望你们中的绝大多数，特别是女生，一定要非常理性地选择自己的考研目标。你们都已经成年，“任性”的后果是没有任何人替你承担的。

三、关于就业

尽管我们的 2013 级是那么的与众不同，相当比例的人“家境殷实、人脉广泛”（问卷第 30 题：“你觉得在求职这个问题上，哪些人可以给你提供帮助，或者哪些人能够给你提供一定的资源？”270 人选择了“父母”，312 人选择了“亲朋好友”），但还是有 277 名同学认为“就业形势严峻、就业难”（问卷第 27 题），同时有近 200 人对于自己的就业前景的预期感到“迷茫”或者“很担忧”。

我在问卷调查中的就业板块里着重说过，参看近几年的数据，学院这几年最终有七成左右的同学将就业，大家一旦进入大四，就会有一个新的身份——应届毕业生。这就意味着很多人的求职生涯将正式开始。法学专业的特殊性使得很多同学忙于准备司考和考研，而忽视了就业的问题，往往错过了应届生招聘的黄金期——秋招（9 ~ 12月）。相较于春招，一流的企事业单位往往会在第一时间开启系统性的应届生招聘工作，以确保第一时间抢到优秀的毕业生（相信道理大家都明白）。一般来说，秋季的单位质量要好于春季。

所以大家不能为了等司考或者考研的成绩，而错过很多机会，适当的去参加面试进行求职，也是对自己漫长枯燥的学习生活的一种良好调节。对于考研的同学来说，大部分考研的复试是差额复试，而考研的面试和就业的面试在本质上都是一个展示自己的过程，如果没有1 ~ 2次的面试经验，你是否有把握最终进入这一门槛呢?

对于找工作的同学来说，面试的技巧是逐渐积累的，如果没有前期的铺垫，你是否确定自己能一次性通过心仪单位的面试呢? 所以找工作这事，咱真得早做准备。

在问卷的第32题（年级打算针对自己感觉就业比较困难，但是内心渴望就业的同学，通过学院出钱购买社会服务的方式，分批次对这部分同学就业的相关培训，你是否愿意参加?）中，有312位同学选择了“愿意”。年级已经同相关的培训机构签订了5期培训计划，考虑到6 ~ 8月3个月是大家复习司考的冲刺期，年级决定在6月前将这五期培训做完。同时也考虑到大家的日常安排，所有的培训均在晚上，每期的培训时间为4天，主要培训的内容包括：简历制作、面试礼仪、模拟面试（包括升学和就业面试）。

第一期培训的人员已经选定，为问卷中第31题（你对于自己就业前景的预期）选择“很担忧”的33名同学，加上有意愿参加培训的获得一等助学金的十多位同学以及部分一班的同学。培训的时间为4月26 ~ 29日，晚6点30分至9点30分。

此后每周都会有相关的培训，人员就按照大家的班级进行排序，时间暂定为②5月5 ~ 8日；③5月10 ~ 13日；④5月17 ~ 20日；⑤5月24 ~ 27日。对于那些没有在32题上选择“愿意”的同学，如果想去听，也是可以直接去的。

关于这个培训，我认为，它本身绝不是什么“灵丹妙药”，但它一定能够给你一些新的知识点，能够让你比没有参加培训的同学提前了解一下面试的相关信息和技巧，也许你可以领先其他人半个身位。我所希望的是大家即便在准备司考和考研的过程中，在自己的潜意识里能够把面试的一些东西“常识化”，不至于真正需要上战场的时候手足无措。从年级的角度来看，没有哪一届像我们2013级这样，把这份工作提前到这个时候来做，也没有哪一届像我们这样覆盖如此多的同学，更没有哪一届能够争取到这么多的经费来为大家进行培训，以及其他的就业帮扶计划，一切的一切都是希望大家无论是升学还是就业，都能够有个好的结果。嗯，就是这样。

祝好。

罗翔宇

2016年4月25日星期一

写在研究生复试分数线出来之后

同学们，8 周多的线上学习一晃而过，在这个注定要在你们的生命中留下重重一笔的庚子年里，我们见证了一个又一个的重大历史事件，多到 2020 年的考研政治题都出不完。但无论外部的环境怎么变化，都无法改变你们将步入大四这一人生关键选择期的客观事实。

恰逢各大高校研究生复试分数线出来，结合此前年级给大家制作的问卷调查，我们将尝试给大家做一个相对理性的分析，但愿能够帮助到大家。在此特别感谢邓青松和刘志鸿两位同学，他们为这篇文章提供了翔实的数据基础分析，同时也感谢年级 478 位同学的全力配合。由于分析报告的作用之一是为年级后续的工作作铺垫，所以该问卷没有针对外院同学开放，但由于样本本身足够大，因而此分析报告有一定的普遍性，可供其他学院的同学参考。

一、状态

和自制力相对较弱的中小学生相比，对于全都超过 20 岁的你们来说，居家和网课不应该成为大家精疲力竭抑或无所事事的借口。相反，更加灵活的上课形式以及自由时间段的安排，对于计划性和自制力更强的同学们来说，可能会更加适应。

问卷第 2 题“疫情期间，你现在的状态如何”？（见表 1）95.4% 的同学目标明确，但仅有 32.85% 的同学制订且按时完成计划，还有 4.6% 的同学处于考虑规划阶段，表示比较迷茫和焦虑。

第 2 题：疫情期间，你现在的状态如何？（单选题）

表 1　问卷第 2 题数据

选项	小计（比例）
A. 明确目标、制订计划、按时完成	157 人（32.85%）
B. 明确大致目标，但计划未明确知性	299 人（62.55%）
C. 尚在考虑规划，比较迷茫和焦虑	22 人（4.60%）
本题有效填写人数	478 人

从上面的结果可以看出，大部分同学目前的学习状态并不算好。在疫情这个特殊的背景下，大家都居家学习，少数自制力较强的同学没有被外界干扰，可能会比在学校学习的效率更高；大部分的同学自制力较弱，在缺少集体学习氛围的情况下，可能就比较放纵。目前还没有确定开学时间，针对这部分同学如何调整自己在家的学习状态的问题，建议拟定一份可以坚持且可行性较高的计划，这是迫在眉睫要做的。

此前我推荐过的日历法是一个不错的选择，如果在家看不进去书，有条件的同学可以前往居住地所在的公立图书馆，一般也都是开放的，理论上现阶段每天 6 ~ 8 小时的高效学习时间是合格线，文振伟同学有一天和我说他每天学习时间是 10 小时，可以供大家参考。

二、关于法考

从第 3 题（见表 2）数据来看，有 82.84% 的同学确定参加法考，对比近 3 年行政法学院法考参考率 89.67%、83.11%、75.22% 来说，相差不大（不排除少数同学弃考）。这说明同学们对法考的重视程度较高，近 3 年报考最终通过率分别为 56.09%、62.36%、52.29%，在经济下行、就业压力骤增的情况下，尽管未来两年的应届本科生群体是唯一的参考人群，但很多人还是想着能第一时间拿证，以备更多的可能性，这个思路我个人是赞同的。

第 3 题：你是否要准备参加 2020 年法考？（单选题）

表 2　问卷第 3 题数据

选项	小计（比例）
A. 是，并且准备考研（保研、出国）	314 人（65.69%）
B. 是，不准备考研	82 人（17.15%）
C. 否	56 人（11.72%）
D. 不确定	26 人（5.44%）
本题有效填写人数	478 人

从第 4 题（见表 3）的数据来看，不参加法考的原因几乎都是专心准备升学。这一部分同学的目的性比较明确。在 2020 年的特殊背景下，个人认为原因：一方面，各大律所开始放缓人员招收规模、调整待遇等，使得 2020 届的就业市场竞争压力更加激烈；另一方面，国家扩招，各高校呼吁本校校友们排忧解难。对于我们来说有一定程度的影响，比如考研人数毫无悬念的进一步增加，“有书读”成为学子们心中的期盼。这并不是“贩卖焦虑”，只是希望同学们认清形势，做出最合理的选择。

第 4 题：你不参加法考的理由是什么？（单选题）

表 3　问卷第 4 题数据

选项	小计（比例）
A. 考研	52 人（92.66%）
B. 保研	1 人（1.79%）
C. 出国	1 人（1.79%）
D. 就业	2 人（3.57%）
E. 自主创业	0 人（0%）
本题有效填写人数	56 人

但值得注意的是，近三年学院的国内升学率在 25% ~ 30%，即有近一半的同学无法“一战”升学。我们年级有 65.69% 的同学选择兼顾法考和升学（考研、保研、出国），意味着需要更多的付出，更要有强大的心理承受能力。

希望这部分同学能充分考虑到自己的学习能力、抗压能力、职业规划、英语应试能力等方面，有针对性地准备。当然，不是有希望才努力，而是努力了才会有希望，经验、数据都只是参照，日拱一卒，功不唐捐！

从调查结果（见表4）可以看出，大部分同学有明确规划，并且比较具体，说明同学们在确定考研和法考的大方向之后，有意识地进一步细化、落实。但也有部分同学觉得无所适从，不知如何订立自己的计划。建议同学们可以找师兄师姐们询问复习计划、方法，或者通过网络等其他方式看经验帖等，然后参考经验确定自己的计划，年级公众号也将在近期放出一系列高年级师兄师姐的采访文稿供大家参考。

第5题：你的备考计划安排是什么？（单选题）

表4　问卷第5题数据

选项	小计（比例）
A. 有明确计划，具体到进度	67人（16.92%）
B. 有明确计划，具体到月份	232人（58.59%）
C. 有明确计划，具体到周	59人（14.90%）
D. 没有明确计划	38人（9.60%）
本题有效填写人数	396人

计划赶不上变化，总有突发情况影响进度，这就需要我们适时、机动地调整规划。建议计划不要过细也不要太粗，留有调整的空间，毕竟适合自己的方法才是有效的。现在是4月中旬，大家有时间试错，调整出较为高效的学习模式。“种子”播种后，剩下的就交给时间了。参照以往，在6月底7月初完成第一遍学习计划是正常的速度。

从表5来看，57.32%的同学选择法考失败后继续考研，这与第3题中65.69%的同学选择兼顾法考和升学的情况基本吻合，26.52%的同学选择参加下一次法考。其实这道题只是一个设想，到时候会有新的因素影响你的抉择，本题目的是想让大家做好全面的规划，当然也包含“最坏的打算”。涉及工作、考研的话题，我们会在接下来进一步分析。

第 6 题：如果法考未通过，你会如何选择？（单选题）

表 5　问卷第 6 题数据

选项	小计（比例）
A. 参加下一次法考	105 人（26.52%）
B. 直接工作	38 人（9.60%）
C. 出国	7 人（1.77%）
D. 继续准备同年考研	227 人（57.32%）
E. 还没想好	19 人（4.80%）
本题有效填写人数	396 人

三、关于升学

第 7 题：你是否准备考研？（单选题）

表 6　问卷第 7 题数据

选项	小计（比例）
A. 准备	318 人（75.36%）
B. 不确定	44 人（10.43%）
C. 不准备考研，准备出国	10 人（2.37%）
D. 不准备考研，直接就业	50 人（11.85%）
本题有效填写人数	422 人

第 9 题：是否明确考研目标（院校、专业）？（单选题）

表 7　问卷第 9 题数据

选项	小计（比例）
A. 明确	321 人（77.54%）
B. 尚在犹豫	93 人（22.46%）
本题有效填写人数	414 人

关于升学的话题在问卷的选项中很有趣，第 7 题（见表 6）和第 10 题（见表 9）有较大出入，如果按照第 10 题的统计，年级将有 414 名同学参加研究生考试，占比高达 86.61%，比例将达到历史最高级别，直追全国考研第一校——曲阜师范大学的考研比例。

2020年全国硕士研究生招生考试报名人数为341万人，较上一年度的290万人增加了51万人，再创历史新高。虽然2021年考研有扩招的趋势，但参加考研的人数定会只增不减，这就意味着考研竞争将会更加激烈，报录比进一步提高。2020年全国线的上涨已经印证了这个情况。

给大家说两个数据，2013级共有280名同学（含保研的9名同学）有意向考研，占年级总人数的62.36%。其中，最终参加考试的同学为234人，占年级总人数的52.11%，有46名同学弃考。国家线出来后，有189名同学达到国家线标准。最终录取124人。而2016级共有314人参加最终的考试（不含弃考和保研），占年级总人数的69%，共有186人达到国家线标准（本校122人、外校64人），有83人进入本校复试，由此可见一斑。

从第8题（见表8）的情况来看，同学们选择考研的原因很多：八成左右的同学报考研究生是为了取得更高的文凭学历，以及出于对就业形势的担忧；近六成同学想学习深造；58.21%的同学是从自身意愿出发报考；23.67%的同学是应家人要求参考；有7.73%的同学是受同学影响参与报考。近三年学院国内升学率在25%～30%，但由于参考人数逐年上升，使得实际参考录取率呈下降趋势（按录取人数除以报名人数计算）。2013级参考通过率为41.1%；2014级参考通过率为30.1%；2015级参考通过率为27.1%。2016级的最终数据没有出来，但相较于2015级，预计还是会有所提高。

第8题：你为什么报考研究生？（多选题）

表8　问卷第8题数据

选项	小计（比例）
A. 学习深造	239人（57.73%）
B. 文凭学历	324人（78.26%）
C. 就业形势	345人（83.33%）
D. 家人要求	98人（23.67%）
E. 受同学影响	32人（7.73%）
F. 自身意愿	241人（58.21%）
G. 其他	5人（1.21%）
本题有效填写人数	414人

第 10 题：你准备报考？（单选题）

表 9 问卷第 10 题数据

选项	小计（比例）
A. 法律硕士	134 人（32.37%）
B. 法学硕士	279 人（67.39%）
C. 跨专业考研	1 人（0.24%）
本题有效填写人数	414 人

从第 11 题（见表 10）报考专业意向来看，民商法、经济法仍是热门，分别有 31.07%和 14.64%的同学想要报考；诉讼法和刑法也是许多同学的目标，有 12.86%和 15.71%的同学选择；宪法与行政法有 11.79%选择率；国际法学类和理论法人数较少，分别有 6.79%和 7.14%。按照往年分数线来看，民商、经济法、诉讼法以及刑法仍属于第一梯队难度的专业选择。法律硕士高达 120 人的报名人数以及逐年大增的现状，也预示着本校法硕极有可能成为报录比最高的专业之一。成为热门的同时也伴随着较高的风险，特别是在竞争逐年加大的情况下。请同学们结合自身情况，做出最合理的选择，9 月以前更换专业都是来得及的。以本校为例，大家可以结合历年分数线更加科学的选择。

第 11 题：你准备报考下面哪些专业？（单选题）

表 10 问卷第 11 题

选项	小计（比例）
A. 民商法学类	87 人（31.07%）
B. 经济法学类	41 人（14.64%）
C. 诉讼法学类	36 人（12.86%）
D. 刑法	44 人（15.71%）
E. 宪法与行政法	33 人（11.79%）
F. 国际法学类	19 人（6.79%）
G. 理论法	20 人（7.14%）
本题有效填写人数	280 人

从第 12 题（见表 11）中可见，想要报考本校的同学占比 57.83%，数量最多。选择中政、华政的共计 63 人，选择学科评估 A 及以上（人北清武）的

有20人，选择学科评估A-的高校（对外经贸、吉大、上交、南大、浙大、厦大、中南财）的有45人，共计占比30.84%。

第12题：你准备报考下面哪类高校？（单选题）

表11 问卷第12题数据

选项	小计（比例）
A. 本校	240人（57.83%）
B. 中国政法大学	33人（7.95%）
C. 华东政法大学	30人（7.23%）
D. 学科评估A及以上的高校	20人（4.82%）
E. 学科评估A-的高校	45人（10.84%）
F. 除上述学校外的其他高校	47人（11.33%）
本题有效填写人数	415人

我看到这个数据，心里就“凉”了一半。报考学校过于集中，除本校外，报考专业评估A-以上意向学校的同学高达128人，扣除保研的19人，意味着占比年级24%以上的同学将选择相对困难模式。以华政为例，近5年学院的录取人数（扣除保研）不到20人。2013级更是出现了“11人报考，0人录取”的历史低值。历届报考中政的同学，由于成绩普遍处于年级的上游，录取率相对较高一些，但也仅仅是相对较高，扣除保研的人数，近几年学院录取的最高值也就是10人左右。本校的情况虽然要好很多，但由于报考人数多，基数大，落榜学生也是高数量级的。大家从这几天的朋友圈和空间也能看出端倪。

我之前就给大家强调过，第8题的情况也印证了这一观点，那就是相当大比例的同学升学是为了进入硕士研究生这个门槛。从2019年开始，以往的“调剂大户”贵州大学不再接受法学调剂（因为报考人数大于录取人数）就已经印证——先报名校，考不上调剂个B类省份“双一流”学校的策略的风险开始增大（因为其他比西政差一些的学校的同学也会盯着这些学校，哪怕都知道我们的生源质量是比较高的，但在人家提前把坑占了的情况下，是完全没有办法的）。因此，中西部、东北或经济发展较弱省份的同学，如果就业的目标就在家乡省份，那么选择性价比高的学校真的是非常重要的事情。在这个问题上，选择比努力更加重要，请同学们一定要慎之又慎。对比下 17 日外校公布分数线的情况，里面还是有很多性价比极高的学校的，大家真的要睁大眼睛，开阔思路。

令人欣慰的是，还是有很多同学结合自己的实际情况，预计报名了一些所谓的“冷门学校”，这其中，有同学选择了西财、北航、贵大、中央民族、新疆大学、兰州大学、中共中央党校等学校，印证了很多同学是花了心思的，值得肯定。

在第 13 题（见表 12）“你选择该校的原因”中，同学们看中的因素较多，其中：最看重高校的是高校的专业实力，占比达 57.83%。同时学校的综合排名、所在城市的就业前景、报考难度、离家距离等也是许多同学的考量因素，分别占比为 48.92%、48.92%、46.27%、35.42%。

第 14 ~ 15 题（见表 13、表 14）的选项分布我认为是比较正常的。如果真需要到调剂那一步，年级会第一时间帮助大家，毕竟罗哥有帮助你们直系 2013 级师兄师姐们创造近 5 年可能是全校范围内最多调剂人数（32 人）纪录的经验，但由于大环境改变过大，所以这一条路还有很多变数（好消息是扩招，坏消息是报考人数爆炸式增长）。至于“二战”，我想很多同学没有想清楚一点，那就是无论 2021 年法学考研的人数会增加多少，都比不上 2022 年的考研人数。因为从 2018 级开始，应届生就不能以在校生身份参加法考了，法学专业就业需要资格证，没有证，便“无计可施”了。所以还是希望大家能够理性选择，尽量不要在时间和精力上折腾自己，特别是女同学。

第 13 题：你选择该校的原因是什么？（多选题）

表 12　问卷第 13 题数据

选项	小计（比例）
A. 学校综合排名考前	203 人（48.92%）
B. 专业实力强	240 人（57.83%）
C. 所在城市发展较好，便于就业	203 人（48.92%）
D. 相对容易报考	192 人（46.27%）
E. 离家近	147 人（35.42%）
F. 其他	21 人（5.06%）
本题有效填写人数	415 人

第 14 题：如果考研失利，你会如何选择？（单选题）

表 13　问卷第 14 题数据

选项	小计（比例）
A. 二战考研，不改变目标院校	94 人（22.65%）
B. 二战考研，改变院校	26 人（6.27%）
C. 积极调剂，有书读就愿意去	122 人（29.40%）
D. 直接工作	93 人（22.41%）
E. 出国	7 人（1.69%）
F. 还没有考虑好	73 人（17.59%）
本题有效填写人数	415 人

第 15 题：如果调剂失败，你会如何选择？（单选题）

表 14　问卷第 15 题数据

选项	小计（比例）
A. 直接就业	68 人（55.74%）
B. 二战考研	37 人（30.33%）
C. 出国	0 人
D. 还没想过	17 人（13.93%）
本题有效填写人数	122 人

四、关于出国

根据调查结果（见表 15 至表 17），我们年级有 10 位同学准备毕业后直接出国留学，另有 8 位同学将出国留学作为国内考研外的第二选择。这一部分同学的规划是比较明确的，同时做了较充分的前期准备，不论是现在已经着手准备，还是从考研失败后开始准备留学事宜，时间上都是允许的。在家庭支持、绩点不错的情况下，这不失为一个好的选择。出国是一条能快速进入知名院校的路径，也是提高自己在就业市场竞争力的一个合理方法。同时，LLM（法学硕士）为一年制，至少在时间方面的性价比更高。

至于疫情，考虑到 2020 年年底国家将推出相关疫苗，因此对 2021 年出国的你们来说，影响并不大，疫情对 2016 级同学的影响显然更大一些，你们甚至还可能因为其他人的犹豫导致申请人数降低，从而在申请上的概率更高一些。而且由于疫情持续对汇率的影响，出国的费用可能还会走低一段时间，这当然都是后话了。

年级已经有同学拿到了录取通知书，并开始了淡定的“坐一望三”之旅，属于“家中有粮，心中不慌”的状态。请大家积极主动起来，请青松和尘淇将我们这18个同学单独建群，以便大家信息共享和相互帮助。我预估人数还有增加的可能性。

第16题：你选择出国的原因是什么？（多选题）

表15 问卷第16题数据

选项	小计（比例）
A. 学习深造	14人（77.78%）
B. 就业优势	12人（66.67%）
C. 家人要求	5人（27.78%）
D. 个人追求	11人（61.11%）
E. 节省时间	9人（50.00%）
F. 规避国内考研压力	9人（50.00%）
G. 其他	2人（11.11%）
本题有效填写人数	18人

第17题：为此你做了哪些准备？（多选题）

表16 问卷第17题数据

选项	小计（比例）
A. 确定申请学校和专业	14人（77.78%）
B. 绩点提升	10人（55.56%）
C. 语言学习、考试	17人（94.44%）
D. 参与社会活动 （学生工作、志愿活动、兴趣社团、实习等）	6人（33.33%）
E. 科研准备	3人（16.67%）
F. 准备文书材料	8人（44.44%）
G. 其他	0人（0%）
本题有效填写人数	18人

第 18 题：若未申请到心仪的学校，你会如何选择？（单选题）

表 17　问卷第 18 题数据

选项	小计（比例）
A. 直接就业	7 人（38.89%）
B. 参加法考	3 人（16.67%）
C. 参加考研	0 人
D. 第二年继续申请	4 人（22.22%）
E. 还没想好	4 人（22.22%）
本题有效填写人数	18 人

五、关于就业

关于求职的数据分析我打算集中说，从各个题目的数据结合来看，年级不考研直接就业、观望、考研失败后选择就业的群体超过 200 人，从常规来讲，就业群体在毕业半年内通常会占到总人数的 50% 以上。但不像法考和考研那样时间相对集中，其战线是拉得比较长的，最早从 7 月开始，秋招黄金期在 9 月底到 11 月中旬，春招则在 3 ~ 5 月。

结合问卷第 19 ~ 20 题调查结果（见表 18、表 19）分析，348 名同学此前已经有明确的职业规划。后面引导思考职业规划后，相当比例的同学选择从事与法学专业对口的工作；接近一半的同学偏向于进入体制内工作；37.87% 的同学希望当律师；还有 9.21% 的同学倾向于法务工作；5% 左右的同学希望当教师、自主创业和去国际组织工作。

年级半数同学都选择考公务员。其中，有意向进入法院、检察院的有 212 名同学，100 名同学选择除法检之外的公务员，接受需考试的其他事业单位和选调、村官、西部计划的分别为 57、34 人。21 题（见表 20）中希望进入体制内的同学基本都有两个选择，追求工作的稳定性。但事实上，公务员考试竞争激烈，以近 3 年的数据看，学院毕业半年内进入体制内的最高数据是 2013 级在 2017 年创造的 11.4%，2014 级在 2018 年的数据为 8%，而这些数据包含了劳务派遣。仅从数据上看，其难度大于研究生考试。

第 19 题：你是否有对自己的职业进行过规划？（单选题）

表 18　问卷第 19 题数据

选项	小计（比例）
A. 是	348 人（72.80%）
B. 否	130 人（27.20%）
本题有效填写人数	478 人

第 20 题：毕业以后，你最希望从事下列哪些工作？（单选题）

表 19　问卷第 20 题数据

选项	小计（比例）
A. 律师	181 人（37.87%）
B. 体制内	229 人（47.91%）
C. 法务	44 人（9.21%）
D. 自主创业	1 人（0.21%）
E. 其他	23 人（4.81%）
本题有效填写人数	478 人

第 21 题：若希望进入体制内工作，具体的意向单位是什么？（多选题）

表 20　问卷第 21 题数据

选项	小计（比例）
A. 法院、检察院	212 人（92.58%）
B. 除法检之外的公务员（国考、省考）	100 人（43.67%）
C. 需考试的其他事业单位	57 人（24.89%）
D. 选调、村官、西部计划	34 人（14.85%）
本题有效填写人数	229 人

第 22 题：若未通过需要考试才能进入的工作单位，你会如何选择？（单选题）

表 21　问卷第 22 题数据

选项	小计（比例）
A. 再战	69 人（30.13%）
B. 去其他单位先工作看看	138 人（60.26%）
C. 参加劳务派遣性质的工作	19 人（8.30%）
D. 其他	3 人（1.31%）
本题有效填写人数	229 人

表 22　2013 级就业情况

<table>
<tr><th>类别</th><th>人数（人）</th><th>占总人数比例（%）</th><th>具体去向</th><th>人数（人）</th><th colspan="2">说明</th></tr>
<tr><td rowspan="4">国内升学</td><td rowspan="4">124</td><td rowspan="4">27.9</td><td>统考本校</td><td>64</td><td rowspan="4" colspan="2">其余具体见表 3</td></tr>
<tr><td>统考外校</td><td>19</td></tr>
<tr><td>调剂</td><td>32</td></tr>
<tr><td>保研</td><td>9</td></tr>
<tr><td rowspan="4">公职人员</td><td rowspan="4">51</td><td rowspan="4">11.4</td><td>法检单位</td><td>19</td><td rowspan="3">均含劳务派遣</td><td rowspan="8">236 人，占总人数 52.6%</td></tr>
<tr><td>政府机构</td><td>16</td></tr>
<tr><td>事业单位</td><td>9</td></tr>
<tr><td>选调生</td><td>7</td><td>—</td></tr>
<tr><td rowspan="4">企业</td><td>33</td><td>7.4</td><td>国有企业</td><td>33</td><td>其中建工类最多，共 15 人。</td></tr>
<tr><td rowspan="3">152</td><td rowspan="3">34.2</td><td>三资企业</td><td>—</td><td rowspan="3">地产企业 17 人</td></tr>
<tr><td>民营企业</td><td>—</td></tr>
<tr><td>律所</td><td>56</td></tr>
<tr><td rowspan="2">自由职业和待就业</td><td rowspan="2">78</td><td rowspan="2">17.6</td><td>自由职业</td><td>37</td><td rowspan="2" colspan="2">毕业一年后的统计中（2018 年 8 月），国内升学 16 人，出国 2 人；国企、民企 13 人；律所 11 人；公务员（含劳务派遣）20 人；2 人企业；16 人待业</td></tr>
<tr><td>待业</td><td>42</td></tr>
<tr><td colspan="5">总人数</td><td colspan="2">444</td></tr>
</table>

很多同学清楚这一情况，因而有60.26%的同学表示，如果未通过需要考试才能进入的工作单位的话，愿意先去其他工作单位，还有30.13%的同学选择“再战”各类体制内考试。

而目前的情况，即便大家拥有政策上的应届毕业生身份，在近几年的各省招录中，已经大量出现了具体只招某一届应届毕业生的情况。假设某公务员考试为2020年10月，按国家定义的应届生界定，2020届和2021届毕业生都叫应届毕业生，但招考方会指定招录具体的某一届学生，2019年的广东省考和重庆法检考试就出现了这类情况。因此，以应届生身份考试的机会大概率每种类型的考试（国考、省考、法检、选调等）都只有一次机会了。错过这些机会，就只能在工作两年后参加公务员的社会招考（需两年以上工作经验），所谓连续“再战”的可能性已经不太具有操作性。

正因如此，尽快拿到一份保底工作，从而“坐一望三”“骑驴找马”是求职阶段相对智慧的做法。年级将在5月针对求职的同学，通过购买社会服务的方式开展求职培训（如仍不能返校，则将采取网课的形式）。鉴于法考与求职有一定的冲突期，年级在汲取往届双选会经验（时间过晚、企业需求下降、临近考研心态变化等）的基础上，会建议学院将双选会的时间放在法考客观题成绩出来后，这样无论是法务岗位还是律师岗位，即便不能签订正式合同，也可以和同学们签订“预测型”合同，主动性和灵活性大增。一天左右的集中求职期以及两天左右的准备期，在客观题和主观题之间1个月的复习期内也完全可以接受。这样在主观题结束后，有相当一部分的同学已经具备了“骑驴找马”的优势。考虑到诸位是未来两年唯一可能通过法考的本科应届毕业生，这也是大家的求职优势，望同学千万把握机会。这是年级以及学院可以为大家做的事情，我们也一定会积极争取。

个人预测国家为了保就业，除了会扩招研究生，势必在未来几年增加选调、西部计划、大学生村官、大学生军队士官等国家政策层面影响下的基层就业人数，年级也将针对这一情况，在2021年上半年邀请已经从事此类工作的师兄师姐们，对有意愿的同学，以网课或实体讲座的形式，分享相关经验。

此外，年级公众号已经采访、搜集、编辑完毕各类升学与求职类的师兄师姐经验分享帖，将从本月开始进行集中分享，为同学们打开思路，提供一定的帮助。

六、写在后面

关于进入大学后的收获，285 名同学认为“比较有收获，较满意”，有 41 名同学认为“收获很多，也成长很多，对自己很满意”。此外，144 名同学认为“收获不大，没有达到预期效果”，8 名同学认为“毫无意义，无所事事”（见表 23）。

第 29 题：大学生活进入后半期，你是否有收获，是否达到预期效果？（单选题）

表 23　问卷第 29 题数据

选项	小计（比例）
A. 收获很多，也成长很多，对自己很满意	41 人（8.58%）
B. 比较有收获，较满意	285 人（59.62%）
C. 收获不大，没有达到预期效果	144 人（30.13%）
D. 毫无意义，无所事事	8 人（1.67%）
本题有效填写人数	478 人

无论大家的感触如何，现阶段的我们都不应该纠结过往，未来一年是你们人生中已经为数不多的，其他社会、家庭因素影响较小的，仅需自己努力就能有所回报的时期。还是那句话，我对大家没有过高的期待，我希望你们中的大多数人，能够通过自己的努力，一步一步、脚踏实地地朝“体面的普通人”的目标去拼搏，希望大家在成就自己的过程中，亦能帮助他人。

得真的去拼呀！孩子们！

再次感谢青松、志鸿。

祝一切都好。

罗翔宇

2020 年 4 月 18 日夜

法学学生未来道路选择的可能性

2014 级的各位同学：

前段时间我们进行了毕业意向的摸底调研，主要是进一步了解大家到现阶段对自己毕业的规划。根据大家写的问卷结果，我们制作了调研报告，并在年级群里进行了公布。从下载量来看，约有一半的同学查看了调研报告，还没有看到的同学可以去年级群下载。稍后我们也将整理好的考研具体情况公布给大家做参考。

上一次的年级大会上，我们公布了前几届的法考情况、考研情况数据，不少同学看完“感觉”考试成功的可能性很大。我想说，你们看到数据的“感觉”不能作为你们自信的依据。能不能成功通过考试还是要看自己，没有不付代价的利益获取，复习方式方法、参考用书可以参考借鉴别人的，但要给自己一个准确的定位，做好规划，认真落实准备。

这段时间跟不少同学进行了一对一的谈话，不少同学有点焦虑，情绪起伏也有点大：一方面是需要了解更多信息，另一方面也需要心理安慰。所以今天我想跟大家聊聊司考、考研和就业的事儿，一家之言，做个参考。

一、司法考试的一点小建议

不出所料，年级 94.5% 的同学都有意向参加 2017 年 9 月份的司法考试，3.5% 的同学因考研明确表示不参加司考，2% 的同学还在考虑中。司考全国 A 证合格线是 360 分，C 证是在放宽学历条件地区专享的，同时也只能在放宽学历条件地区任职或从事法律职业（司法部司法考试网可以查到具体地方，建议去看一下），具体合格分数线当年公布，通常是 320 分。从盛传 2016 年是在校生可以参加司法考试的最后一年到 2017 年司法部文件落地，我们这届就真的是最后一届能以在校生的身份参加司考的了。从司法部的改革文件来看，2017 年必然是司考参考人数最多的一年。那么调整状态进入备考状态，拟定一份具有可行性的复习计划，坚持不懈，保持积极的心态和状态奋战，这些是正儿八经进入暑假战斗状态之前必须要考虑的问题。从现在开始复习到考试，还有 5 个月，时间是非常充裕的。司考并不是技术含量非常高的考试，从考试内容来看，更多的是考大家的基本功是不是扎实，知识点是不是牢固掌握。天上掉馅饼的事儿少想，脚踏实地地认真复习才是王道。如果一开始是抱着三天打鱼，两天晒网的“打酱油”心态来准备考试，那么还不如做好找工作的准备。进入 2017 年 9 月份，你们就有一个新的身份叫作“应届毕业生”。各类校园招聘的最佳时间是 2017 年的 9 月底至 12 月初，也就是说，针对应届毕业生的最佳岗位多半在秋招的时候就消化了。

二、考研不得不看的数据

研究生招生在不断扩大，尤其是在职的比例也有所增长。2013 级有 1 位同学成功调剂在职，也是目前我们学院出现的第一例。年级有 75% 的同学意向加入考研大军。通过统计数据分析，考研意向学校集中在了本校（179 人）、中政（72 人），这占据了意向考研同学数量的 65%，选择北大、清华、人大等（一流院校或一流专业）的人数有 13 人，选择平台较好的 985、211 类综合性院校的有 59 人。客观地看一看 2016 年的情况，除开推免的名额，我们 2016 年报名中政有 16 人，最终录取 5 人，调剂其他学校 1 人。16 人中通过司考的 12 人，司考考研都胜利的有 6 人。本校报名 153 人，录取 59 人，调剂其他学校 23 人，通过司考 64 人，其中司考、考研都通过的有 46 人。还有其他学校，暂不一一列举。

接下来跟大家说说近 3 年的数据。2011 级总人数 443 人，参加国内考研的总人数不详（一般在五成左右）。考上的总计 119 人，其中本校 68 人（含支教保研和推免），外校 51 人；调剂成功的同学共 19 人，其中本校 3 人，外校 16 人。本校 68 人中，考上人数前五的专业位民商法 18 人、法硕 9 人（含 3 人调剂）、行政法 8 人、刑诉 7 人、民诉 6 人；外校中录取超过 3 人的学校（含保送）有 4 个，分别是武汉大学（4 人）、华政（4 人）、中山大学（3 人）、贵州大学（3 人）。

2012 级总人数 441 人，参加国内考研的第一次意向统计人数超过 270 人，4 月中旬统计仅不到 180 名同学有考研成绩。考虑到各种情况，我们按照以往经验，暂估有 5 成同学最终参与了考试。考上总计 114 人，其中本校 64 人（含支教保研和推免），外校 50 人；调剂成功的同学共有 15 人，均调剂至外校；我们具体专业没有相关的数据。外校录取中超过三人以上的学校（含保送和夏令营）的有：中政（8 人，1 人推免）、武大（7 人，3 人为推免、2 人为夏令营）、华政（5 人）、贵州大学（4 人，均为调剂）、川大（3 人）、西南大学（3 人，均为调剂）。

2013 级总人数 450 人，考研报名人数 280 人，实际参考 234 人，考上 123 人，其中考上本校 59 人（含支教保研和推免），外校 33 人，调剂成功 31 人。本校 59 人中，录取超过 3 人专业为的：知产（4 人）、刑诉（4 人）、刑法（6 人）、民商法（10 人）、经济法（8 人）、行政法（7 人）、国公国经（6 人）、法理（7 人）、宪法（3 人）、法硕（4 人）。外校录取中超过 2 人的学校（含保送和调剂）有 8 个，中政（6 人，1 人推免）、上交（2 人，1 人推免）、人大（3 人，2 人推免）、山大（4 人，3 人调剂）、川大（2 人）、厦大（2 人）、南大（2 人）、贵州大学（4 人，均为调剂）、上海政法学院（3 人，均为调剂）、福州大学（3 人，均为调剂）。

实验班 2013 级的数据：报考 58 人，录取 45 人（含推免），其中调剂 3 人。本校录取 10 人，外校 35 人，外校录取中超过 2 人的学校（含保送和调剂）有 6 个，人大（3 个，1 个为推免）、中政（10 个，8 个推免）、武大（2 人，均为推免）、北大（4 人，均为推免）、南大（3 人，均为推免）、上交（3 人、均为推免），另有对外经贸、华政、同济、外交学院、中南财经政法等院校。

从三届的数据来分析：①法硕在报名阶段就基本满员，想通过考名校结果不理想之后再调剂的可能性越来越小，建议大家找准目标。② 2013 级调剂人数较 2011 级、2012 级人数更多，调剂了 31 人，其中有山东大学、华中师范大学、中央民族大学、西南交通大学等“985”院校。调剂每年的变数都比较大，建议初试成绩出来以后，对成绩把握不大的同学迅速进行调剂，信息获取的速度和广度是调剂是否能够成功的关键，辅之以调剂的积极性和主动性。③报考一流院校、一流专业的最终录取人数（除去推免）都在 10 人以内。我们年级初步统计报名此类院校的有 85 人，这中间可能有 85% 的同学将成为“金牌陪考”。

那么既过司考又考上研究生的有多少人？再来看一波数据。2016 年 2013 级考研总报考 234 人（含推免），录取 123 人，其中通过司考的 110 人，两者皆通过的有 72 人。也就是说，2013 级有 50% 左右的同学报名并且参加了研究生入学考试，录取率在 27% 左右（含调剂），司考、考研都通过的在 16% 左右。实验班总报考 58 人，录取 45 人，通过司考 18 人，考研、司考都通过的有 17 人，二者皆通过的毛占比为 17% 左右。（在此特别感谢提供各类数据的兄弟年级！预祝毕业快乐！）

我想说的是——选择要慎重。选择应该是经过客观分析后做出的决定，不应是不顾实际情况拍脑袋的决定。如果司考和考研同步进行，你是否有这个精力和毅力在 9 个月的时间里持之以恒地付出，是否有足够强大的心理承受能力？真心地建议大家结合自己的兴趣爱好、学习能力、努力程度、竞争强度等综合进行权衡，想清楚了再决定报考学校！目前就业形式严峻，希望大家想清楚是不是要考研。如果要考，报考前想清楚自己的目标。考研是非名校不可？还是能继续读书就好？考研需要理性的考虑，研究生毕业也许会有更好的工作平台，心理也许会更加成熟，社交面也许会更广阔，但同时也意味着年龄更大。对女生来说，年龄不再是优势，工作的同时还面临着婚姻、再就业（也可以理解为跳槽）等问题，所以特别希望女生们理性地考虑是否读研，选择什么学校、什么专业，尽可能避免浪费时间，做出理性的选择。

三、最后，工作都是归途

最后还有 20% 的同学意向直接就业。其实从往届的数据来看，毕业的时候最终有 70% 的同学都将走上不同的工作岗位。前面提到过，大家从 2017 年 9 月份开始，就有一个全新的身份叫作“应届毕业生”，意味着你们有黄金的应聘时间段（9 ~ 12 月的秋招）。各类一流大型企事业单位往往都是在秋招的时候就把最优秀的应届毕业生“抢”走了（单位都希望招到优秀的毕业生来培养或者作为储备用），而我们大部分同学在秋招的时间段都在准备司考或者考研，于是乎就忽视了这个黄金应聘时段。客观地说，秋招比春招的单位质量要高一些，同时可选择的岗位也要多很多，而且只需要跟应届毕业生竞争，大家都是无经验人士，不用跟已经有工作经验的同志竞争，而春招往往是校招的补招或者是社会招聘。希望大家在这个黄金时段里，不是一直等着司考成绩或者是“三天打鱼，两天晒网”的准备考研，充分利用好这段时间，为自己争取更多的机会。尤其是找工作的同学，必须要积累面试经验，需认真准备每一次面试，如果失败了认真去找原因。一次就成功进入自己心仪的单位是需要实力的，而你对自己一次就成功是否有把握呢？如果把握不大，那就早做准备，多多尝试！梧桐果和应届生就业网都有还不错的就业信息资源，领英也是不错的职场社交平台，如果同学们了解到还有其他不错的网站，请推荐给我！学会利用互联网的资源，同时也要注意别上当受骗！2013级有许多同学就是在秋招的过程中成功应聘，找到不错的工作。

同时，研究生的复试现在有一个高复试比的趋势：1∶2的复试比是常态，有些名校逐渐开始实施1∶3甚至1∶4的高复试比，这就意味着进入了考研面试仍有很大被刷下去的概率。如何从众多的面试者中脱颖而出？光靠临时抱佛脚可能有点危险，所以也希望大家可以在秋招的过程中去尝试参加面试，累积面试经验，如果成功找到工作能减轻压力。对于真正的面试来说，模拟面试打消紧张感也是好的。总而言之，再多的嘱咐和就业培训都是希望大家能够在临近毕业的最后一年多的时间里，对大学四年的生活有一个交代，在进入人生下一个阶段的时候，有个较理想的开局。

从明天开始，年级会逐步开展司考、考研、推免的交流会，希望在现场见到大家。

今天是五四青年节，转用《人民日报》的话语：青春是什么？是一次没有方向的旅行，是一场无比艰难的试炼，更是奋斗、坚持、担当，是热烈的，永不言弃的力量。梦想看似遥不可及，但起点永远就在脚下。愿你以梦为马，不负韶华，青春不朽！

周　婕

2017.5.4

第三章　终有离别时

——给即将入海的你

进入大四，你可能有一点焦虑，是升学还是工作？专业该怎么选？工作又该怎么找？我似乎远没有某些同学那样优秀，我该怎么办？没关系，让我们来告诉你应该怎么做。

大四我该怎么办

法考延期、研究生考试部分学校统招缩招、企业用人需求下降、省级公务员考试普遍推迟到毕业后且部分需求已提前在2020年释放完毕、时局对出国的影响、疫情的不确定性……

恭喜大家，以上还未涵盖完全的“现实大礼包”是我们本科2017级法学生将面临的实际。虽然我从大二下学期的年级大会就在给大家分析现实变化将带来的影响——除了疫情这个“黑天鹅”事件，绝大部分也都在预料之中，可你们当中究竟有多少提前做好了心理预期并适时调整，我还真没有底。

但不论大家的选择如何，基本还是逃不出几个“灵魂之问”的，我简单归纳如下：大四我要怎么办？毕业了我要过什么样的生活？就这两个问题，我来跟你们好好聊聊。

有这么几类同学不用往下看这篇文章：①成绩优异（年级前20%）且有明确升学目标的；②社会阅历丰富，在校内校外得到充分锻炼、情商极高的；③家庭经济条件优越，且得到家庭百分之百支持，出国、升学，想干嘛干嘛，没啥压力的；④尽管成绩不算优秀，但意志极为坚定，且进度完成较好，目标选择也极为理性的。

除上述人群，我个人觉得，下面我要谈的，或多或少会刺激一下你的神经。

一、关于升学与就业

按照麦可思数据公司2020年7月发布的统计，2010—2020年的11年中，仅有2016年的法学就业不是红牌专业，法学就业红牌得牌率全国第一。

“父母想让我考公务员。”近些年，西政本科毕业生在扣除劳务派遣、合同制等用工形式（通常是司法辅助人员），以及一些无需笔试竞争的志愿者项目，通过国考、省考进入体制内的人数已经低于 8%。本科国考、省考参考通过率远低于本校的研究生参考通过率。2019 年，以重庆为代表的省份将法检考试和省考合并为一场，使得大家的考试机会大大压缩，以往可以“边考边试”、不断提升的方法变成了一锤子买卖，且大部分岗位均为中西部地区基层岗位。2020 年由于疫情原因，各地增加了公务员的录取名额（针对 2020 届），很大可能会影响到 2021 年的招录需求。同样，2021 年是否会像 2020 年一样出现省考大规模延期的情况也是未知。

“我想从事和自己专业相关的工作，其他的我觉得我不是太适合。”据艾媒数据中心发布的数据显示，2019 年中国仅有 34.2% 的法学专业学生从事专业相关的律师 / 法务 / 合规岗位。从法学专业从事非专业岗位情况看，从事销售业务、行政 / 后勤 / 文秘、人力资源以及高级管理的比例分别是 10.2%、8.8%、6.9%、3.1%。除此之外，还有不少法学专业学生从事教育等其他行业岗位。

以上三组数据让我们再次发问：你毕业后想要干什么？你毕业后要靠什么生活？

如果你自认为成绩不够优秀、社会阅历不够丰富、家里的条件也不算好，那么马斯洛需求理论显然会给你最直接的答案——“我要生存”。如果你认同这个答案并确实有一定的危机感，那么知道自己在什么时候做什么，以及怎么做好选择就是必须要考虑的一件事情。

1. 知道自己能做什么比随波逐流更重要

前几天一位成绩排名后段的同学因为请假，在与我闲聊几句后，告知我家人希望他考研。这种状态的同学其实真的不少，家里人可能并不了解你的实际情况，在一种美好的期待下给予你一个期待性的要求。但是你自己的状态，我相信你自己应该是很清楚的。

我还是继续讲数据，毕竟数据更加冰冷客观。2019 年学院的考研升学率，扣除保研和出国，突破了 30 个点的大关，这是学校建校以来的最高值，并不具有常态的参考性。我们以本科 2013 级当年毕业时，扣除保研和出国，25 个点左右的升学率为参照。

本科2013级当年444名毕业生中，共有281名参加考研，平均总评成绩在年级前50%的有155人。155人中，考研成功的有88人，占考研成功人数的71.54%。

平均总评成绩在年级后50%的有126人。在这些学习成绩靠后的同学中，考研成功的有35人，占考研成功人数的28.46%。排名在后15%的同学中，共有28人参加研究生考试，最终考上的同学为4人（含调剂）。

尽管我们都知道本科的期末考试是一个什么形式，但毫无疑问的是，期末考试考得好的同学，其所具备的学习和考试能力，是要普遍强于其他同学的。如果你拥有在几个月的时间内扭转这一局面的能力，那我相信你能做到任何事情。但如果没有这种能力，你可能就要做好新的选择。

2. 升学——选择比努力更重要

这个问题我已经在此前的年级大会和"罗哥有话说"中反复提及了。就研究生考试而言，选择是比努力更为重要的因素。特别是2020年还出现了部分公布招考信息的学校缩减了其统招名额的情况，这更加凸显了选择的重要性。

如果本身基础较好，复习效果也不错，整个复习期的进度把控非常好，请坚持自己的选择。

如同等专业（法硕除外）下，在考取本校尚没有把握的情况下，原则上请不要选择专业排名为A-以上的学校，以及学校综合排名高但招录法学生较少的985和211。

选择本校的同学，不同专业的复试分差可能在50分以上，请慎重做好选择，专B一样是正经八百的硕士。

中西部欠发达地区省份的综合类大学的报考难度普遍低于本校，适合具体省份的生源报考。

如果本身基础确实非常不好，但有强烈的门槛需求，建议选择二本院校，或者冲一把本校后进行调剂。

3. 就业——态度决定一切

"我现在准备法考，想出了成绩之后再找工作。""我想做律师，现在找是不是太早了。”这是最近一段时间我收到的常规问题。如果你做律师的目标非常明确，请把法考放到最优先级，并在闲暇之余完善自己的简历，在法考成绩出来后进行律所的简历投递工作。如没有通过法考，律所就业意向仍然十分强烈，可从律师助理做起。这部分同学目前不必太过着急，因为这个行业的流动性本身比较大，且在2018级不能法考的情况下，未来两年你们都是有就业优势的（我再次强调是指当律师意愿特别强烈的同学）。至于律师行业的现状，大家应该有充分的了解和掌握，以前年级公众号有分享过多期律师师兄师姐的经验。

如果就业目标本身并不明确，那么我认为有保底心态非常重要，因为9～11月的秋招涵盖了绝大多数企业的集中招聘，占到应届毕业生招录的60%以上，而春招则更多涉及大企业的补录以及小企业的招录（律所就可以在春招进行投递）。而保底心态甚至也能得到用人方的理解，甚至有不少企业还支持这一心态，今天来办公室的富力物业HR（人力资源）也告知我，在录用后，对于主动告知他们要考研且最终通过决定读书的孩子们，他们是不收取违约金的。

“我成绩不太好，在学校期间也没有多少奖，我如何才能找到一份工作？”这是不少同学谈到的问题。

我说两个真事。几年前来校招聘的一个以商学院毕业生为主的单位，HR在招聘结束之后给总部打了一个电话，增加了一个法务方向的名额，录用了一位国际法学院的学生。原因就是作为现场唯一的一名法学专业学生，其积极的心态和乐于与面试官沟通的态度打动了对方。同样，前几天邓兴潇同学跑到重庆交通大学，尝试各种途径进入封闭管理的学校，作为现场唯一的法学生面试了中铁八局的法务，在成功之后还推荐了另一位同学给HR并成功签约。我不知道你们从这两件事情中看到了什么，我看到的是用心和态度。

年级大会和之前的“罗哥有话说”都贴过刘强师兄2019年做的求职月历。他的简历还不错，但即便是这样，你们也可以看到他在重庆大学面了近20场，网申则不计其数。作为一个研究生，你们可以看到他的目标极为明确，应聘单位全部为房地产业。虽然以保底心态来说，我们的同学不一定要有这么强的目的性。但如果仅投七八次简历就因为没有回复而丧气，是不是过于脆弱了？求职季，网申不投出50份，基本不叫投简历。若20份都没有回复，那要么是你的求职目标有问题，要么就是简历有问题，这个时候你都不找我问一下问题出在哪里，你还打算啥时候找我？

二、信息渠道的获取非常重要

如果你没有任何资源，那么你唯一可以使用的就是互联网了。下面的网站是我在年级大会上分享过的，再次贴出来分享给你们。希望你们把这些网站都放在手机浏览器和电脑浏览器的收藏夹里，睡前花点儿零碎的时间翻翻看。

应届生求职网：http://www.yingjiesheng.com/

梧桐果校招网：http://www.wutongguo.com/

西南政法大学就业信息网：http://jyb.swupl.edu.cn/

重庆大学毕业生就业信息网：http://www.job.cqu.edu.cn/default.html

西南大学就业服务网：http：//bkjyw.swu.edu.cn/

如果你来自其他省份，又想回到自己家乡的省份工作，那么关注家乡所在省份最好的几个大学的就业信息网站也是必需的。梁雨寒说她手机上有好几个招聘软件的App。我觉得这也是很好的，毕竟我们也不清楚，哪一个招聘软件，对方的HR使用频率最高，回复速度最快。对我们而言，可以多渠道投递，多渠道主动联系对方的HR询问招录进度。

以梧桐果校招网为例，把专业选择为法学，学历选择为本科，可以看到，目前已有超过1000条法学本科生可以申报的网申信息，工作地点为重庆的接近100条。这个网站还有一个数据，就是可以看到你关注学校的宣讲会信息（其实是在具体学校的就业办网站上把数据导过来的），也非常的直观。

复习回到寝室，坐在电脑面前的你反正闲着也是闲着，投个简历就几分钟，这样想想，投个50份似乎并不是一个很难的工作，你说呢？

三、准备工作要用心，细节为王

简历的问题我觉得不用再讲了，大家进步得很快。总体来看，大家的平均制作水平已经超过当年 2013 级师兄师姐的平均水平，很多细节大家都有注意到，我也有在群内分享一些简历模板。不论是本身足够优秀还是相对一般的同学都能找到足够的参考样本，开学到现在，我也已经修改了超过 90 份同学的简历。

大家需要注意，尽量用客观的数据和结果来替代主观性的评价，该有数据的要有数据，该加粗黑体的突出部分要突出，且一定要围绕企业对这个岗位的要求来写简历。其他的一些小细节我时常有在群里发，大家多多参考即可。

具体的细节操作，我觉得有很多渠道都能够完善自己，让自己短期内得到提升。我在知乎搜了几个帖子，可能一个晚上就能看完，也希望能够帮助到大家。

简历一无可写怎么办？ https://www.zhihu.com/question/28592283

优秀的简历要遵循哪些规则？ https://www.zhihu.com/question/20184884

如何制作高水平简历？ https://www.zhihu.com/question/21187514

简历中自我评价怎么写？ https://www.zhihu.com/question/20632491

关于面试，我不确定有多少同学对自己的自我介绍做过完整的书面整理，以及完成了录音工作，但能这样做的同学我相信效果都非常好。

我本人上半年在一次面试时做了大量准备工作，经历了文稿撰写、修改、朗读、时间控制、机械背诵、信手拈来多个阶段，最终的结果就是我是那轮面试的第一名。有很多单位把自我介绍作为筛人进入后续面试的唯一步骤，请大家一定要注意。我相信，上学期听了面试课程的同学或多或少都有一定收获，但由于当时的重心可能都在法考上，做的笔记也不一定详细。所以我还是找了相关的帖子来帮助大家。核心的关键就是一定要提前做好准备。

面试的时候，如何自我介绍？ https://www.zhihu.com/question/19603341

面试前你都做了什么准备？ https://www.zhihu.com/question/25039418

除此之外，2013 级的师兄师姐也曾经分享了数十篇真实的求职经验日志，大家可以到我的空间阅读 2016 年 10 月 16 日到 11 月底的相关日志，想必看下来之后也会大有收获。

四、怎样面对纠结的心理

“我想考研，找工作会不会分心？”

“我想考省考，之前我要不要找工作？”

“我万一找到了，之后发现还有更好的，我该怎么办？”

我一开始就说过了，如果你属于文中一开始归纳的那几类不用看此文章的群体，你完全可以不多想。

至于其他的同学，我觉得都可以用一句俗语来解答。“手中有粮，心里不慌。”早点吃上饭之后，你想干啥都行，更何况 9 ~ 11 月 3 个月的招聘信息会占到一学年里的 60% 以上，你在这种时候左思右想，是想把机会都让给其他人吗？年级目前签约的十多位同学里，有好几个完全是把现有单位当作保底来看待的，找完之后就安心准备考试去了。对于有省考意愿的同学，如果你所在的省份不是特别容易的欠发达地区，我个人建议也是优先保底，考公成功而办理违约的同学，对于用人单位来讲也是常态。

每天睡前看看招聘信息，有合适的岗位就积极地申报，细化契合自己的简历，你需要花在这上面的时间可能连一个小时都不到，这点儿时间我相信不管是谁都挤得出来。对于面试机会，咱就把它当作周末。至于找到之后发现更好的怎么办？恭喜你朝着赢家的方向前进了一大步。三五千元的违约金与更吸引你的岗位、更好的发展前途相比，根本就不算事儿吧。你们的亲师兄研究生毕业最终考入某部委，前后交了 3 家单位的违约金，那交的也是心甘情愿的。

希望大家真正动起来。我知道大家复习得很辛苦，但是该做的事儿真不能停，该调节也一定要好好调节。现在解封了，有什么开心的或者郁闷的，出去聚个餐、K 个歌、跑个步、健个身，努力找到自己最好的状态。

都加油，祝好。

罗翔宇

2020 年 9 月 23 日

既然要谈找工作，那咱就上点干货

纠结了半天写还是不写，因为我总觉得我在年级大会上已经讲得差不多了，不过昨天下午安慰了一个想找工作又没啥信心突然就哭兮兮的小朋友之后，我还是觉得写一篇好，万一又能多影响几个呢？或许我工作的意义就在于此。

法考客观题刚刚结束，昨天考研的预报名也截止了。我想你们中的相当一部分都在盘算着国庆怎么放松、怎么调节。我不反对放松，我只问一个问题，你毕业后想怎么生活？

有这么几类同学不用往下看这篇文章：①成绩优异（年级前 20%）且有明确升学目标的；②社会阅历丰富，在校内校外得到充分锻炼，情商极好的；③家庭经济条件优越的，家里支持自己出国、升学，想干嘛干嘛的。

除了上面的人群，我个人觉得，下面我要谈的或多或少会刺激一下你的神经。

“周边的人都要考研，我法考感觉也不太好，要不我也考吧。”以上想法的人在我最近的了解中最少有 50 个。我就说一个数据，相较于法考的通过率，考研的通过率这几年基本就是法考通过率的 1/2 左右。大家都是过来人，也都辛苦准备了那么久，自己有无实力抑或精力再次进行大强度的复习，肯定心里有个数，我觉得我说这一条就够了。

“我也想找工作，省考和国考我都会准备的。”这个数据比考研更惨，最近几年考公的成功率是法考通过率的 1/10 左右。而且距离国考的时间仅一个多月，省考基本都在 2017 年的四五月。

“我想从事和自己专业相关的工作，其他的我觉得我不太适合。”麦可思研究院2015年发布的就业白皮书中，全国14万法学本科毕业生专业对口就业的不到两成。

以上三组数据让我又回到了一开始的那个问题，你毕业后想要干什么？你毕业后要靠什么生活？

如果你自认为成绩不够优秀、社会阅历不够丰富、奖励也不多？家里的条件也不算好，那么马斯洛需求理论显然会给你最直接的答案——“我要生存”。如果你认同这个答案并确实有一定的危机感，那么积极地投入找工作这件事，肯定是你未来一段时间的第一要务。

“我成绩不太好，在学校期间也没有得多少奖，我如何才能找到一份工作？”这是不少同学给我谈到的问题。我认为只要做到以下几点，找工作应该就不成问题。

一、态度决定一切

我不知道在法考结束后有多少人投递了自己的简历，但从我的判断来看，人肯定不多。昨天校招生就业处的微信公众号公布了本学期第一批简历诊室的名单，我只看到了咱们年级孙力元和胡佳两名同学的名字，而国际法学院的同学我一看肯定超过十人了。

我说个真事儿，上周来学校招聘的一个以商学院毕业生为主的单位，HR在招聘结束之后给总部打了一个电话，增加了一个法务的名额，录用了一位国际法学院的学生。原因就是作为现场唯一的一名法学专业学生，其积极的心态和乐于与面试官沟通的态度打动了对方。

我和你们一样，也喜欢睡前刷刷论坛之类的，恰好看到一个中南大学的工科学生发帖求助。题目是“简历已经投了七八份，但一个面试通知都没收到”。回帖被点亮的第一名是“你多投一些，我北大的都投了二十多份简历呢，最后提供面试的大概6家”。最后这个求助的同学在网友的帮助下修改了简历，并在发帖后没多久得到了两个面试机会。我不知道大家看到的是什么，我看到的是人家坚持不懈的努力和积极面对的心态。

二、信息渠道的获取非常重要

如果你没有任何资源，那么你唯一可以使用的资源就是互联网。下面的网站是我在年级大会上分享过的，再次贴出来分享给你们。希望你们把这些网站都放在你们手机浏览器和电脑浏览器的收藏夹里。睡前花点零碎的时间翻翻看。

应届生求职网：http://www.yingjiesheng.com/

梧桐果校招网：http://www.wutongguo.com/

西南政法大学就业信息网：http://202.202.80.26/jyb/List.asp?L－3762666450.Html

重庆大学毕业生就业信息网：http://www.job.cqu.edu.cn/default.html

西南大学就业服务网：http://bkjyw.swu.edu.cn/

考虑到社会招聘的复杂性，我个人不太赞同使用智联或者其他社会化招聘网站，因为应届毕业生身份对于你们来说是十分宝贵的（这点估计得等你们变成往届生才能体会到，因为满网络看到的都是只招应届生）。以上网站要更加可靠一些。

如果你来自其他省份，也想回到自己的家乡省份工作，那么关注家乡所在省份最好的几个大学的就业信息网站也是必需的。

以梧桐果校招网为例（我很喜欢这个网站，非常简洁，话说我找工作的时候怎么没有这个），把专业选择为法学，弹出的网页显示目前已经有 812 条法学学生可以申报的网申信息。这样想想，似乎像之前北大那位投 20 多份简历也不是件太难的事儿。你说呢？

三、做简历是个技术活，得用心

“我觉得我的简历根本没有什么好写的，怎么办？”这是有些同学感到困惑的。我不知道上学期大家听就业训练营专门讲简历的部分到底有无收获，但我想总不至于在写自己所获得奖项的时候只能写“2006 年美国《时代周刊》年度封面人物”“ 2008 年年度感动中国获奖人物”（这个梗都没看懂？百度下）这类的吧。

我举一个极端的例子。

“我性格内向，没什么工作经验，没拿过什么奖，也没做过什么让人信服的事。我期待成为一名销售。”（当然简历不会有人这么写，但这肯定是一种常见的心理状态。）乍一看和我们部分同学的情况很像。

我们逐字逐句地来看，性格内向和销售肯定是不搭边的，这肯定是个减分项。有同学会写“我的性格略有一些内向，但是熟悉我的人都了解，我是一个喜欢开玩笑的人”，我们把它换成“我的性格比较随和，总能和周围的人打成一片”。

没什么工作经验，没拿过什么奖，也没做过什么让人信服的事。是不是就没有可以挖掘的点呢？咱是不是踏实、善良，没有坏心眼。咱是不是年轻、虚心、学东西快。咱能否为单位创造利润、创造价值？我们再稍微润色一下。

“我的名字叫 ×××，今年 ×× 岁。我毕业于 ×× 学校。我喜欢通过互联网了解新鲜的事物，通过阅读拓宽自己的眼界，通过听音乐陶冶自己的情操。我的性格比较随和，周围的人总能和我打成一片。虽然在此之前我从未从事过销售类的工作，但年轻总是期待着一次尝试、一次改变和一次从内而外的突破。所以我希望公司领导能给我一个机会，让我为公司效力，同时为公司创造价值。”

同样的，自己的实习经历带来了什么可以量化的数字，整理了多少卷宗、立了多少案件、满意度如何、解决了什么样的具体纠纷，这些和你要应聘的岗位所要求的特质有什么关联。这些都是可以细化的。

我觉得有很多渠道都能够完善自己，让自己短期内得到提升。我在知乎搜到几个帖子。可能一个晚上就能看完，也希望能够帮助到大家。

简历一无可写怎么办？ https://www.zhihu.com/question/28592283

优秀的简历要遵循什么遵循哪些规则？ https://www.zhihu.com/question/20184884

如何制作高水平简历？ https://www.zhihu.com/question/21187514

简历中自我评价怎么写？ https://www.zhihu.com/question/20632491

四、面试该注意什么

我相信上学期听了面试课程的同学或多或少都会有一定的收获，但由于当时的重心可能都在法考上，做的笔记也不一定详细。所以我还是找了相关的帖子来帮助大家。核心的关键就是一定要提前做好准备。

面试的时候如何自我介绍？ https：//www.zhihu.com/question/19603341

面试前你都做了什么准备？ https：//www.zhihu.com/question/25039418

五、怎样面对纠结的心理

“我想考研但是考不上怎么办，找工作会不会分心？”

“我想考省考，之前我要不要找工作？”

“我万一找到了，之后发现还有更好的，我该怎么办？”

以上是最常见的几类纠结的心理状况，我觉得都可以用一句俗语来解答。“手中有粮，心里不慌。”早点吃上饭之后，你想干啥都行，更何况 9 ~ 11 月 3 个月的招聘信息会占到一学年里的 60% 以上，你在这个时候左思右想，是想把机会都让给其他人吗？（你这么大度、有奉献精神，估计会给你评 2016 年感动中国人物哦，咦？ 2008 年好像评过一次了。）

每天睡前看看招聘信息，有合适的岗位积极申报，细化简历契合自己的求职岗位，你需要花在这上面的时间可能连一个小时都不到，这点时间我相信不管是谁都是挤得出来的。对于面试机会，咱就把他当作周末。至于找到之后发现更好的怎么办？要知道，手里握着五六家录取通知慢慢挑的人才是赢家，恭喜你朝着赢家的方向前进了一大步。大不了咱违约嘛，相比于更吸引你的岗位、更好的发展前途，一点违约金根本不叫事儿吧，谁叫咱手里有粮呢！希望大家真正动起来，国庆该放松放松，但是该做的事儿真不能停，祝好。

罗翔宇

2016 年 9 月 28 日星期三

找工作那点事儿

2014 级的同学们：

本文标题即内容。

一、找不找工作

你们已经是应届毕业生了，对于司考结束已经休息了一段时间的同学，以及到现在还不知道要干什么的同学，如果你不属于以下情况，真的要积极地找工作：①成绩优异（年级前 20%）且有明确升学目标的；②社会实践丰富，在校内外得到充分锻炼，情商极好的；③家庭经济条件优越的，家里支持自己出国、升学、在家待着或者想干嘛干嘛的。某一天有一位同学来请假，说自己找到了一份工作，细细一问，是本人意向去的工作，不算“找到了工作”，该同学说“who cares（谁在乎）”，家里又不急着让我工作，我在家待一年就是…… 想在家待着的同学，找不找工作是你的自由，只是 20 来岁的光阴不等人。

9 月 22 日，我们年级出现了第一位签约的同学，且是两个单位任君选择！真心地祝贺他，领先了其他人半个身位。手里有粮心中不慌。国庆节前夕，我知道我们年级找到工作的同学在 10 人左右。目前我们的“就业 gogogo”QQ 群加入了 281 位同学，那么，另外的同学呢？去掉推免的 39 人，剩下的 194 人是笃定地一心一意考研吗？有多少同学做着两手准备？今天考研正式开始报名，我们也正在进行第二轮就业意向摸底，大家静下心来好好琢磨一下，自己何去何从？我推测有以下几种想法的同学可能不在少数：一是身边的同学要考研，自己司考感觉并不好，我也考研试试。如果是这种想法的同学，我只想说，too young too naive（太傻太天真）！大家都知道，司考的通过率很低，然而本院考研的通过率是司考通过率的一半左右。所以如果没有司考的复习热情和强度，就是混混的话，真的算了，不仅浪费时间，而且给自己添堵！二是自己要找工作，同时也要准备公务员考试。之前我在就业群里面说过，国考2017年从11月底开始，选调生考试在12月到次年1月，省考联考基本上在2018年的4～5月。上学期我们邀请了报考国税并获得笔试第一、面试第一的某师兄来给大家交流经验，该师兄在2016年4月份开始准备国考，考前花了8个月左右的复习时间，结果也很理想。现在距离国考时间不到两个月，国考的难度是远远高于司考的，成功率在司考通过率的1/10左右……所以要么认真地准备考公，要么正儿八经、一心一意地找工作。

二、找工作的渠道

因为拥有“应届毕业生”这个黄金身份，建议大家用主要针对应届毕业生的招聘网站，除了就业QQ群，建议把下列网站（相对靠谱）放进你们手机浏览器和电脑浏览器的收藏夹里，每天花点零碎的时间翻看。想回家乡工作的同学，关注所在省份最好的几个大学的就业信息网站也是必需的。

应届生求职网：http://www.yingjiesheng.com/

梧桐果校招网：http://www.wutongguo.com/

西南政法大学就业信息网：http://jyb.swupl.edu.cn/

重庆大学就业信息网：http://www.job.cqu.edu.cn/

西南大学就业服务网：http://bkjyw.swu.edu.cn/

三、就业培训和干货帖

年级计划在下周启动就业培训，目前报名有45人，正好小班教学，出效果快。之所以放在现在进行，除了大家在上学期一腔热血的考司考，也想着现学现卖效果更好。其中，简历和模拟面试是培训的主要内容。在培训之前，给大家提供一些操作技术帖（感谢罗老师提供素材），帖子都不长，一会儿就看完了。

简历一无可写怎么办？ https://www.zhihu.com/question/28592283

优秀简历要遵循哪些规则？ https://www.zhihu.com/question/20184884

如何制作高水平简历？ https://www.zhihu.com/question/21187514

简历中自我评价怎么写？ https://www.zhihu.com/question/20632491

面试的时候，如何自我介绍？ https://www.zhihu.com/question/19603341

面试前你都做了什么准备？ https://www.zhihu.com/question/25039418

好了，接下来打下感情牌。这个秋季是你们作为应届毕业生找工作的最佳时间。超过半数的有招聘计划的单位基本上会在秋季完成校招，到了2018年春天，如果缺人就进行社会招聘。为啥是春天社招？因为有工作的“老司机”都想过年拿到年终奖再离职呀，你说春天是不是社招的好时候？春天到了，你说单位是愿意用一个毫无工作经验的新手，还是愿意用一个马上可以上手的老手？所以，想明白了，该干嘛干嘛，别白过了这四年。希望大家都可以手上握着几个录用通知慢慢挑，祝各位都好运、好运、好运！

周　婕

2017年10月10日

全员内卷 何去何从
——写在研究生初试成绩公示后

初试成绩已出，年级的具体数据如下：意愿参考的同学共315名，实际参考的同学有241名，弃考的同学有74名，上2020年国家线的同学共143名，通过2020年专业分数线的同学共92名。在大家的分数公布之前，我们几个法学院的辅导员通过气，从我们掌握的情况判断，当时我就推测2021年的考研上线率会大下降，主要原因有：弃考率过高，法考主观题延期，导致离研究生考试仅有1个月的准备时间，很多同学顾此失彼、准备不充分，等等。我这个“乌鸦嘴”！

从目前得到的数据看，虽然不愿意接受这个结果，但确实也印证我的判断。最让我震惊的是多数专业的高分段数据爆炸。从某机构27日上午公布的数据看，传统热门专业经济法，考360分都只能排到百名开外，可谓前无古人。而2020年分数和国家线一样的监察法，很可能成为西政本年度涨幅最大的法学专业。这些信息无一不在提醒着我们：是，哪怕有很多同学弃考，哪怕有很多同学准备不充分，哪怕我们考得很糟糕，但架不住参加考试的人多。监察法1：11的报录比你能相信？这背后体现的是大环境影响下的全员内卷行为。2019年考试报名的时候，新冠肺炎疫情还没有暴发，等疫情暴发，国家出台了扩招的政策。2020年大家报名的时候，疫情已然常态化，但从2020年年底教育部召开的2021届全国普通高校毕业生就业创业工作网络视频会上所公布的信息来看，不太可能继续扩招了。我们宿舍紧缺到博士都只能去住酒店了，还怎么扩？考试的人更多了，总盘子不变，你说分数涨不涨？

我说这些不是为了增加大家的焦虑情绪，而是要提几个问题。

基于这种情况，你想好自己到底要什么了吗？

如果你本人的考试成绩不理想，但是基础良好、自控性强，想去一线城市的顶级企业、顶级律所，抑或去二线以上省会城市的体制内工作，甚至想读博深造，那你现在就不用看我的帖子了，调整心态准备“二战”才是你的正确选择。但是内卷的情况，两年内应该不会有什么变化，请选择务实的目标。

如果你本人来自中西部地区或者是东部地区的普通县市，本次考试成绩不太理想，可能擦着2020年分数线的边，自己的目标也相对保守，不论是你自己还是家人的期待，都是找一份家乡体制内的工作。那么在大环境会持续相当一段时间的当下，有比没有重要，调剂是你一定要考虑的选项，毕竟省考是不看学校的。

如果你本人能力优秀，法考也通过了，本次考试成绩不太理想，那么律所、国企法务、地方基层公务员都可以是你努力的方向。

考虑到调剂可能会成为相当部分同学将要面临的事项。我将尝试以更容易让大家理解的方式，来给大家说说调剂这事，希望能帮助到大家。当然，我相信你读完肯定会有所收获的。

一、调剂是什么

通俗的说法就是你之前考研报名看不上（当然也有此前完全没有了解过）的学校，如今因为分数的原因，且本人又有想继续读书的迫切需求，在那些未能招满学生的学校中进行二次选择。

二、调剂时间具体是什么时候

假设我报名的是我们学校的某专业，分数比较悬，是不是要等到我们学校的分数线出来之后，我才开始关注其他学校的调剂信息？事实上，在大家研究生的初试成绩出来时，全国的研究生调剂工作已经开始了。A学校法学专业在报名的时候有多少人报名，成绩出来后又有多少人过了一个参照值

（通常是去年的国家线），A 学校肯定是很清楚的。如果低于该专业拟招生的人数，该学校肯定会启动调剂工作。具体的时间是由各个学校自己制定的。我们常说的发布调剂信息、接受预报名、接受投递相关材料的时间，各个学校是不一致的。但一旦通知你进入复试，通常都是在全国高校研究生复试的时间段内，一般是在 3 月中旬到 5 月初。2020 年情况特殊，推迟到了 5 月才正式开始。

三、调剂能调到哪些学校

下面是我让黄德成同学搜集的一些材料，包含 2019—2020 年接受调剂的学校信息。

2019 年各校调剂公告汇总：https：//mp.weixin.qq.com/s/HN1UTi1njlSHdHQosvEaBA

2020 年各校调剂公告汇总：https：//mp.weixin.qq.com/s/mD2wTfoxDewCNRakHKS3Uw

需要注意的是，上面的汇总信息并不涵盖所有接受调剂的学校。2019 年接受调剂的院校大概在 150 所，而有招录法学研究生资格的院校也就 300 余所，也就是近一半的学校出现招不满的情况。而在 2020 年，仅以我们学院 2016 级调剂成功的名单为例，还是有一些学校的名字并没有出现在前两份材料中，而这其中不乏一些非常具有吸引力的学校。

四、调剂的学校该如何选择

我个人认为与你的具体分数有很大关系，有些同学考的是某所顶级院校，分数在 370 分以上，很可能无法进入复试。但因为初试分数比较高，报名的学校也比较好，他就可以选择 211、985 类的综合性大学作为主攻的对象。有些同学可能刚刚过国家线，那么这部分同学可能就要选择稍微弱一点的学校，要么是发达地区大城市的二本院校，要么是西部的一些重点院校，还可以是你家乡或者是工作意向所在地有一定知名度的学校。总之，只要你上国家线，找个地方读书其实不难。

五、调剂有那些基本注意事项

①调剂的大前提是初试总分、单科分必须满足国家线的最低要求，在此基础上还需要满足具体学校、学院确定的复试分数线。②在调剂系统开放前，34 所自主招生院校的招考就已经结束了，意味着这些学校的落榜生也会加入到调剂大军里来（有些本校考生调剂就内部消化了，这也是近几年高质量的学校在调剂市场减少的原因之一，因为这些学校也要保就业率，当然最主要的还是考生人数爆炸式增加）。③在调剂系统开放前，大部分的学校都已经出了调剂公告，需要大家主动和该院校的研招办老师电话对接，主动介绍情况，甚至可能会在系统开放前就锁定调剂资格，而在开放后，接着走后续流程即可。④具体院校在调剂系统上开放的时间，由具体学校学院决定，国家规定是至少要开放 12 个小时（但很可能 12 小时内就已经报满了，这个一定要做好前期的准备工作）。每个考生在 36 个小时内仅有 3 个申请名额，一旦申请，36 个小时内不能修改（部分学校是锁定 24 个小时），这也就意味着大家可以多处撒网。

六、我要做哪些准备工作

请大家根据我们提供或你自己搜集到的相关信息，提前确认 3 ~ 10 所想申请的目标院校（之前所有的调剂信息都是公开的，百度搜索即可，亦可以在法硕联盟论坛上通过关键词搜索，根据搜索结果可以得到具体的联系方式、调剂要求、考试要求等，通常在政策上均有一定的连贯性）并且制成表格，表格元素依次为：学校名称、网址、可以调剂专业、学院联系方式、学院分数线、录取人数、前期联系情况、复试比、复试时间、复试科目等，并形成自己的考研调剂意向统计表。

同时将目标院校的调剂信息发布网页放入收藏夹，实时关注，这个信息有可能出得比全国调剂系统上得早，便于大家第一时间和对方的研招办或具体负责调剂的老师取得联系，占据先机。当然，等待调剂系统上出现这些信息也不是不行。在调剂系统正式开放前，这些信息都会上传到系统里，供大家了解。

通过信息筛选和整合，大家要重点关注复试时间相同的院校。虽然你可以参加多所院校的信息申请，但同一时间下你只能参加一所院校的复试，如果复试的科目相同，这样更有利于你调剂。同时也可以发现一些自己根本不占优势以及录取希望很小的院校，这样你就要根据自己的实际情况，把部分院校剔除。如果觉得院校少，也可以增补部分调剂院校。

经过上面几步，就可以基本确定你的调剂院校范围以及复习的重、难点，根据自己的标准，将这些院校区分为冲一冲院校、保稳院校、垫底院校三类。在系统正式开放后，根据当前自己掌握的各个院校的复试时间，按照先后顺序填写调剂申请，垫底院校可以暂时先不申请，特别是复试时间很晚的院校。可能会出现一些学校在系统开放后才公布调剂信息的情况（一般是临时增加，而且学校质量通常不错），因此需要在此期间额外关注一下，以便做出合理的安排。此时你自己制作的表格将会发挥大作用，只需要每次用几分钟更新一下就好，而不是没有准备地再次检索。年级也将在近期成立一个调剂的QQ群，方便大家交流信息。

（一）关于调剂，你有哪些优势，你该怎么发挥

本科毕业于西南政法大学的法学专业，就是你非常大的优势。请在打电话联系具体学校的时候，第一句就提到这一点。“你好，我是西南政法大学的法学毕业生，请问贵校今年还接受研究生调剂吗？”很多985、211的学校在接受调剂的时候，明确要求只接受同类院校的调剂，但由于西政的法学在全国都拿得出手，所以在法学调剂上，很多综合性大学也会专门在其法学的调剂公告上注明，西政的毕业生是可行的。

即便你的分数可能申请不到好的综合性大学，你在和其他院校进行沟通的时候，第一句表明身份也是非常重要的，因为所有的学校都看重生源，如果这个学生的本科出身很好，是没有理由拒绝你向他们投递资料的。这一点请大家一定要有自信。

请在投递具体院校要求的指定资料外，额外以附件附上自己的简历、大学期间能证明自己学术能力或综合素质的相关材料，诸如论文、读书笔记、写的文章、奖状的照片等。在初试分数不占优势的情况下，这些附加项会增加你进入复试的概率，特别是在很多人不这样做的情况下。当然，具体的邮件用语应该礼貌、基本的信息应该完备，方便对方阅读，这些我就不再提醒了（就业群里有优秀的简历模板，大家可以做参照）。

（二）如何说服自己调剂到一个自己觉得很一般的学校

首先，如果你的法考未能通过，又不想过早地接触社会，那么不论是什么学校的研究生生活，都可以给你提供一个相对安稳的环境和相对充裕的时间来考虑上面的问题。

其次，从研究生的就业来看，更多的人读研后在就业问题上趋于保守，希望进入体制内的人会比本科多，而这些都是要通过考试进入的。这类的考试根本不看出身，只看成绩。（当然好的大学可能会多一个定向选调的机会，不过西政也一直都只能参加非定向的，不是吗？）

再次，在评定职称等相关国家政策上，只要你是研究生毕业，享受的政策是一样的。如研究生毕业工作两年后即可申请评定中级职称，无论你是北大还是普通二本的毕业生，在这类政策上是一致的。

最后，调剂这件事情说白了，更多的是靠你自己，信息和资源是非常多的。那些师兄师姐你不去联系，人家也不可能帮你；那些学校你不去打电话，人家也不可能来主动找你；整个过程都需要你投入很多精力，也需要良好的沟通能力。考研调剂是一次艰苦的历练，只要有机会，还是拼搏一次吧。停止抱怨，积极行动，自己动手，丰衣足食。希望大家能够有满意的结果。祝好。

罗翔宇

2021 年 2 月 28 日

关于考研调剂，只要你上国家线，找个地方读书其实不难

考研成绩已出，年级 280 位有考研意向的同学中（含 9 位推免同学）：有 49 位同学弃考，54 位同学未通过 2016 年的国家 A 线 315 分。177 位同学达到或者超过 2016 年的国家 A 线。

关于本校 2017 年的分数线问题，以大家现有的成绩结合我们对一些专业的了解来做出推测，本校 2017 年各专业的分数线上涨在所难免。至于具体是个什么情况，三月份也就见分晓了。

基于此，调剂可能会成为相当部分同学将要面临的事项。我看很多人转了很多帖子，也有同学来问我某所大学好不好，但总体来看，大部分同学对于调剂不甚了解。作为一个没有经历过调剂的人，在恶补了一段时间相关资料后，尝试以更容易让大家理解的方式，来给大家说说调剂这事，希望能帮助到大家。当然，我相信你读完肯定会有所收获的。

一、调剂是什么

通俗的说法就是你之前考研报名看不上（当然也有此前完全没有了解过）的学校，如今因为分数的原因，且本人又有想继续读书的迫切需求，在那些未能招满学生的学校中进行二次选择。

二、调剂时间具体是什么时候

假设我报名的是我们学校的某专业，分数比较悬，是不是要等到我们学校的分数线出来之后我才开始关注其他学校的调剂信息？事实上，在大家研

究生的初试成绩出来时，全国的研究生调剂工作已经开始了。A学校法学专业在报名的时候有多少人报名，成绩出来后又有多少人过了一个参照值（通常是去年的国家线），A学校肯定是很清楚的。如果低于该专业拟招生的人数，该学校肯定会启动调剂工作。具体的时间是由各个学校自己制定的。我们常说的发布调剂信息、接受预报名、接受投递相关材料的时间，各个学校是不一致的。但一旦通知你进入复试，通常都是在全国高校研究生复试的时间段内，一般是在3月中旬到4月底（中国研究生招生信息网公布的网上调剂系统开放的时间为3月18日至4月30日）。

三、调剂是否能调到好的学校

调剂的学校到底该如何选择？能否同时选择多个学校？如果以国家对现有高校的等级划分来看，仅以2016年作为参照线，接受法学专业调剂的211、985类学校超过10所，所以这可能算是大家心中的好学校吧。也有不是211类的学校，但是类似于国家社科院、国际关系学院这样名字非常“唬人”的学校，所以这可能也算是一部分人心中的好学校。当然有些学校可能就是个普通一本，甚至是个二本，但是法学专业还不错，这也可能是某些人认为的好学校。我想说的是，不论上什么样的学校，在毕业之后你们的统一身份都是研究生，如果进入体制内工作，其在职称评定等国家政策上是完全一致的。

调剂的学校该如何选择，我个人认为与你的具体分数有很大关系，有些同学考的是武大，分数为370分，很可能无法进入复试。但因为初试分数比较高。他就可以选择211类的综合性大学作为主攻的对象。而有些同学可能刚刚过国家线，那么这部分同学可能就要选择稍微弱一点的学校，要么是发达地区大城市的二本院校，要么是西部的一些重点院校，还可以是你家乡或者是工作意向所在地有一定知名度的学校。总之，只要你上国家线，找个地方读书其实不难。

能否同时选择多所院校，答案是肯定的。在各个学校的调剂报名信息出来的时候，你完全可以像找工作投简历那样，疯狂地打电话联系。一旦和具体院校达成一致，人家通知你可以在调剂系统上填他们的学校，你就可以在研究生招生信息网上填写，现有的政策是可以填写三所学校。请诸位把最心仪的，也是最符合自己实力的院校排在第一位。剩下的两个志愿，大家可作为调剂的保底院校，确保这两所学校可以在第一个调剂志愿未通过后提供复试机会。

将调剂信息提交后，大家不要静静等待，要立刻联系这三所学校的研招办老师，确保对方收到了自己提交的调剂申请，并且请求他们在最短时间内回复自己能否参加复试，时刻与校方保持联系，获知其发布名单的具体时间。48 小时后，校方仍没有消息，你就要尽快联系其他院校。由于各个学校复试的时间往往都比较接近，不太能同时参加太多所学校的复试，择优选择即可。总之在填写系统之前，“广撒网”以及和具体院校进行前期的沟通肯定是对的。

四、调剂的信息通过何种渠道进行了解

全国性的官网仅有一个，那就是中国研究生招生信息网，所有调剂志愿的填写都在上面进行操作。该网站也会公布一些学校的调剂信息，但总体看，这些信息基本上是滞后的。如何第一时间了解哪些学校发布了调剂信息，就要靠大家的勤劳和聪明才智了。

我本人整理了一份 2016 年接受法学调剂的学校名单，现已经上传到了年级群里，名单不算全，但也超过了 110 所。名单内的链接通常包含了该学校发布的具体调剂通知以及研招办联系方式等信息。通常情况下，去年接受调剂的学校，今年也会接受调剂。其去年公布的研招办联系方式，一般情况下今年也会延续。请大家在锁定好学校后，立马关注该学校研招办的网页，每天刷新，确保第一时间掌握消息，抓紧和老师进行沟通。（由于我搜集的是论坛链接，并不是具体院校的官网发布的信息，大家可以以学校名称加文章内容的方式在百度上搜索，就能比较快地找到这个学校发布调剂信息的网页，这也算是一个方法吧。）

同时我也将上传近两年本院调剂成功的学生和具体院校名单，大家也可以通过这个名单看看是否有认识的师兄师姐。不认识的亦可以通过认识的师

兄师姐找到这些人现有的联系方式，进行相关咨询。这个时候就得积极主动。

年级也将在近期成立一个调剂的QQ群，方便大家交流信息。

五、关于调剂，你有哪些优势，你本人应该做些什么

本科毕业于西南政法大学的法学专业，就是你非常大的优势。请在打电话联系具体学校的时候，第一句就提到这一点。“你好，我是西南政法大学的法学毕业生，请问贵校今年还接受研究生调剂吗？”很多985、211的学校在接受调剂的时候明确要求只接受同类院校的调剂，但由于西政的法学在全国都拿得出手，所以在法学调剂上，很多综合性大学也会专门在其法学的调剂公告上注明，西政的毕业生是可行的，比如2016年的苏州大学。

即便你的分数可能申请不到好的综合性大学，你在和其他院校进行沟通的时候第一句表明身份也是非常重要的，因为所有的学校都看重生源，如果这个学生的本科出身很好，是没有理由拒绝你向他们投递资料的。这一点请大家一定要有自信。

请在投递具体院校要求的指定资料外，额外以附件附上自己的简历、大学期间能证明自己学术能力或综合素质的相关材料，诸如论文、读书笔记、写的文章、奖状的照片等。在初试分数不占优势的情况下，这些附加项会给你增加进复试的概率。特别是在很多人不这样做的情况下。当然，具体的邮件用语应该礼貌，基本的信息应该备注完整，方便对方阅读，这些我就不再提醒了（优秀的简历模板在就业群里有，大家可以做参照）。

六、如何说服自己调剂到一个自己觉得很一般的学校

首先，如果你的司法考试未能通过，又不想过早地接触社会，那么不论是什么学校的研究生生活，都可以给你提供一个相对安稳的环境和相对充裕的时间来考虑上面的问题。

其次，考虑从研究生的就业来看，更多的人读研后在就业问题上趋于保守，希望进入体制内的人会比本科生多，而这些都是要通过考试进入的。这类的考试根本不看出身，只看成绩。唯一受影响的可能是在报名阶段，部分

地区的选调在 211 和非 211 院校中会有不同的名额。但事实上，就算你读的是本校，在很多省市的选调（包括重庆在内）考试中也是属于非重点院校名额的，和重庆工商大学、重庆师范大学属于一个档。如果你选择进入律所，那么司考成绩和学生阶段的律所实习经验更可能是用人单位考虑的范畴。

再次，在评定职称等相关国家政策上，只要你是研究生毕业，享受的政策是一样的。如研究生毕业工作两年后即可申请评定中级职称，无论你是北大还是普通二本的毕业生，在这类政策上是一致的。

最后，调剂这件事情说白了，更多的是靠你自己，信息和资源是非常多的。那些师兄师姐你不去联系，人家也不可能帮你；那些学校你不去打电话，人家也不可能来主动找你。整个过程都需要你投入很多精力，也需要良好的沟通能力，希望大家能够有满意的结果。好好加油！

罗翔宇

2017 年 2 月 22 日星期三

关于调剂这件事

各位等待考研结果的同学：

年级近期一一联系了所有考研的同学，了解大家的调剂情况，并在年级复试调剂群中逐一上传了 2018 年接收调剂的学校和专业名单，还没有确定学校的同学再去看看。2017 年和 2018 年接收调剂的学校有些出入，比如今年北师大接受外校刑法专业的调剂。同时，有的学校今天凌晨就会开预调剂系统，比如云南大学，调满就关系统。结合学校研招办相关老师的解答，提醒大家注意以下调剂相关问题：说在前面，预调剂系统不是调剂系统，虽然有一键转入，但是最终以调剂系统中申请的学校为准。

调剂公告一定要在目标学校的官网查看，上面会有该学校明确的调剂系统开放的时间和缺额，以及复试的时间。调剂可以选 3 个学校，注意错开复试时间，确保对方一旦发复试通知自己就能去参加，避免浪费一个机会。

注意个别学校可能还要求在双系统中填报，也就是在学校的调剂系统和研招网调剂系统，两个都报名才算报名成功。

不同学校开放调剂系统的时间不一致，在出现缺额的情况时就会公布调剂名额，所以有些学校在复试结束后仍有缺额，也会进行二轮调剂。在 3 月 23 日至 4 月 30 日期间调剂系统都可以填，但是时间，越早机会越大，时间越晚越没戏。

调剂系统中填报的学校锁定时间最长是 36 个小时，一般情况下学校不会拒收，因为没有时间点拒收，但只会给有意向的学生发送复试通知。如果调剂学校没有发复试通知，36 个小时以后系统自动解锁，可以再填报下一个调剂学校。换句话说，能够填报的调剂学校不局限于 3 个，但还是那句话，时间最早机会越大。

关于拟录取，一般在 12 ~ 24 个小时之后进行确认，一旦确认接受是不能更改的，也就是说不能再被其他高校录取。换句话说，有一种情况：如果你报考的是本校，进了复试名单。调剂学校复试在前，本校复试在后，在本校复试开始之前调剂学校已经发了拟录取通知。你要考虑一下是不是接受拟录取，如果接受了，本校的招办可能就会电话联系你不要来复试了，因为就算复试了学校也不能再录取你了。复试的学校能看得到调剂系统的录取库，也就是能看到你是否接受了拟录取，但如果没有被录取，只是复试通知，这是没有关系的，不用担心复试会不会受影响，因为这不会被复试院校共享。大家在确认调剂学校拟录取之前，在第一志愿没有复试的情况下，要好好考虑一下是否接收拟录取。

教育部录取系统只接收第一次被拟录取的志愿。所以大家点击接受拟录取的时候，也就是说有的选择的时候，再好好考虑。

关于非全日制的问题，可以确定的是：①一无奖学金；②二无住宿；③三有双证（毕业证和学位证）；④四应届生调剂至非全，在没有工作单位且属于非定向的情况下，跟全日制的毕业流程是一样的。非全 2018 年是第二年招生，对于想要一边做实务一边又想要学位的同学来说，非全是一个不错的选择，大家可以考虑考虑。

有同学问到如果收到几所学校的复试通知，怎么取舍。我建议在时间不冲突的情况下（一开始选择调剂学校的时候就要看好复试时间，一般学校的调剂公告里都有），都去复试，只有在被拟录取的情况下才有主动选择的可能性。

希望上了国家线的同学能调剂就走（上了 B 区线的同学也就是上了 305 的，重点看 B 区的学校，上了 315 分的无所顾忌，只考虑选择的学校录取实不实际）。“二战”谁都说不好，万一呢……祝大家调剂成功！

周　婕

2018.3.22

再谈调剂

本校研究生考试的复试到今天基本上告一段落，但是调剂还在继续。中国海洋大学昨天开始了第二轮调剂面试，所以机会是有的，就看自己如何把握了。以下是夏梦雪[1]同学在整个考研调剂过程中的心得，祝贺她的同时，感谢她分享心得，与君共勉。

一、调剂三部曲：第一部

从2月4日查到考研成绩，到3月31日到贵州大学参加复试，再到4月4日收到贵大拟录取的通知，我的考研生活总算是告一段落了，接下来的3年也算有了着落。自从决定调剂以来，受到不少师兄师姐的帮助，如果这篇调剂经验能够帮助到别人，也算是荣幸至极。

看到考研成绩的当时，我就知道我的一志愿肯定是无望了。当初也犹豫过要不要调剂，但是我觉得自己还没有做好找工作的准备，平时积累的实习经验也不够，所以就决定还是试试调剂这条路。

调剂的第一步，就是选择自己想去的学校。对于我而言，我的规划是读完研究生后回重庆考公务员，所以周老师建议我尽量找211或者是双一流的学校。我将2018年教育部第四轮法学学科评估结果中A、B、C类高校列出，再和2017年招收过校外调剂的211和重本学校相比对，选取重合部分整理出了一份名单，再在其中选择了一些自己比较青睐的学校，将这些学校的研究生官网加入电脑浏览器的收藏夹，以便我查看学校的最新通知。虽然说大部

① 夏梦雪，西南政法大学行政法学院本科2014级学生，法学专业。

分学校在国家线出来过后，才能确定有没有调剂名额，但是有些学校很早就会开通自己的预调剂系统，让你填写自己的信息，或者是让你下载预调剂申请表，填写后发送到指定邮箱。比如福州大学，一月份的时候就在官网发了有关预调剂系统情况的通知。除了自己去学校的官网跟进调剂情况，还有一个获取调剂情况的方法就是关注考研帮的信息。我决定调剂后，就下载了考研帮 App，它会把各个学校发出的调剂通知汇总，你只需要按照地区查找学校，就能看到学校的有关情况。但是我发现有时候它的更新并不及时和全面，所以我还是建议自己去目标学校的研究生官网查看。从考研帮 App 中，我也获取了一些学校的调剂信息，比如中国民航大学、山东政法学院。起初，我们每个调剂生心里都是没有底的，你不知道你想调剂的学校会不会接受你，所以很多人建议"广撒网"，给尽可能多的学校发送信息，给自己争取更多的机会。我也是这样的，给很多学校发送了消息，也没有考虑过自己到底想不想去这些学校。在研招网的调剂系统开通之前，我收到了山政和民航大学的电话，让我系统一开就填报他们。对于山东政法学院，我有些犹豫，因为是个二本学校，所以最后我没有填报。对于民航大学，其实我也犹豫过，但是后来我想如果我填报这所学校，它肯定会给我复试的机会，算是一个保底，因为我不能保证我报的其他学校会给我机会，最后我还是填了民航大学。中国民航大学在研招网调剂系统开通的当天上午就给我发送了复试通知，第二天我就飞去了。但是一下飞机，我就傻眼了，民航大学离机场很近，所以周围比较荒凉，连像样一点的餐馆都没有，这和西政周围完全不一样。虽说西政周围也算不上很繁华，但是绝对不缺吃饭的地方。还有就是我起初没有考虑到南北方的差异，对于从小在重庆长大的我来说，北方的气候绝对是一个大挑战。而且可能是还在初春季节，校园里面的植物还是枯黄的，让我很不适应，当时我就无心准备民航大学的复试了，一心想回重庆。所以，建议大家在"广撒网"的同时，还是要仔细考虑一下自己到底想不想去那所学校，适不适应那个城市，最后做出最佳选择。需要提醒的是，有些学校对调剂学生的本科学校有要求，比如需要你是 985、211 学校的学生，或者来自个别专业特别好的大学。对于西政的学生来说，想要调剂法学学硕或者法律硕士，本科学校绝对不是障碍，甚至可以算是一个加分项。还有一点要注意，最好提前了解一下目标院校的复试比，有些学校名额比较少，但是通知复试的学生很多，这会降低你的录取胜算。比如民航大学2017年宪法学与行政法学专业只招两个人，但是通知了7个人去复试，2018年刑法招3个人，也通知了7个人去复试，不过最后真正去参加复试的只有3个人，这就看你的运气了。

二、调剂三部曲：第二部

调剂的第二步，是在研招网调剂系统中填写志愿。在此之前，研招网会开通一个填写调剂意向的系统，可以填写10个平行志愿。这个系统除了等调剂系统正式开通时可以将调剂意向一键转入正式志愿，并没有其他的什么作用，所以不填也没有关系。正式的调剂志愿可以填报3个学校，一般来说，其中一个要用来保底，另一个选一个好一点的学校冲一下，剩下一个选比较合适的学校就行。还有就是填报志愿时，有一个填写备注的地方，一定要将自己的优势写上，比如你的本科学校、一志愿学校、司考过了、英语四六级过了等，这一点十分重要，虽然学校不会出通知硬性要求你填写这些情况，但这绝对是学校给你发复试通知时的重要衡量标准，有时候你的初试成绩反而没有想象得那么重要。值得注意的是，调剂系统当天零点就开放了，所以大家一定要守在电脑前，等系统一开就立马填报。这个时候网站可能会崩，但是一定要有耐心，多试几次，我当时大概在12点半才将我的志愿填上。但是有的学校不一定会在零点发布自己的信息，比如贵大是在头天中午12点才发布缺额信息，而且不一定所有的学院在同一时间发布，贵大法学院缺额信息是在下午才发布。所以没在第一时间发现目标学校的信息也不要惊慌，记得去它们的网站看看官方通知。填报志愿是一场时间战，很多学校在接受到一定数量的申请后就会关闭系统，你就无法查询到相关信息了，所以一定要抓紧时间，而且必须要选最合适的学校才有胜算。将志愿填好后，你的志愿会被锁定在一定的时间，锁定时间由学校自主设定，有些是24小时，最长不得超过36小时，在此期间你的志愿是不能更改的。系统会显示你的调剂申请进度，比如学校有没有查看你的申请。有的学校认为你不符合他们的条件时，会直接拒绝你的申请，这时候你可以立马更改志愿，而不用等锁定时间过。有的学校发送复试通知很快，贵大在我填写志愿的当天下午就查看了我的申请，并立马给我发了通知。但是还有些学校不一定会在锁定时间内给你发复试通知，而是过了锁定时间再慢慢发。这就会出现一个问题，一般情况下，过了锁定时间还没有接到复试通知的话，就意味着已经没戏了，所以会直接改掉志愿，换成其他学校。这时候目标学校就算觉得你不错，愿意给你复试机会，也无法给你发送通知了，这就需要你提前去了解目标学校的习惯，至于要不要锁定时间一过就立马改志愿，就取决于你自己的选择了。如果自身条件还不错的话，可能会收到多所学校的复试通知，这时候不要掉以轻心，要时刻注意调剂系统，因为复试通知是需要你自己去确认的，有的学校要求你必须在几个小时内确认，否则就算自愿放弃，所以一定要注意。另外，很多学校的复试时间都差不多，在选择学校时要注意这点，如果给你发通知的学校都在同一时间复试，你就只能选择去其中一所学校了，如果时间可以错开，你就可以参加多所学校的复试，给自己争取更多的机会。

三、调剂三部曲：第三部

调剂的第三步，就是参加复试了。这一部分都是很正常的备考工作，对于法硕的复试而言，每个学校的复试科目都不一样，所以要提前去了解，做好准备，其他的没什么了。参加复试时会要求准备一些材料，本科成绩单、政审表等，按照学校的要求来就好，不要漏掉什么材料。复试通过后，学校会在研招网给你发送拟录取通知，也需要自己去确认，所以也要时刻关注相关信息，不要因为错过确认时间而失去继续读书的机会。

最后，考研不易，祝所有人都能取得让自己满意的结果。

周　婕　夏梦雪

2018.4.9

三谈调剂

各位，调剂工作开展到今天，真心祝贺调剂并成功被录取的同学，同时也希望想要来年“二战”的同学慎重考虑。根据2013级“二战”的数据来看，有相当一部分同学（超60%）没有坚持到12月考试就放弃了。不想“二战”的同学或者容易动摇不坚定的同学，强烈建议大家调剂，请参考文中林旭超[①]同学的想法：调怎样的学校，我觉得还是得结合自己对未来发展的规划，考虑自己需要怎样的环境和平台、对名校的执着程度、再战一年的决心与信心等。

一、关于信息查找

我是初试成绩出来之后开始找的调剂信息。这个时间点调剂信息的来源较少，查找起来效率较低。如果能够克服因初试分数低而不太愿意与师兄师姐交流的心理障碍的话，情况应该会好一些。

我是先从省内的学校和高考志愿填报时印象较为深刻的高校开始查找起的。一般是去意向院校的学校或学院官网的招生就业一栏查找，有几个文件是比较重要的：招生简章、拟录取名单、调剂复试名单、各专业考试大纲或某专业复试办法等。从招生简章中可以获悉该校专业开设情况、招生人数、学制、学费等信息，有些学校的复试内容也会写在招生简章里；拟录取名单一般会注明是一志愿录取还是调剂录取（就算没有注明，从考生编号也可以看出是不是一志愿考生），考生初试分数及复试分数；若拟录取名单中出现调

① 林旭超，西南政法大学行政法学院本科2014级学生，法学专业。

剂录取，就可以找找往年的调剂复试名单，从人数对比中可以看出该校的调剂复试录取比例；考试大纲不是每个学校都会发布，某专业复试办法更常见和有用，可以从中获悉复试的考试内容（参考书目）及复试形式、流程、分数构成和初复试各占总分比例等信息。

在复试分数线公布前，我觉得重点找两三个最想调剂的目标院校就够了，因为离调剂系统开启时间还早，以后调剂信息的来源也会广很多，自己到时再了解完全来得及，且效率会高很多。虽说此时提前了解复试内容会对复试的准备有些作用，但各个学校的复试内容、形式不尽相同，而自己的时间、精力又有限，有可能还要准备一志愿学校的复试，了解太多会顾暇不及。

因为对一志愿某学校的复试还抱有期待（2017 年基本分数线 315 分，而自己总分为 317 分，然而其实是误解，基本分数线不代表复试分数线。从 2017 年开始，法律硕士基本分数线实行全日制、非全日制统一划线，讲白了，线是被非全日制拉低了的，315 分可以进非全复试，但不一定能进全日制复试，但也不排除部分注重复试的院校将基本分数线作为全日制复试分数线，如 ×× 大学，初试复试比达到 1∶3 以上。冉易立同学以初试 314 的分数，惊天大逆袭被录取……说明：复试分数线在官网几乎找不到，可以问上一届师兄师姐，总之各种情况要考虑），所以直到某学校复试分数线出来，我一直都在准备某学校的复试内容，如果自己提前了解到会另划复试线，那么复试准备可能会更明确一些。

2018 年从国家线划定到调剂系统开通的几天时间里，调剂信息满天飞（考研帮 App、公众号推送、研招网、师兄师姐、调剂群），加上自己早些时候查找调剂信息时所积攒的经验，轻易就能搜集全调剂信息，但大多到最后都没派上用场……这个时间点比较重要的文件有：复试办法（可知复试时间、流程、形式、内容、需准备的材料，甚至有调剂注意事项），某专业调剂通知（不一定单独有），一志愿考生复试名单和计划招生数（差额一般即为调剂数量）。还有一些更详细的内容，可能需要通过上一届调剂的师兄师姐才能了解到，因为一些学校实际复试与公布的办法存在出入（如福建师范大学最后没考英语口语）。

不得不说的是，部分学校为了提前锁定生源，在调剂系统开通前就偷偷摸摸地进行调剂，如南京师范大学、南京航天航空大学（怀疑南京的学校都这风格，调剂系统没开，拟录取名单都公示了）。还有一些学校会让学生提前以其他形式申请调剂（预调系统、邮寄资料等），并在官网注明非经学院同意参加调剂复试的勿填官方的调剂服务系统（是否存在需要提前同意又没在官网说明，或在调剂要求中注明的神坑学校我就不知道了）。总的来说，要校外调剂生源的大多数学校还是会以研招网的调剂服务系统为准，只是走走过场的说法实无依据，网上各种关于学生自己与目标院校保持联系，最终取得复试资格的说法，我也表示怀疑：其一是电话难通，就算通也常是不同的学生接听，只会跟你讲基本的信息，不会记录你的信息，如果你优秀到他记录你的信息，那你也不需要跟他提前联系了；其二是这套路大家都用，自荐的那么多又无证据，谁理你。

二、关于调剂服务系统

调剂服务系统并不是像选课系统一样先到先得，而是学校可以不断地接受调剂申请，直到它主动关闭调剂系统。有些学校会在官网上公布调剂方案的文件，并严格按照文件规定来确定复试考生。有些学校就没这么严格了，全凭负责招生的老师决定。那么对于不那么严格的学校来说，就存在文章可做（人脉强大的忽略），自身例子可供参考：

某学校的师姐（A）：有一个师妹刚接到了复试通知，你接到了吗？

我（B）：还没。

A：我去办公室看看好了，他们估计正在讨论。

……

A：我刚进去跟他们说了还有西政的学生，你再等等，我不信他们不会留意。

A：我其他话都没说上，就被赶出来了，他们说要回避，你继续打办公室电话。

B：办公室电话一直打不通，师姐有老师的私人电话吗？

A：这个，问是能问到，但不好吧……

B：没事，我就给老师发短信，不会说是谁给我的，可以吗？

A：某老师，电话 ×××××。

于是我发了一条短信，3 分钟后，老师回信：好的，请注意查收。

三、关于复试

条件允许的话，多参加几场复试会有好处。我总共参加了两场复试，先是去了福建农林大学（也在福州），虽然到了学校之后我就认定不会去那里读研，最后也拒绝了它的预录取通知，但在农大的复试是一次宝贵的经历，也使我在后来福师的复试中几乎全程不紧张。

四、其他

调剂志愿在解锁后能否立即更改？答案为肯定。依据：在我收到福师复试通知时其实已经更改了志愿，原班级的一个同学也是如此。这与学校的工作效率有关。

学硕一般可调任意专业学硕，如经济法调民商。学硕可调法硕且初试只看卷面总分，不考虑所考内容不同，一般与法硕调法硕一起排名。

无论法硕学硕，复试内容由各学校自己定，一般来说法硕还是在初试内容范围内，但例外不少，如广东外语外贸大学只考商法总论，华侨大学考诉讼法等。学硕不了解，但都得去查。

别看调剂复试名单人很多，去的可能不到一半，因各种原因最后不去的不在少数，福师通知了 60 多人复试，最后只去了 33 人左右（数据来源于现场帮忙的师姐），所以进了调剂，复试机会还是挺大的。

五、结语

是否调剂，调怎样的学校，我觉得还是得结合自己对未来发展的规划，考虑自己需要怎样的环境和平台、对名校的执着程度、再战一年的决心与信心等。虽说考研不易，“二战”有风险，但必要的格调还是要有的，如果一个学校无法给予自己任何的滋养，未来三年耗在那里也完全没有必要。“二战”的话，像华中师范、福州大学这种调剂火热的学校，一志愿考生只需上国家线即可被录取。从 2018 年自己的初试分数和调剂形势来说，在不“二战”的前提下，福师已经是最好的结果了。但一想到自己 2018 年因为身体原因，大半年时间未看书，后来也不太敢拼的情况，又总觉得也许“二战”结果会好很多，心里总有不甘。人生也许就是如此的五味杂陈……只能相信未来会有一个好的结果。

周　婕　林旭超

2018 年 4 月 9 日

静心锤炼，相约山花烂漫时

同学们，在这个特殊的假期里，新冠肺炎疫情肆虐全国，亿万家庭自闲于户的同时，也为疫情时刻忧心。这场“战疫”中，我们由旁观者转为了亲历者。

科学防疫的各类知识想必大家已经谙熟于心，但我希望，在保护好自己和家人的同时，大家也能够有更多的成长。经此一“疫”，我们能更好地了解与敬畏自然，认清与领悟生命的真谛，用知识、智慧、良知“武装”好自己，勇敢面对未来的生活。

一场瘟疫，让我们看到了包罗世间百态的社会万象。既有舍身奉献、不畏凶险的医护人员和各地“小汤山”的建设者们，也有为“战疫”工作保驾护航、坚守岗位的警察、社区工作人员和物流保障人员。还有千千万万心系疫情、无私奉献的普通群众，他们用平凡、坚毅、勇敢的人性之光点亮着我们，让我们在这个充满阴霾的寒冬里携手前进。

与此同时，疫情也是一面“照妖镜”。它让那些掩盖真相、尸位素餐、制造谣言、哄抬物价、制造假冒伪劣以发国难财的卑劣者“原形毕露”，那种种令人作呕的行径让我们对人性之恶了解得刻骨铭心。

我们悲悯于一串串冰冷数字下的生离死别，心痛于互联网上那一篇篇“我对我以下写的文字负责”的求救书，宽慰于10天就投入使用的“火神山”，感动于治愈后的医务人员立马重新投入战场……

善恶并存的世界，方才是真实的世界，是大家终会踏入的天地，对社会万象表现出的多样情绪的外衣下，亦是大家一颗颗质朴的赤子之心。

在疫情肆虐的日子里，无数勇敢者撑起的防护伞保护着我们。我们能做的，除了科学防疫，还应静心锤炼自己，努力学习、增长智慧、强健体魄、永葆初心。

因为总有一天，在难以预知的未来，撑起防护伞守护社会和家庭的勇敢者里会出现你们的身影，如果这一天真的到来，我希望你们当中的每一个人都能做有智慧、有担当的勇敢者。

“世界上只有一种英雄主义，那就是认清生活真相后依旧热爱生活。”

寒冬与阴霾终将散去，让我们相约山花烂漫时，再携手共同进步，一起前行。

祝好，祝平安。

罗翔宇于家中

2020 年 2 月 6 日夜

毕业前的半年需注意二三事

考研倒计时 10 天，请仍在奋战的同学抓紧最后的时间，也请那些尚在犹豫的同学不要轻言放弃，要对得起自己和那些关爱你的人，一定要心无旁骛。

考研结束后请第一时间在网上核对你们的政治、英语成绩（主要是英语，政治不过的概率很低），主观题取及格分，是很容易得出你的成绩的。如高于 2015 年的报考学校的分数线，则专心准备复试（专业课即便没有过，调剂的可能也是很大的），如分数非常悬或者直接低于 2015 年的分数线，请果断投入其他的可能性中（我后面会讲），切莫枉做等待，现实是逃避不了的。

近期各省相继出台了选调生的考试通知，已有福建（将本校列入 211、985 同等条件，报名时间已过）、江苏、重庆、河北、北京等省市出台了相关报名的通知。请相关户籍的同学一定要关注这类信息，考试均在研究生考试之后，请相关同学，特别是打算考国考、省考的同学（包括考研），一定在这几天报上名。选调的竞争比国考、省考要小。此外，四川（预计 12 月底）、山东（预计 2017 年 2 月）、天津（预计 2017 年 1 月）、湖北（预计 2017 年 2 月）、黑龙江（预计 2017 年 5 月）、甘肃（预计 2017 年 5 月）、青海（预计 2017 年 5 月）也都将出台相关的通知（未列及的省份每年肯定都有，但是现在时间尚不确定）。相关的信息请大家在网上以“某省选调生”为关键词搜索即可。

除选调外，西部地区的同学如果觉得省考、选调的难度过大，那么西部志愿者计划和大学生村官的应试难度更低一些，可以作为一个短期的踏板或者平台，请大家自行搜索各省 2016 级相关考试的时间以作参考。

还在积极找工作的同学，不要觉得现在学校的宣讲会已经结束了，就没有多少机会了，心理上把找工作的时间推迟到了春招（2 ~ 4 月）。但是现在仍有很多企业的网申正在进行。我以“专业为法学”“学历为本科”在梧桐果网（建议你们最好下个 App，用零碎的时间来关注即可）上进行搜索，选取了甘肃、宁夏、云南、贵州等，这些常人认为机会比较少的地区，发现最少的还可以投递网申信息的省份都超过了 55 家，其中不乏知名企业。我向你们打包票，能够注意到这些信息的法学生不会超过三成，投递的不会超过一成，所以请大家不要犯拖延症，不要有畏难情绪，抓紧时间争分夺秒地进行网申投递。

非重庆本地的同学，打算回家找工作的（我本人绝对支持你们在家找工作，学校对你们没有开学一定要返校的要求，一般毕业季 4 月底回来答辩即可），最好请在本学期内来办公室把你们的三方协议领走，以免出现单位需要拿协议，但协议又不在身边需要拜托同学邮寄的情况。年级已经有两位同学因为这种情况耽搁了时间，最终错失了工作机会。

部分同学关心三方协议或者合同中的档案寄送问题。档案的寄送统一在 6 月底，一般的升学、大型的国企、事业单位、公职机构、大型的民营企业，都是有自己的档案接收部门的。签合同的时候问清楚、填写好，年级到时候统一给大家寄送。其他没有档案接收部门的单位（律所、小型的企业、工作性质为劳务派遣或合同制的工作），则均填写当地的大中专毕业生就业指导中心（地级市以上均有该机构）。事实上，最终会有相当部分的同学（哪怕是没有就业）的档案都会进入这些机构中。未来的几年要么找到可以接收档案的单位进行转档，要么就一直放在里面托管（我本人的档案就曾经放在重庆市的大中专毕业生就业指导中心两年）。

照相将在 12 月 22 日下午 3 点半在学校进行，按照学号顺序排队照相。应该会有好几个机位同时进行，这个相片是要放在诸位未来的学信网、毕业证和学位证上的。男生可收拾得精神一些，女生可适当画个淡妆，我已经提前做了提醒，别若干年后又再感叹自己难看的毕业照，这玩意儿说不定下一代还能看到呢！不能在本次照相的同学，2017 年三四月份还有一次照相机会。你也可以自行联系各省的新华社分社（省会城市都有，只有新华社有权限照相，要上传到学信网上）进行单独照相。如六班的佟鑫同学已经在安徽的新华社照好了，到时候只要把电子版发给我们即可。

关于2017年的安排。现在答辩的时间还没有出来，以往的经验一般是在4月底5月初。关于是否要进行毕业考试，教务处此前通知到五大法学院均要进行毕业考试，但各个学院也将自己的实际情况和可能会出现的问题反映给了教务处。目前教务处针对这一问题没有任何官方的回应，事情已经拖了近两个月。所以是不是真的要考、如何考，目前均还是未知。请大家做好心理准备，无论哪种结果都坦然面对。

祝好。

罗翔宇

2016年12月14日

关于档案事项的重要解释

关于档案的事项，我这边再解释一下：所有的档案工作由年级的学生助理根据大家核实后的档案信息，在6月底7月初集中办理，这个工作诸位本人不过手。

在此之前，大家要明白两个概念：就业和待业。就业泛指升学与工作。待业泛指想找却还没有找到工作，以及想二战考研的同学，此外自由职业和创业目前也归纳在待业范畴内。

这两个概念的认定是以大家上交到年级的相关材料（三方、调档函、就业证明函、灵活就业协议书等）上报到学校就业办后，就业办录入的数据来决定的，目前就业办告知本学期截止的时间为6月20日。

年级将在6月中旬由学生助理根据就业办所反馈的具体信息，跟诸位核实档案的去向地，按照现有的政策，去向地并不是说大家想把档案调到哪里就调到哪里的，需符合相应的文件要求才可以。具体的要求如下解释给大家：

一、已经考上研究生的同学且确定去读书的

自动按照诸位的调档函调往诸位升学的学校。还没有收到调档函的同学请一定抓紧落实调档函的日期，尽快交到年级办公室。

二、已经就业的分以下几个情况

已经进入体制内工作的（公务员），也完成了相关政审手续的，单位在6月底之前明确提供调档地点的，则调往具体单位指定的地点（以国考、部分省市选调为主）。

尚没有完成公考全部手续的（以省考为代表），如不能在6月底完成政审等后续工作，且之前没有其他工作的同学，有两种方案：①档案回生源地原籍，等相关入职手续办理完毕后；再拿单位的调档函去生源地原籍所在的人才交流中心办理调档手续。②学校档案管针对已经发布录取公示的省考、西部计划学生，可将档案留到本年度12月。等诸位手续完备后，再在下半年回到学校进行后续办理。当然，我也很期望能在学校再见到你们，这意味着你们已经通过了公务员面试来学校进行政审工作，工作大局已定。

在国企、大型民营企业等自身接受档案的单位工作的同学，将会按照诸位的三方上所明确的地址进行调档处理。

在以律所为代表的自身不接受档案的大部分民营企业工作的同学，原则上档案回生源地所在人才交流中心。如工作地点为异地，且自己想将自己档案调往工作地点，则可以联系当地的人才交流中心出具相关的调档函证明（10班的吴同学作为一个东北人，在广州某律所工作，他想将档案留在广州，就联系了当地的人才交流中心，并交付了一定金额费用出具了相关的函件。这种情况就可以调档至前往工作地）。

三、未就业的同学分以下几个情况

待业的同学（“二战”、司考、还没有找到但仍然在找工作的同学），原则上档案回生源地原籍所在的人才服务中心。如想到特定地点的人才服务中心。可参照上文中吴同学的做法。

重庆户籍未就业以及未来打算在重庆工作的非重庆户籍学生（未就业），除了回生源地人才服务中心，还可以在主城的重庆市大中专人才交流中心进行托管手续的办理，报名截止日期为6月2日，具体联系人为王瑱玥同学。

四、我未来有诸多变数，有可能换工作、有可能考研、有可能进体制内，我的档案该怎么办

诸位的档案一般情况下在6月底7月初就会按照核对的地址寄出，每个人会有一个类似快递单号的号码来追踪自己档案的去向。未来大家肯定都会

有因为各类原因调档案的情况，只要自己的下家出具相关的接收函就可以前往档案所在地进行档案的调档工作。以我为例，我的第一份工作是某不接受档案的媒体单位，我的档案去往了重庆市的大中专人才交流中心，后辞职考试回到了学校工作，拿着学校的接收函又去人才交流中心调档回到学校。

五、部分特殊的档案问题

已经出国的同学，国外是不接受诸位的档案的，所以档案会回到诸位的生源地人才服务中心。

尚没有转正的预备党员，且所去档案接受地没有转正权限的。涉及的几位同学，请再三核实诸位的档案去向地是否有转正的权限，如无，请在和重庆市大中专人才交流中心同级别的各省单位办理人事代理接收工作，并将相关调档函件在6月底前寄送给我们（请一定拍照留底，以免丢失）。具体的操作和上文里吴同学相似。因这类服务是要收费的，收费的往往具备的功能就要齐全一些。建议你们建个群，相互了解相关做法。

以上还不清楚的，可跟陈姐联系。

罗翔宇

2017年6月1日

写给即将毕业的你们

一直没有动笔，说不上到底是写不出还是不想写，总之就是磨蹭了很久都敲不出几个字，反复几次都以失败告终。直到下午瑱玥和土豆找我签了一个因毕业所以要无限期请假的假条时方才顿悟，写不出东西的原因，大概是还没有准备好跟你们告别。这种感觉和谈恋爱有那么一点像，本来谈得好好的，突然间对方就要离开了，让我有点不知所措。

我的前辈与同事文浩老师前些天也曾玩笑地说道："翔宇呀，既然你大四带得这么顺，不如今后行政法学院干脆搞个创新吧，你就固定带大四算了。"我不禁莞尔，妄想着要是能有个时光机不停地把当前的时光拨回到8个月前，让我像电影《源代码》里的主人公那样，不断地将2013级这个作品做得完美，倒也是个不错的选择。

也许我能劝得动某些小孩儿别考人大或者咱们学校的民商法；也许我能在某些小孩儿找到工作之后再提醒他们继续找找看看；抑或许我能提醒某个小孩儿千万别图省事，一定要自己亲自找正规论文检测商认真仔细地再检测一次……可人生哪有那么多也许，遗憾本身就是生活的一部分。

说来我也该感谢遗憾，要不是5年前那场可以称得上失败的媒体工作经历，让失落的我不得不跟现实妥协，回到了曾经在导师面前夸下海口最不想回、最不屑一顾的西政工作，我也没有机会和大家一起度过这4年的时光。

在我自己7年的大学时光里，共经历了7名辅导员，如今竟差不多有一半记不住名字，谈得上对我有影响的更是屈指可数。我心性自由，不喜束缚，亦不爱争斗，学习成绩向来中等，加之学的就是强调自由的新闻专业，似乎也无须让辅导员们在我的大学轨迹中留下点什么印记，便稀里糊涂地毕业了。

但当我自己开始从事这个职业的时候，不论是出于职业操守也好，骨子里的骄傲也罢，抑或就是单纯的自尊、好面子，我都希望通过我的行为，若干年后能在你们当中大多数人的脑海里留下那么一点点色彩。

入学时那马拉松式的长达 26 个小时的贫困生评比；大一下学期时那场在模拟法庭声势浩大、全民参与的总班选举；大二下学期时挤破办公室门那车轮战一般的实习抽签；大三上那一封封牛皮纸铅印的信件；大四上那一篇篇 ×× 同学有话说的经验分享。我想传递给大家的是，只要你细心地去发现，这 4 年间，是能够看到公平、民主、友爱、互助这些有时看来非常空的词语就发生在你我身边的。

在我读书的时候，我父亲常跟我讲“己所不欲，勿施于人”，可能到了我工作的时候，自己才稍微做到了知行合一。也许是我本人度过了浑浑噩噩、稀里糊涂的大学生涯，又不想看着你们当中的一部分重复着我的生活，所以我才在你们入学前到现在有了坚持写这个系列文章的习惯。我时常自我调侃，哪怕就只能影响你们当中的个位数，那我也算不白写。从近一年在择业和调剂这两件事情的结果上看，似乎还真有那么一点用，算是我在大学里能为大家所做的最后一点事情。在未来的日子里，我希望大家能够通过你自己的努力，同样把你自己所能带来的美好印在他人的脑海里。

当你们从学校进入复杂的社会后，会有不少周边的人没几年就变得麻木、冷漠、封闭、短视。我不希望看到你们未来变成那个样子，我希望你们不论到了人生的哪一个阶段，都仍然能保持对生活的热情，拥有关怀他人的能力，拥有爱人与被爱的能力，拥有感动他人与被感动的能力。哪怕这个过程偶有心酸和苦涩、愤懑和委屈，让你有时不得不和现实达成妥协，我都希望在你们的内心深处保有那一份理想主义的纯真。要知道，它真的会在某些不经意的场合中流露出来，让你有意想不到的收获。

这些天好好照照毕业照吧，因为再过十年你就会发现，无论你照成什么样子，无论你是个“茄子”还是个“土豆”，那都是你最水灵、最帅气的样子，也会是你最怀念的日子，这是属于咱们年级的“黑话”，你们懂的。

终于还是要道别了。我想跟你们说，我会非常想念你们，而且从好些天前就已经开始想念了，祝你们未来一切都好。

罗翔宇于家中

2017 年 5 月 18 日凌晨

给终究要入海的你们

一直不想写，因为往往这个时候写的东西，稍不注意，就杂糅着太过感性或者刻意，加上这段时间确实状态算不得好，连续几次在家里打开电脑，最终也都关掉了。

青松和黄莹他们前几天来找我拍照，事后把照片发给我，在那一张张青春朝气的脸的强烈对比下，展现的是我那松弛的面部肌肉，近乎呆滞的大小眼和一脸疲态下的黑眼圈。看来不论是精神状态还是身体状态，我都没有做好和你们告别的准备。

然而这一刻终究是要来的，不以我个人的意志为转移。回望和你们相处的这近 4 年的时光里，我第一次当上了父亲，第一次戴上了眼镜，第一次感受到了来自家庭和工作的双重重压。尽管生活上有很多变化，但面对你们，我还是尽力保持自己的初心，通过自己具体的言行，给予你们正向的引导，让你们感受到一些看似空洞、缥缈的正向价值观是如何落地的，让你们或多或少地在未来的生活处事中能有所借鉴。

在我自己 7 年的大学生涯中，一共经历了 7 名辅导员，到如今记得住名字的不到一半，谈得上对我有影响的更是屈指可数。我生性自由、不喜束缚，厌恶不近人情的刻板规则，偶尔还爱臭美、显摆一下并不算广博的知识面，在自我意识觉醒后的学生时代里，我显然并不属于老师们喜欢的那类乖学生。但在自尊的个性驱使下，哪怕选择了一个看似和我性格不太吻合的职业，我同样也渴望通过自己的行为得到大家的认可。

于是乎大家看到的是这样一个不太循规蹈矩的我：开学第一课居然教大家怎么和辅导员有效沟通和发信息；大一鼓动你们全员带着玩耍的心态三

下乡，顺带搞定社会调查；大二上学期就给你们展示了国内顶级高校法学院就业的真实情况，给你们泼了好几盆冷水；大二下学期就在用“中美的贸易战”来预测你们的就业形势可能会发生较大变化，虽然这个大变数最终被一场疫情替代，当然我也没能提前把“内卷”这个词发明出来；没有请专业老师，而是让邱邱师兄给你们近乎一半的同学做科研立项讲座，达成了全校同年级 13 个学院中近三成多的立项率和超过四成的结项率；实习抽签用一副扑克牌解决大家关于是否公平、公正的疑惑；大三对你们的考研选择疯狂泼冷水；大四在调剂政策变化之后，又鼓动你们想尽一切办法找新的出口，在鼓动某省同学全数报考该省定向选调，又被临时告知只有研究生才有条件报考后，气得骂街……

其实我做这些事情基本是随着自己的性子来，也没个人给我这样的做法定个性。直到今天邹洋喝多了，抱着我说边哭边喊：罗哥，我的大学就结束了啊！我才瞬间被电击一般反应过来，对于你我来说，我们的大学都只有一次。

如果非要做个归纳，我做这些事情的缘由，无非是我想在你们唯一的这一段大学生涯中，弥补一些我当年的遗憾。毕竟，没有人教过我如何和大学老师们打交道；没有人告诉我做作业可以以玩儿的心态来完成得很好；没有人提前告诉我在毕业前，你就得愁你的就业去向；也没有人告诉我到底怎么写科研申报书；更没有人告诉我，我考研该报哪一个学校，工作该如何选择。当绝大多数的你们都以一张白纸展现在我面前的时候，我多么希望能够给你们更好的引导，让你们走得更好。

4 年时间，弹指一挥间。还记得我们的军训合唱是那么配合默契、气壮山河，满满自豪等待高分获奖，却又因为没有听到操场内的要求，以至于违背规则被扣分没有拿到第一时，大家的相互勉励；还记得只要我们年级参加，基本就能包揽学院运动会班级排名的前三甲，无论我们是处于大一还是大三；还记得我们“三创”预答辩时，因为答辩人数过多，与专业课程冲突，以至于专业课老师严重不满课堂学员大量流失，不允许你们请假时你们的抱怨；还记得因为疫情，暑期不能留校复习时，大家给予我们工作的包容和理解；

还记得昨日天公并不那么做美时，大家对于我临时想到的“有始有终”的小聪明统一的正向回馈……

感谢你们，孩子们，让我在步入中年屡有不顺时，仍时常感受到一颗颗赤子之心所带来的本真，并给予我力量。让我尽量把我的心理年龄和你们拉得近些。

4年前，我给你们13级师兄师姐的毕业寄语曾这样写道：

当你们从学校进入复杂的社会后，会有不少周边的人没几年就变得麻木、冷漠、封闭、短视。我不希望看到你们未来变成那个样子，我希望你们不论到了人生的哪一个阶段，都仍然能保持对生活的热情，拥有关怀他人的能力，拥有爱人与被爱的能力，拥有感动他人与被感动的能力。哪怕这个过程偶有心酸和苦涩、愤懑和委屈，让你有时不得不和现实达成妥协，我都希望在你们的内心深处保有那一份理想主义的纯真。要知道，它真的会在某些不经意的场合中流露出来，让你有意想不到的收获。

这一段话最终被我归纳总结为“体面的普通人”的论述，这些从你们大一到大四我已经讲过多次，赘述就显得啰唆了。

如果在毕业时非要给你们写一段话，那么这次我想精简一些：愿你们有一分热、就发一分光，哪怕如萤火一般，也可以在黑暗里发一点光，不必等候炬火。祝入海的你们，未来一切都好。加油。

罗翔宇于家中

2021年5月12日夜

写给 2014 级毕业的你，这是一个新的开始

距离大家拿到毕业证和学位证已经过去了数日，姗姗来迟地跟各位说一声毕业快乐！

从 2014 年 9 月的军训开始，到大大小小的各种评议会、运动会、仲夏夜之梦晚会，再到社会实践、全国各地的实习、司考、找工作、考研、准备出国……四年时间，你们经历了大一的彷徨，在大二进入状态，大三为了毕业认真准备，再到大四有所获得，我很开心与你们共度了成年的这四年，也很高兴与你们一同成长。有不知所措，有开心，有烦躁，有难过，有惊吓，有惊喜，也有难忘，这份成长经历是我在工作之初没有想到的。

这一两个月，因为身体状况的缘故，错过了毕业季的一些活动，有些无可奈何，也有些遗憾，但遗憾不也是生活的一部分吗？毕业这段时间，几乎没有跟你们说过再见，现在也不想说再见，在我看来，大学毕业不是结束，而是另一段人生的开始。你会遇到新的老师（师傅、领导）、新的伙伴，开始一段全新的学习或工作征途。这四年，或多或少当过你们倾诉的听众，跟你们聊困惑，说生活，谈理想，也不知道对当时的你们有没有起点作用，但愿吧，还是希望有一点效果的，哈哈。这会儿毕业了，今天再跟你们碎碎念几句，算是除了毕业纪念册、毕业铜书签、毕业纪念服、毕业纪念布袋，我给你们的毕业礼物。

一、关于学习

无论你是开启研究型学习生涯还是已经成为工作同志，除了专业知识以外（这是你谋生的依靠），希望你可以多读人文社科的经典书籍。读书在一定

程度上能够提升你的判断力、辨别力，培养你的气质风度，正所谓“腹有诗书气自华”。

二、关于工作

像司考的时候，也许你遇到了你不喜欢的科目，但它占比极重，不得不啃下这块硬骨头。拿下以后发现，其实自己还有点小能干，不禁暗喜多亏了自己的坚持和努力。工作也是同样的道理，不一定都是你喜欢的，但在你面对它的时候，要脚踏实地，认真对待它，培养一个良好的工作心态，这也许会帮助你未来走得更远。

三、关于恋爱

人生除了至亲，三五挚友以及另一半也是不可或缺的。无论好朋友还是男女朋友，三观相合都是最重要的。萝卜青菜，各有所爱，自己喜欢就好。很久以前在微博上看了一个段子，大意是说谈恋爱次数多了以后，可能会变得不那么相信爱情，也不那么相信自己会遇到爱情。不过话说回来，无论是谈一次恋爱，还是好几次恋爱，一定要带脑子，也不要作！擦亮眼睛好好看，珍惜眼前人。

四、关于生活

借用一位师友跟我说过的一句话：大事随缘，小事随意。该吃吃，该喝喝，没有什么比健康和开心更重要，不吃不喝就算再活一百岁，又有什么意思呢？保留一点生活中的小情趣，保持一些理想主义情怀，健康、快乐、积极地生活！

就这样吧，最后用《人民日报》上的一句话与诸位共勉：“生活是自己的，你选择怎样的生活，就会成为怎样的人。没有谁的生活永远一帆风顺，也没有哪个成功者从未品尝挫折的滋味。与其抱怨这个世界不如自己想象的那样美好，不如用自己脚踏实地的努力争取更多的幸运与可能。”大学毕业后的新开始，值得你全身心地投入，祝诸位活出自己的精彩！我会想念你们的！

周　婕

2018.7.12

第四章　他山之石

——你的同学和师兄师姐有话说

仅仅只有辅导员有话说是不够的，当我们的师兄师姐们、同学们也能积极地发声，将自己的所感所获分享给更多的同学们的时候，朋辈教育的作用也就凸显了出来。你说我说大家说，你帮我帮大家帮，当大家都参与进来了，才是思政工作的良性循环。

保研攻略

【写在前面】大三下半学期已经过半，各类考试接踵而至，关乎前途的分叉口就在眼前。通过之前的年级问卷，我们看到许多同学已经有了明确的目标，然而仍有部分同学感觉迷茫、焦虑。为此，年级公众号“一柒前行”特辟当红节目“罗哥有话说”姊妹篇——“师兄师姐有话说”系列推送，针对法考、考研、职业选择等一系列问题，邀请经验丰富的师兄师姐们分享个人经历，希望能对同学们有所帮助。

本系列共计十大主题，将在之后定期放送。本篇为系列第二弹：师兄师姐有话说之保研攻略。下面，正文即将开始。

一、乔子轩[①]师姐（西政知识产权法）
林之淼[②]师姐（西政民商法）

Q：你是如何考量法硕、学硕以及具体专业的？

乔子轩：因为有往学术方面深造的想法，所以我一开始就决定了学硕。对于专业的选择，我会更多考虑自己的兴趣因素和未来的发展前景。

林之森：我是通过综合考虑个人目前的学术水平，以及继续深造需要怎样的平台来选择目标学校，在最终做决定之前还慎重考量了毕业后的求职意愿。

Q：法考和保研可以兼顾吗？

乔子轩：我当时并没有兼顾法考，现在觉得这是个很错误的决定。准备

① 乔子轩，西南政法大学行政法学院本科 2015 级毕业生。

② 林之淼，西南政法大学行政法学院本科 2015 级毕业生。

法考的过程本身也是填充、完善知识体系的过程，能够让得到保研资格的同学在选择学校和专业时拥有更大的选择空间。

Q：夏令营笔试和面试分别是什么样的？

林之淼：笔试主要考查学科知识和日常的文献积累。面试的话是随机题库，范围就比较广了，但都和学院的专业领域相关。

英语只有面试，首先是英文自我介绍，随后老师会用英文提问，回答就好。问题的话，每个人的难度都不一样，我被问到了程序法、实体法还有对民商法学院的认识，好像也有同学就问到“你从哪里来”这种比较简单的问题。

建议大家提前与目标院校已经保研的师兄师姐联系，对学校的学术要求、试题风格等做一个预准备。

乔子轩：面试的专业问题不限于教材，英语口语不要怕错，一定要敢说；提前看一些报考学校老师的论文，在面试中或许可以派上用场；每个学校复试的形式、内容都不一样，最好找到有经验的师兄师姐问清楚，做到知己知彼。

Q：夏令营考试和期末考试冲突了怎么办？

林之淼：看个人选择，想参加夏令营的同学可按照学校相关规定申请缓考或补考。

二、潘欣荣[①]师兄（华政民商法）

Q：师兄是何时知道自己有保研资格的？

A：我是直到9月开学才知道的，如果不是辅导员一再提醒就真的忘了，因为当时觉得自己的成绩保研的可能性不大。不过我那年是实验班，名额有明显倾斜，所以最后还是比较幸运地得到了保研资格。

Q：对于保研名额的面试，师兄的经验是什么？

A：我那年的面试题是两个热点案例，问法很开放，法学专业知识和其他相关知识都可以运用，有一定的个人发挥的空间。

① 潘欣荣，西南政法大学行政法学院本科2014级毕业生。

这类问题，我自己的答法还是从专业角度出发。显然我本科行政法和法理学得不是很好，但当时面试也没慌。老师会给一点时间，比如 30 秒构思，我大概就能回忆起一些很简单的通识原理，如比例原则的判定方法等。

我个人觉得，因为这是面向所有学生的面试，所以具体是哪个专业的知识不是最重要的，关键是调动所学知识，有逻辑地分析问题的能力。

Q：当时 9 月正式推免是怎样一个过程呢？

A：在知道自己得到资格后，有几个学校的报名时间都只剩两天了。由于之前毫无准备，简历等文书材料做得很匆忙，这是个教训。

个人建议是如果你保研资格很稳，又特别想上综合性名校或北京那边的高校，一定要争取夏令营的机会，因为很多学校的推免名额在夏令营时就已经都给完了。

Q：应该如何选择学校和专业呢？

A：多问自己几次，为什么要读研？自己想在未来的两三年里收获什么？读研期间的目标和毕业后的规划要怎么契合？比如我，读研最主要是为了进一步学民法，完全出于兴趣考量，但我也会考虑毕业后是否要继续深造。

所以，我的第一个考量是喜欢的老师（不只是某一位，最好是整个团队），第二个也有地域因素。在研究生期间一定要考虑自己的职业规划，比如有些想当律师的同学，读研修炼期间就可以多掌握几个学科，至少是 3 个学科吧。

Q：当时的复试是怎么样的？

A：英语复试是笔试，做阅读理解，大概六级难度，后来还引入了听力（不过占比也不大），但我那年没有。

专业复试有笔试和面试，笔试是三道案例题，不是很难，但后来发现有挺多小陷阱。面试时考官问了我三个问题，前两个是案例，我都不会，但也不能愣着，可以分析思路，实在不行就说法条。关键还是要调动本科学习的知识去分析，体现你的基础功底和逻辑思维。华政民法的特点就是非常重视案例、基础民法原理和专业学习。

三、赵天宇[①]师兄（武大民事诉讼法）

Q：师兄是何时知道自己有保研资格的呢？取得保研资格有什么要求？

A：大一学年的排名出来后，感觉自己有这个可能性，就开始有保研的打算了。至于保研资格，我当时是在实验班，比较特殊，现在应该有所变化，具体能保研的百分比，辅导员老师那里应该有的。

我们当时除了法学实验班，一般是学院前 2% 的学生有保研资格。保研最核心的因素就是成绩。所有必修课的成绩都很重要，不能放松，这样年级排名才能保持在前列。除此之外，论文发表或者课题经历是加分项，但不绝对，保外校会参考科研经历。西政保研很公平，主要看学业成绩。六级英语至少要通过，越高越好。

Q：你是如何选择学校的？

A：这个是有上限和下限的，要看你的具体排名。然后在有选择余地的情况下，首先，看自己未来打算就业的城市：如果是北京，那努力选择“清北人政贸”5 所院校；如果是上海，就努力选复旦、交大、南大、浙大，退一步华政也可以（和西政差不多，但在上海就业，华政更有优势）；如果是广州、深圳，那可以选择武大、厦大、中大。本校也可以，我们西政校友在广东的认可度还是很不错的，这是我连续两年去那边实习得到的反馈。如果是西南地区，除了西政也就是川大了，看个人喜好。

其他地方西政足够了。另外很多学校读研都公费，或者以奖学金的形式退还。比如武汉大学全免三年学费还有奖学金，北大、人大应该也有一些政策。

Q：对于保研方向是法硕、还是学硕是如何考量的？

A：虽然有些同学认为法硕学硕都一样，但相对热门的专业（按热门程度排序：民商法、经济法、诉讼法、刑法），学硕的竞争更激烈一些，而且好像有的法检部门招考只要学硕。做学术读博士还是首选学硕，律师的话法硕也可以。

Q：师兄是如何取得夏令营的入营资格的？该如何做准备？

A：当时是武大老师直接来西政招生，只有面试没有笔试。针对武大，我

① 赵天宇，西南政法大学行政法学院本科 2014 级毕业生。

的建议是：首先，材料一定要认真准备，注意细节。武大很注重书面材料，能彩打就彩打。2019 年我弄了一个有武大校徽的封面，胶装、装订成册交上去（也是我一个学姐给我的建议），比起其他人订两下就将一堆证书交过去好多了（看起来）。当时武大老师来我校收到堆成小山的材料，许多都非常杂乱。这其实也体现出你的诚意。其次，个人陈述好好写，注意措辞。武大的申请要关注法学院网站，时刻关注相关信息。面试很重要，谈吐要自信。

Q：制作个人陈述有什么技巧？

A：个人陈述要实事求是地体现自己本科阶段取得的出色成绩，然后表达自己对拟申请院校的向往以及个人读研规划。写完后最好多让别人帮忙看看，提提意见。个人陈述要根据申请院校的不同多打磨，就像修改论文一样。

四、杨琳①师姐（武大刑法）

Q：保研与法考可以兼顾吗？

A：可以。两者其实很多东西都是重叠的，而且保研已经比考研省力很多了，一般来说是可以兼顾的。不过，如果有心冲北大、人大这种顶尖学校，也可以考虑专心保研。

现在法考时间好像都提前了，大家如果有心要两手抓的话，我建议还是把大部分时间花在法考上。法考内容很多，必须要花时间。其实法考很多都是基础知识，所以对保研面试复习也是很有帮助的。对于你想考的专业，法考复习的时候那一科可以多用点心。

Q：校招的相关情况？

A：当时比夏令营早的还有一个校招，我是校招的时候录取的。校招是目标院校的人去西政招生，夏令营是自己到目标院校参加面试。我 2019 年担任武大夏令营中我们专业的面试秘书，那时是六月。武大只有面试，而且挺看运气，因为不是每个专业的老师都来，如果你想去的那个专业没有派老师来，那可能你被问到的问题就很简单，甚至只是一些“你为什么想来我们学校”“你还有其他想去的学校吗”“如果几个学校都录取你了，你去哪个学校”“你为什

① 杨琳，西南政法大学行政法学院本科 2014 级毕业生。

么想选这个专业”之类的问题。如果刚好是那个专业的老师来，那可能就会问专业问题。

Q：保研的经验分享?

A：其实我觉得，能保研的人都是平时有一定积累的，要尽早确定学校和专业。有时间的话，可以读一读目标院校该专业著名老师的论文，但最重要的还是基础要扎实。保研面试的问题基本都有一定难度，但其实大家水平都差不多，大部分人都不会答得很好。所以主要还是考核基础，然后才是拓展。老师也能从你的回答里看出你的基础是否扎实。临近保研面试了再多看看保研考核的东西，抱佛脚还是很有用的，但必须是有效抱佛脚。我们当年的年级第一,七天拿下人大夏令营，不过她本来就很厉害。

五、商可航①师姐（复旦法硕）

Q：对于保研方向是法硕还是学硕，师姐是如何考量的?

A：我学的是法硕。因为我不喜欢写论文，而且我也更喜欢实践，感觉研究不太适合自己，所以就选择了实践性强的学科。我一直觉得法律主要靠实践，你从实习中学到的东西在实际中会更有用一些。加之我一直想当律师，律师对实践性要求更强，选一个能快点毕业的专业我就能更快工作，投身实践。同时，实习期间我可以住宿舍，这节省了不少房租。宿舍费毕竟很便宜，一年才交 1000 元左右，而如果是自己在上海这样一个大城市租房，房租再普通一个月也要交三四千元。综合考量后，我选择了法硕。

Q：师姐是如何选择学校的呢?

A：因为我是浙江人，就想考上海或者广东那边的学校，但主要还是上海。那选择范围就基本限定在上交、复旦、华政，最多还有一个上海财经大学的经济法。然后我报了上交夏令营和华政夏令营，当时复旦没有夏令营，上财好像是秋季有一次招生，但是因为复旦已经录取了我，我就没去了。

我最后选择了复旦，没有选华政。华政和我们西政很像，专业方向很细，还蛮适合深入学习的，老师也很耐心。但我选复旦是因为我以后不一定会从

① 商可航，西南政法大学行政法学院本科 2014 级毕业生。

事直接跟法律有关的工作，而且复旦是985、211，以后的选择面会更广。如果要考公务员，可能也会更有利。还有就是上海的落户政策。复旦毕业就可以得到上海户口，而华政因为不是985、211，就不可以。

Q：听说上海的学校对英语的要求会更高，是这样吗？

A：是的，最好能有雅思或托福成绩，如果是雅思大概需要上7.0，如果没有的话，六级最好能上580分。

Q：现在还有必要自学法律英语吗？

A：有必要。可以推荐一本教辅，黄色封皮，就叫《法律英语》，何家弘著，法律出版社的。

Q：参加推免复试的经历分享？

A：复旦没有笔试，不过淘汰率很高。面试有中文、英文，中文问了我经济法的功能。英文就是日常聊天，主要是考查沟通能力。

六、高润青[①]师姐（中政行政法）

保研经历：

参加人大（民商法）夏令营，中政（行政法学）和北大（宪行）专业的推免复试，最后被中政（行政法学）录取。

保研准备：

我是从2020年的2月底开始集中备考保研复试的，二三月份的精力主要放在了精读北大宪行专业的教材上，四五月份在看人大民商法专业的资料。在得知人大夏令营的结果仅为候补时，我用了一个星期调整心情后，又开始全身心准备北大宪行专业的推免复试。

集中准备北大推免复试的时光既难熬又难忘。两个月的时间要精读5本书、记忆宪行专业往年的真题和参考答案，以及翻阅教授们的几十篇论文，我真的想有记忆面包，也尝试过把手机丢在宿舍里，一个人默默地在自习室里修炼。可后来发现把自己逼得太紧并不会带来学习效率的提高，反而会降低学习的专注度。通过计算自己每天的平均进度，我果断地放弃了一本书和

① 高润青，西南政法大学行政法学院本科2014级毕业生。

十几篇论文，把重心放在了记忆真题上。舍弃，出于无奈，也出于理性，本次北大宪行专业的笔试题目也证明，舍弃部分而把重心放在历年真题上，实在是明智之举。

夏令营感悟：

我申请了人大（民商法）夏令营和中政（行政法学）夏令营，均获得入营资格，但因中政夏令营时间和期末考试时间冲突，只参加了人大的夏令营。

我想通过三个关键词来谈一下参加夏令营的感悟：

关键词一：输出。在夏令营的舞台上，我们应该展现近三年来所积淀的法学素养与十几年来所养成的良好习惯和修养，所以建议师弟师妹们一定要在平时进行各方面的充电，不单单是做好专业课的学习，综合素质包括心理素质的提高是必需的。有了大量良好的输入，才能更好地输出，临时抱佛脚对夏令营是无用的。

关键词二：度日如年。夏令营的三天两夜是难熬的，很多人都会感到度日如年。但是诚如王轶院长所说，“度日如年”还可以从另一个角度来理解。《西游记》里写道“天上一日，地上一年”，在人大夏令营里和各路“神仙”们切磋交流的过程是愉悦的，也会让人更了解自身在知识体系上的盲区，一天的收获胜似一年。

关键词三：人性化。经历了九推的同学们一定会觉得夏令营的安排简直太人性化了。相较于九推单调的笔试和复试，夏令营不仅会安排营员的食宿和校园参观，还会安排各种活动，为入营的同学们提供与教授们交流的平台。

人大夏令营经验：

前期准备：①选定报考的专业，根据前两届夏令营的考试安排来制订备考计划。②通过各种渠道联系参加过人大民商法夏令营的前辈，咨询备考阶段应准备的资料和应试的各个环节应注意的问题。③准备备考资料：建议师弟师妹们在备考时同时参考考试通、法学家的辅导资料和相关科目的司考书。有余力的师弟师妹们还可以阅读所报考专业的教授们的论文，这对夏令营的学术沙龙环节多少有些帮助。若没有时间和精力去阅读论文，也不必慌乱和烦躁，掌握好学科的基础知识已经足够。

申请阶段：人大法学专业的推免只有7月份的夏令营，没有9月份的推免复试，所以钟情于人大法学院又有望可以获得推免资格的师弟师妹们一定要抓住这次机会。申请时间：人大法学院官网一般会在四月中下旬发出通知，网上申请的时间一般从5月初到5月底，纸质材料一般要在5月底寄达。

申请材料：①前五学期的成绩单：师弟师妹们在第五学期的专业学习一定不要放松，也不要给自己太大压力，在平时整理好课本上的知识体系和老师所讲的重点内容，期末前、备考时建议结合司考书来复习。②英语六级成绩单：争取500分以上。③本科校级以上的获奖证书：建议按级别（国家级、省级、校级）和类别（如奖学金、科研、学生工作、党建活动等）排序。④社会实践的证明：三下乡、专业实习等都可以写，有其他更突出自身亮点的活动一定要写在前面。⑤科研成果：如实填写即可，没有也不用脸红，人大法学院的本科生也是很少有机会参加科研项目的。⑥个人自述：建议围绕自己所要报考的专业，将自己的重要经历和优势特长分为几个方面来写，做到条理清晰，多用数据说话。

入营复试：

①外语面试：形式是3人一组，抽一篇英文短文，每人读一段后开始围绕短文进行讨论，老师全程不参与。建议多读英语新闻，在面试时争取做提出主要问题的那个人，注意和同伴们的眼神交流。

②辩论赛：辩论时注意礼仪，可以穿着较为正式的衣服，一定要围绕己方的主要观点和辩题来辩论，陈述和说理时尽量使用法言法语。

③学术沙龙（专业面试）：听清老师所问的问题，结合所学和老师的提示作答。民商法专业的问题多涉及民法总则和合同法。

④专业笔试：一张专业卷和一张综合卷构成的专业笔试往往是决定胜负的关键，因此应是前提准备的重心。建议掌握基础知识，把握热点问题。

七、何文灏[①]师姐（北大法硕）

保研经历：参加中政（知识产权法学）、武大（国际公法学）夏令营，被

① 何文灏，西南政法大学行政法学院本科2016级毕业生。

评为“优秀营员”。

Q：在我们院内的面试一般是什么流程？

A：面试流程其实不复杂。一共有三间房间，所有同学首先集中在大会议室，先抽顺序签，上交手机；然后按顺序到隔壁进入候考室，在候考室里可以先浏览案例；之后就进考场面试。

Q：保研与法考是否能兼顾？如何兼顾？

A：我觉得对于保研党来说，是可以兼顾的。因为一般来说大家的基础都很扎实，尤其是拿到“优秀营员”的同学，暑假就可以安心复习法考。

我是从暑假开始才复习法考的，首先是从以背诵理解为主的学科入手（像行政法、民诉、刑诉这些），进入状态之后开始学纯背诵的学科（理论法、商经法）。民法、刑法因为在前期已经开始复习了，所以我在暑假没有花大量精力。然后又因为三国法是大三必修课，我把它安排在了最后半个月，光背诵了三轮讲义。

暑假之前其实也不是以夏令营为主，还是花了大部分精力在几门专业课上，其他时间在看法大的知产专业考研教材（因为不能确定是否真的能取得保研资格，还是准备了一段时间的考研大纲复习）。

夏令营经历：

中政的安排特别紧张，总共有四轮：英语、专业笔试、专业面试、师生会谈。英语考试和六级考试的形式基本一样，并不要求法律英语。专业笔试考查的是民法和知产的内容，全是主观题，题型包括名词解释、简答、论述、案例分析等，考题都很基础，不会刁难大家。专业面试是抽题回答的形式，师生会谈就是很轻松的那种，大家聊聊天。

武大只有一轮面试。以往武大会来我们学校校招，不过我们那一年变成全部去武大面试了。所以你们这一年怎么样我也不好说，还是关注最新的消息吧。

经验分享：

在我看来，夏令营的复习和考研专业课复习是一样的，没有什么技巧，主要就是看自己意向学校的教材，面试老师就是教材编者。专著我觉得没有必要，不会考很深的理论的。关键还是把基础打牢，不要舍近求远。

北大推免复试的经历：

北大的面试是群面，大家轮流发言，每个人的发言时间是3分钟。问题涵盖面挺广的，没有具体方向。

八、李逸梦①师姐（北大民事诉讼法）

保研经历：参加中国人民大学法硕夏令营，被评为“优秀营员”；北京大学学硕、法硕，均成功获得资格，最后选择了学硕民事诉讼法。

Q：师姐是如何选择学校的？

A：因为7月初参加了人大的夏令营，拿到了人大的优营资格，所以9月推免时就希望冲击更高的学府（不是说人大不够好，只是我个人更喜欢综合性大学）。

其实北大、清华我都报名了，但清华的保研录取比较严，一般都是每个专业二进一、三进一之类的，所以没有给我考试资格。北大基本上只要符合硬性要求，就会有考试机会。很适合那些简历或许不漂亮，但实力还可以的孩子。但相对的竞争压力会非常大。所以不是我选择了北大，而是北大选择了我。

Q：师姐是如何选择法硕和学硕的呢？

A：我最终录取的专业是民诉法。如果你的目标不是做学术，我个人觉得法硕和学硕在最终就业上并没有太大差别。

如果真的要说差别的话，我觉得学硕的优势主要体现在三点：①学硕学费低，学硕学费大概8000元，法硕基本都上万元。而且北大学硕返学费，所以经济上更划算。②学硕跟导师之间的联系更紧密，所以能获得的资源可能更多。③对于未来方向还没确定的同学（有可能想继续深造）而言，学硕申博可能会更占优一点。所以我个人觉得如果能上学硕，固然好；不能上的话，法硕也很好。不必过于执着。

两者在考试层面的区别在于学硕考察范围小，只限于该专业，但对专业度的要求很高。只靠背诵记忆教科书基本上是不行的，需要大量专著、论文

① 李逸梦，西南政法大学行政法学院本科2014级毕业生。

阅读量的加持。而法硕考察范围大，基本对民法、刑法、民诉、刑诉、宪法、法理学、法史都有一定程度的覆盖，但考查难度不会很深。所以平时就偏爱某个部门法、有一定积累的同学可以选择学硕，对于各大部门法没有特别喜好、相对平均的同学可以选择法硕。

在竞争程度上我觉得二者差不多，学硕招收的人数较少，但相应的报名人数也会较少。法硕招收人数多，但报名人数也相应偏多。整体比例上二者应该没有太大差别，所以不存在哪个更好考的问题，关键还是大家应当结合自身情况，选择最适合自己的类别。

参加人大夏令营时，我报考的是法硕，因为当时自己也没有特别偏好的部门法，属于各门科目成绩都比较平均的。而且夏令营时间与期末考时间非常接近，想要突击某一部门法的可能性非常小，所以就选择了法硕。

取得人大资格后，我就思考自己是否可以尝试一下学硕。我个人不太喜欢公法，但民商的理论深度真的很深，在兼顾司考的同时基本很难全面投入。考虑到自己以后大概率还是会从事律师行业，所以选择了跟民法最接近的民诉，感觉实用性更高，也更符合我自己的兴趣。因为北大可以同时报考法硕和学硕，所以当时也不确定学硕考上的把握有多大的我两个都报了。但同时报考其他学校的同学要注意时间冲突的问题。最后运气比较好，学硕和法硕都考上了，基于上述学硕轻微的优势，选择了学硕。

Q：夏令营与期末考试的时间冲突了，该如何处理？

A：实话说，这个确实很难处理。我记得上交的夏令营时间和人大是冲突的，当时要参加上交夏令营的同学就找学院沟通期末考缓考的事。但按照规定，缓考只有60分，这对于排名是不小的伤害。不过比较巧的是上交的夏令营对人的考查大于对考试的考查，所以上交方面同意了这些同学推迟入营、单独考试。但是如果换作是人大，我觉得大概率是不会同意的。

夏令营经历：

人大法硕夏令营是第一天下午入营，办理入住手续，晚上安排了一场王轶老师关于民法典的讲座。

第二天上午是面试，内容是分小组、分正反双方对一个话题开展辩论，内容是社会类的，并不一定和法学相关。下午是英语口试，三人一组。进去以后，老师会先让你读一段材料，测试一下你的发音语感，然后现场给题目和两分钟准备时间，三个人就这个话题进行五分钟讨论。

第三天上午是大概三四个小时的专业能力考试，法硕的考试范围是民法、刑法、诉讼法、法理、法史，时间很紧张，基本上写到手断那种。下午是参观人大校史馆，晚上是夏令营聚餐，然后就可以出营了。

推免经验：

北大法硕复试分为笔试和面试。

笔试民法一道案例题、商法一道理论题、民诉一道案例题。民法虽是案例题，但对理论知识要求高，当时考的好像是后让与担保合同，进行了很多理论分析。商法考了一个我感觉不太常见的题目，好像是商法中的债权人保护制度。民诉的案例题很活，大致考察到受理、管辖等问题。老师阅卷可能比较看重你的思维过程，至于结论对错，我觉得不是非常重要。

面试是分小组面试，但每个人抽的题目不同，考察范围为民法、公司法、民诉、经济法，每个人先就自己的题目进行一轮发言，第二轮可以补充别人的题目或者挑错。

民诉复试同样分为笔试和面试。

笔试有五六道题目，有理论的（比如诉讼标的），有记忆的（比如管辖），但考察点没有很偏，都是比较常见的。

面试是大家一起。因为北大是诉讼法专业，所以民诉和刑诉的老师会一起面试。面试题目一样，有三四道题，自由发言，有当时比较热的民事公益诉讼等。感觉相较于你背诵知识点，老师更希望听到你对这些问题的理论分析。

行政法热心群众

2020 年 5 月 3 日

法考经验谈

【写在前面】大三下半学期已经过半，各类考试接踵而至，关乎前途的分叉口就在眼前。通过之前的年级问卷，我们看到同学们许多已经有了明确的目标，有的则尚存在一些迷茫，为此，年级公众号“一柒前行”特辟当红节目“罗哥有话说”姊妹篇——“师兄师姐有话说”系列推送，针对法考、考研、职业选择等一系列问题，邀请经验丰富的师兄师姐们进行了专题采访，希望能对同学们有所帮助。

本系列共计十大主题，将在之后定期放送。本篇为系列第一弹：师兄师姐有话说之法考经验谈。

本文访谈对象：

姚自阳[①]师兄：客观题210分，主观题110分；

高润青[②]师姐：

徐丹[③]师姐：客观题186分，主观题123分；

梁子寒[④]师兄：客观题216分，主观题108分；

唐子昊[⑤]师兄：客观题211分，主观题129分；

王瑱玥[⑥]师姐：司考445分（本科2013级司考最高分）。

---

① 姚自阳，西南政法大学行政法学院本科2014级毕业生。

② 高润青，西南政法大学行政法学院本科2015级毕业生。

③ 徐丹，西南政法大学行政法学院本科2014级毕业生。

④ 梁子寒，西南政法大学行政法学院本科2015级毕业生。

⑤ 唐子昊，西南政法大学行政法学院本科2016级毕业生。

⑥ 王瑱玥，西南政法大学行政法学院本科2013级毕业生。

下面，正文即将开始。

一、法考概况

（一）报名

2018 年 4 月 28 日前入学的我们可以放心报名 2020 年的法考，但考试通过后，应届生申领资格证会与其他身份的考友有所不同，具体还要等待司法局的公告。

（二）A/C 证

A 证：法考两考分数都超过了国家合格分数线（均为 180 分）。

C 证：户籍在司法部公布的放宽分数线地区（各省基本都有一些市县属于这个地区，大家可以自行查找本人是否享受该政策）的考生分数达到 160 分＋ 95 分（大部分放宽地区分数线）或者 140 分＋ 85 分（西藏、青海等三区三州）。但 C 证只在特定地区内有效使用，取得的同学亦可在次年继续考 A 证。

通常而言，由于 C 证的限制和其他影响因素较多，大部分同学并不在能够报考 C 证的地区。

（三）客观题的成绩保留

法考改革后，若客观题通过，该成绩可以保留两年，换言之，若顺利通过客观题，便拥有两次机会，哪怕 2021 年未参加或未通过主观题考试，2021 年也可以继续参考——但如果仍然未过，客观题成绩便会作废。

（四）法考时间

2018 年客观题考试于 2018 年 9 月 22 日进行，主观题于 2018 年 10 月 20 日进行。

2019 年的时间较去年提前，客观题于 2019 年 8 月 31 日、9 月 1 日分批次进行（两批次考题不同，但并无优、劣势之说），主观题于 2019 年 10 月 13 日进行。客观题分上、下午，各三个小时，主观题由上午至中午共四小时。

2020 年的法考时间还未公布，时长应该与 2019 年相同，具体还是要看 2020 年五六月的考试公告。

（五）内容与科目

1. 客观题

分为试卷一、试卷二，每张试卷100道试题，分值为150分，其中单选50题、每题1分，多选和不定项共50题、每题2分，两张试卷总分为300分。

具体考查科目：

试卷一：中国特色社会主义法治理论、法理学、宪法、中国法律史、国际法、司法制度和法律职业道德、刑法、刑事诉讼法、行政法与行政诉讼法。

试卷二：民法、知识产权法、商法、经济法、环境资源法、劳动与社会保障法、国际私法、国际经济法、民事诉讼法（含仲裁制度）。

2. 主观题

只有一卷，包括案例分析题、法律文书题、论述题等题型，分值为180分。

具体考查科目为中国特色社会主义法治理论、法理学、宪法、刑法、刑事诉讼法、民法、商法、民事诉讼法（含仲裁制度）、行政法与行政诉讼法、司法制度和法律职业道德。

主观题考试设置选做题，可选择其一作答（2018年、2019年均设有选做题）。

二、时间安排

1. 想要兼顾法考和考研，我应该怎么安排时间

（1）梁子寒师兄（法硕）。

我在法考期间只准备了英语：背单词、做历年真题的阅读，政治在法考结束后突击两个月就行。

至于专业课，因为与法考科目重合度较高，所以也是在法考结束后开始准备，之前熟悉一下专业课的体系框架即可。如果是考学硕或者名校法硕，可以结合自身情况安排一下复习计划。

（2）徐丹师姐。

我觉得考研的复习内容对法考有一定帮助，而且经过考研准备，我也找到了适合自己的学习方式。

我是那种不能打“持久战”、短期冲刺型复习选手，客观题的复习时间还有点短。但短期冲刺需要你保持高强度的学习，而且尽量要拒绝一切会让你浮躁的社交活动。

我认为在复习考试前，首先要搞清楚自己适合哪种学习类型。如果能长期坚持学习，那么还是建议早点复习，每天学习的强度不会太大，可以稳稳当当地拿个高分；如果不能长时间坚持，我建议不要把战线拉得太长，这会导致你后期根本看不进去书。当然，也不能跟我一样太短，看我的客观题分数就知道不是特别理想，大家还是尽量在能充分保证完成完整复习计划的时候开始复习。

2. 我应该什么时候开始准备法考

（1）唐子昊师兄。

我的法考复习历时 8 个月（3 ~ 10 月）。

3 ~ 6 月每天复习 4 ~ 6 小时不定；6 月底至 7 月初复习了两周期末考试，期间基本没有复习法考知识；7 月 11 日到 8 月 31 日每天复习 8 ~ 10 小时（每天除了吃饭和偶尔运动，都在自习）；9 月 1 ~ 7 日等待客观题成绩期间没有复习；9 月 8 日 ~ 10 月 12 日每天全天自习，大概 8 ~ 10 小时。

（2）王瑱玥师姐。

我从 3 月中旬开始正式复习，6 月中旬到 7 月中旬因为参加人大夏令营中断了一个月。

建议：我看书较快，基础掌握得还不错，所以觉得从 3 月开始有些早。但我周围的人绝大部分都是从 3 月开始的，而且这些人也都过了。看你自己情况来安排时间（也不是说每天坐在那里越久越好，学习效率最重要）。

3. 我需要进行几轮复习，每轮复习所需的时间

（1）姚自阳师兄。

一个暑假（7 月中旬开始）的话，时间还是比较紧张的。我就直接看了冲刺阶段的教材和网络课程，一些重难点、不理解的部分再翻看精讲教材。

教材一共学习了两轮（8 月中旬之前要完成），剩下的时间就是刷题，一定要多刷题，但不要盲目刷题，一定要思考每道题的考点以及整理错题（推荐使用法考 App，可以记录并汇总错题，比较便于后期复习）。

（2）高润青师姐。

我的客观题用了三轮：

一轮：3个月左右（听精讲＋做真题）；

二轮：两个月左右（听精粹＋做错题）；

三轮：30 ~ 45天（背诵）。

主观题建议客观题考完后就开始准备，结合自身考研的情况合理规划时间。重心放在考研的同学，考完客观题后可以考虑每天留给法考三分之一的时间。

三、资料准备

（一）各学科推荐复习书目、网课及获取途径

1. 书目、网课推荐

（1）书目和网课的老师最好相对应。因为每位老师的书目编排有差异，语言风格也不同。

（2）每个学科选择一位老师足矣。不同老师的授课体系不同，可能在某些观点上也存在冲突。

（3）忌频繁换老师。每换一次，就要重新适应新的思维体系，这势必会损耗备考中最为珍贵的时间。

（4）选择适合自己的老师。名气不是最重要的因素，只要你听完能懂、能够做对题即可。

2. 具体老师推荐

（1）刑法。

柏浪涛：柏老师分析问题简单明了，复杂问题简单化。讲课结合案例，听完会感觉醍醐灌顶，让人越听越想听。

刘凤科：他讲的三阶层正是司考采用的刑法新理论，所以大家在复习的时候完全是刷新学习经验的感觉。

罗翔：很有情怀的法律人，他不仅教给我们知识，更教育我们要为中国法治建设做出贡献，听他的课会激发对刑法的浓厚兴趣，他的段子也是很受欢迎。

（2）民法。

孟献贵：孟老师的书较通俗，一开始我是看钟秀勇老师，但他的书实在太厚了，后面在我意识到快听不下去时果断换了老师。

钟秀勇：课时很长，但是内容涵盖很全，法理也讲得比较通透，更能时不时地给你打一针鸡血或灌一碗鸡汤，不过出书较慢。

（3）行政法。

李佳：很可爱的老师！行政法属于比较枯燥的一科，所以一定要选个实力、颜值、可爱并重的老师才能有信心学下去。

（4）刑诉。

左宁、向高甲：两位老师各有千秋，也有不同的背诵口诀，建议大家都听听再选择。

（5）民诉。

戴鹏：讲课能一语点醒梦中人，逻辑思维很强。

（6）商经。

郄鹏恩、鄢梦萱、李晗：大家可以听完自行选择。

（7）理论法。

杜洪波：讲课大气磅礴、妙趣横生，还有一些绝妙的口诀，写作方法也很值得一学。

马峰：对知识点的讲解透彻，十分幽默，干货很多。

（8）三国法。

杨帆：讲课稳准狠，听完她的课之后，三国法一整本书背她总结的那些表格就完全没问题了。

3. 获取途径

大家在各机构 App 或官网、B 站、喜马拉雅里都可以听到免费课程，在淘宝或者校门口书店也都能买到书。

（二）我是否需要报班？

1. 徐丹师姐

如果是自觉性不高、基础较差的同学，建议前期报班，因为会有老师会安排、督促你学习。而其他的同学我觉得不必要报班，后期可以购买网络冲刺课程。

2. 唐子昊师兄

参加法考培训机构，应该是想通过外部监督、现成的复习资料以及适宜的学习环境来保证自己的学习状态。

我身边的朋友，报班的大概十分之一二，对于自制力较强的师弟师妹，我觉得可以不必参加，但是自制力较差或者实在无法做出有效学习计划的，可以报名参加。这个主要还是看个人的想法了。

四、具体实践

1. 我应该用什么顺序进行复习？

（1）梁子寒师兄。

刑、民 > 商法 > 民诉 > 刑诉 > 行政法 > 理论法 > 三国法。

刑、民非常重要，体系庞杂，分数占比很高，需要大量时间去酝酿。

商经要拆分成商法和经济法，商法需要像民法那样细品其中的法理，相反经济法分数占比较少，后期突破记忆即可。

行政法也要拆分成行政法和行政诉讼法，其中诉讼法与民诉类似，建议学完民诉后再学行政诉讼法。

先民诉后刑诉，民诉相对简单，会帮你奠定程序法的基础，刑诉就很繁杂了，要多用口诀进行记忆。

理论法中的法理较容易，相反宪法就很琐碎，需要反复记忆；中国特色社会主义法治理论凭借常识就能解决；法制史建议战略性放弃。

三国法分数占比低，也容易拿。

（2）唐子昊师兄。

刑法 > 民法 > 行政法 > 刑诉 > 民诉 > 商经 > 三国法 > 理论法。

这个其实是看个人喜好与习惯。三国法、理论法甚至可以不买第一轮的书，直接从二轮开始看（胆大一点商经也可以直接看二轮书，而三国法直接从二轮复习的前提是大三学得很认真）。

复习顺序主要针对的还是三大实体法与三大诉讼法，三大实体法先行打框架，且实体法不容易遗忘，诉讼法理解上问题不大，重点在于背诵。

2. 哪些学科需要重点复习，哪些学科可以粗略复习

（1）徐丹师姐。

民、刑是重中之重，必须全面掌握；

三大诉讼法与理论法是第二梯队，需要好好复习；

商经我只复习了《公司法》《合伙企业法》《破产法》《专利法》这四部分，因为商经 80% 的考点都在《公司法》和《合伙企业法》，看太多不仅会影响记忆，还会浪费过多时间，事倍功半，所以复习期间很重要的一点是要学会舍弃一些分数；

三国法分数占比小，内容不多，花的时间也不多。

（2）高润青师姐。

时间充足的情况下，千万不要抱着粗略复习或者放弃某一科的想法。

若时间不足或者精力有限，可以把商经重点放在公司法和相关的司法解释、合伙企业法和破产法，理论法重点放在法理和宪法。

3. 客观题和主观题的准备方法与侧重点

（1）梁子寒师兄。

客观题一定要多做题，真题至少做三遍以上，一定不能光顾着听课和看书而忘了做题，做题是应试和巩固知识的最好方法。

主观题主要是案例分析题，只考察中国特色社会主义法治理论（论述）、刑法、民法、刑诉、民诉、行政法、商法，其中行政法和商法二选一，如果有同学只准备复习一科，我建议是商法，因为商法也会在民法中考查。备考主观题一定要抓重点，重点知识每年的重复频率很高，中特理论的大论述题靠背诵就行了。

（2）唐子昊师兄。

主观题准备方法：

理论法三段论，具体的学习各位老师的套路。

刑法尽可能多写，拿不准的就用观点展示的方法，反正写错了不扣分，没写才扣分，但不到万不得已不要把这个方法用到其他部门法。

三国法不考，不用花功夫看了。

其他部门法就看自己的知识储备、“法言法语”的运用程度、法条的查找速度，按部就班的答完就可以了。

选做题一定记得！如果你两道题都有作答，那很大可能是按第一题来阅卷的，无论你写了几个字（也有说法是两道题都作答，以你全部作答完毕的题来阅，但咱们不要承担这个风险，而且要记得把另一道题删干净）。

一定要训练打字速度。

五、心态调整

1. 备考中我可能会遇到哪些心理问题，如何克服？

（1）姚自阳师兄。

遇到的问题普遍有以下几种：

力不从心。学到后期，由于先前用力过猛，导致现在后劲不足、身体不适，进而开始感到焦虑。

总觉得记不住知识点。学得越多，这种感觉会越严重，其实不是自己没有记住，反而是记了很多，知识点堆积在一起，等着你来灵活调动。

临考前担心自己过不了。这种担心只会徒增压力，是最没有意义的。

（2）徐丹师姐。

感觉复习来不及了。每当有这个想法时，首先，我就会去找认识的短时间过法考的同学寻求经验帮助，其实是为了得到“定心丸”。其次，我会把今天的目标提前完成，再复习一点明天的内容，告诉自己来得及。

背了还是记不住。其实它不仅是某一个人的问题，许多人都是如此，这很正常。所以无须否定自己，要做的就是化压力为动力，多刷题，在其中理解知识点，强化记忆。

考不过了，还不如不复习了。都已经复习那么久了，不到最后一刻又怎么知道会不会过呢？一定不要轻言放弃，只要你坚持到走进考场，你就离成功又进了一步。

2. 压力大、学不进去时，我该怎么办？

（1）梁子寒师兄。

提神小方法：喝咖啡、奶茶，吃小零食；洗冷水脸、冷水头。

如果突然很焦躁，学不进去，不要逼着自己学，彻底娱乐放松一下，有时“愧疚学习法”也是很管用的。

法考只要及格就能过，所以这注定是大部分人都能过的考试，只要足够努力就行，时刻告诉自己“如果自己都过不了，别人更过不了”。

不要让自己不开心，开心最重要。

（2）陈怡文师姐。

我觉得，调节心态最重要的是要认识到出现这些心态都是正常的。开心时就鼓励自己，难过时就告诉自己难过是被允许的，不要因为有时的负面情绪而责备自己。我们都是凡人，会难过、会崩溃，要学会接受有缺点的自己。

调节心态的方法就是学习，只要投入学习状态就很难感受到其他情绪。给自己找事做，让自己忙起来或者看场电影，好好吃个大餐都不错。

此外就是客观地审视自己，不要心存侥幸，也不要自我感动，敢于鼓励自己，也要舍得批评自己。

六、其他建议

1. 徐丹师姐

（1）一定要制订计划表，然后根据情况进行调整，最后落实到位。

（2）效率优先，不要一味地追求学习时长。

（3）资源再多，不看也没用，学会舍弃。

（4）一定要下狠心、下决心。

（5）不要相信“裸考都能过”。

2. 梁子寒师兄

（1）法考黄金准则：重者恒重，新法必考。刷真题！刷真题！刷真题！重要的事情说三遍！

（2）备考第一准则：前期可持续发展，中期适当紧张，后期“玩命爆肝”。一定利用好暑假这两个月的时间，尤其是最后一个月，越到后期越不能松懈。

（3）谁也不是什么真理的代言人，从实际出发，实事求是。每个人来到大学都是一名合格的本科生，想想自己当初是怎么准备高考的，那时的学习方法同样适用于现在。每个人都有适合自己的学习方式，所以经验帖只信一半即可，不要被经验帖束缚住了自己，在备考的实践中慢慢总结经验并及时改进。

（4）考试就是考试，不要沉迷于高深的理论研究和钻牛角尖，一切以过线为目标。

七、结语

同学们，经验分享到此就结束了。

借用法考著名讲师李佳老师的话：“要你参加法考，并不是一定要让你依住在此，一定要你出人头地，其实参加法考只是为了让你有一个更多的选择权，让你在走到人生的死路口时，仍然拥有第二个选择。”但人生的选择不仅一个，也不仅一次，别才开始就害怕失败。

祝大家法考顺利通过！

行政法热心群众

2020年4月26日

关于留学的二三事

【写在前面】大三下半学期已经过半，各类考试接踵而至，关乎前途的分叉口就在眼前。通过之前的年级问卷，我们看到同学们许多已经有了明确的目标，有的则尚存在一些迷茫，为此，年级公众号“一柒前行”特辟当红节目“罗哥有话说”姊妹篇——“师兄师姐有话说”系列推送，针对法考、考研、职业选择等一系列问题，邀请经验丰富的师兄师姐们进行了专题采访，希望能对同学们有所帮助。

本系列共计十大主题，将在之后定期放送。本篇为系列第六弹：师兄师姐有话说之关于留学的二三事。下面，正文即将开始。

国内考研竞争太大，条件允许，我能出国吗？

留学要找中介吗？

从现在开始准备，我需要关注哪些方面？

出国到底值不值？

……

升学越来越近，关于升学渠道的选择，许多同学陷入了困惑。眼看考研的同学已经着手准备，准备留学的同学也陷入了纠结期。

在留学的选择上，大家还有许多的问题和疑惑。

疫情期间，公众号工作组利用线上开展工作的优势，带着同学们的疑问请教了几位在海外留学的师姐，记录下了她们关于留学的经验和感受，与大家分享。

一、学在别处——法国

白萌芽（2013级）：通过DIY入读法国波尔多大学法学专业。

1. 前期准备

（1）专业选择。在法国留学，专业的话，我当时只考虑了法学。热门的法学专业跟国内差不多，都是商法、知产法一类的。除此之外，法国的法学硕士课程还有很多细分的其他领域，比如保险法。考虑的因素有很多，比如专业与就业市场的契合、专业本身的研究价值。就我个人而言，还是专业符合自己本身的兴趣最重要，用另外一门语言学习本身就已经要克服许多困难，如果再选个自己不喜欢的专业来难为自己，真的会很辛苦。

（2）留学信息。法国的留学信息可以在官方网站campus en France上找到。如果需要更具体的专业信息，可以去学校的官方网站了解。他们会把硕士的研究内容和大致的课程内容都放在网站上。

2. 留学性价比

我只能给大家些参考吧。法国公立大学没有学费，每年只有200～300欧元的注册费。学制两年。英美LLM固然贵，但只用一年，而且是用第二外语念，入门难度低于法国留学。关于两者毕业后的就业对比，我还没毕业，所以也不清楚。

3. 准备事项

可能最重要的是对自我的认知吧。不同于高中毕业，大家基本上都只有上大学这一条路选，大学毕业，我们能选的路很多，这个时候很容易陷入一种类似于溺水的恐慌情绪中：周围的人纷纷上岸，自己也迫切地想要随便抓住什么东西也上岸。留学、考研、就业，每条路都可能是你上岸的机会，面对选择，首先要明确自己的能力值，再想想自己的需要。两者之间的差值如果很大的话，不必非得给自己硬打鸡血，说什么年轻一定要闯一闯之类的宣言。踏实一点，也理智一点，在别人身上能实现的不一定能在自己身上实现。当然如果你很明白自己想要什么，并可以为此付出努力，那就去吧，少年！

4. 法国留学的硬性条件

语言、语言、语言和语言。本科成绩好说，法国学校可能更在意你的留学意愿、专业及就业计划的逻辑关系。

5. 中期生活与学习

国外生活对我来说很好适应，毕竟法国好吃的很多，食材也很丰富，吃的问题解决了，剩下的都好说。积极乐观，保持好奇，生活本身充满乐趣。一个经验：关于社交，要尊重文化差异，不强求自己全盘接受国外的文化习俗，更不要动摇自己的价值观去迎合他人。保持开放的心态，也保守自己的坚持。

法国硕士课程相较于本科，更要求学生的自我学习能力，因为课上讲的永远不能支撑你写一篇令老师满意的论文。除此之外，法国的硕士课程没有教科书，没有 PPT，上课全凭老师一张嘴，还有学生的一双手，对于案例分析和论文这样的作业有严格并且不同于国内的方法论要求。简而言之就是全然不同的颠覆模式，非常考验适应能力。

学习的困难就是总感觉语言水平不够。我的法语水平不足以表达我高深的思想，也不足以完全理解老师的高深思想，着急上火。

6. 未来规划

目前对未来的事情没有清晰的认知，更何况个人没有考虑过在国内读研的事情。

补充一个我认为的留学硬性条件，强健的身体和足够的发量，如果实在没有发量，那就得有一颗强健的心脏来接受头秃的现实，师姐没有开玩笑哦！

二、学在别处——澳大利亚

游源竹：澳大利亚新南威尔士大学 JD（法律博士）在读。

Q：如何了解国外的学校，有哪些途径可以帮助我们获取更多的信息？

A：可以去心仪的学校的官网查看一下今年或者明年的招生计划，去一些留学网站看其他已经去留学的同学的经历和经验。

Q：在哪个国家留学性价比高？

A：因为我们是读法学的，所以应该先考虑读 LLM 还是 JD。如果是读 JD

的话，澳大利亚的性价比会比美国更高一些，因为在美国读JD是三年，而且没有办法转学分，不像澳大利亚的JD，有些学校是可以转学分的，就是在国内读的四年本科可以转学分以缩短留学的时间，正常来说三年毕业，如果转学分的话，两年半就够了。这样也可以减少留学的费用，因此从时间和费用上来看，读JD，澳大利亚性价比更高。再看选择的城市，像澳大利亚的悉尼和墨尔本，生活成本更高一些，这些是我的观点。

读LLM和JD其实有很多不同。首先如果读LLM的话，虽然是一年的学时，但是除开小春假、暑假和寒假，只有九个月正式的学习时间。而JD一般来说是三年的学习时间，转学分抵掉半年的话就是两年半，时间上是长于LLM的。其次是语言要求方面，LLM对于语言的要求相对来说会更低一些，一般雅思6.5分或7分就足够了，而JD要求7分以上。第三是学习的内容也有很大差异。LLM会分商法或者国际法等专业方向，但JD不会分方向，比如你去美国读JD，就会把绝大部分美国的法学科目学习一遍，类似于国内法学本科。这就是主要的区别。

Q：留学需要哪些准备？

A：本科学分越高越好。如果申请美国的学校，比较看重实习的经历，社会实践也是美国学校比较看重的。最好从大二、大三开始准备雅思或托福的考试，大三下申请学校之前就应该把需要的语言成绩考出来。

Q：需要中介机构吗？中介机构在留学申请工作中主要起到什么作用？有没有比较推荐的留学中介，或可不可以告诉同学们如何辨别正规中介机构和非正规中介机构？

A：中介机构可以提供给学生从准备申请材料到申请签证所有的服务，而且是中文的，这样学生就不会自己去了解学校的一些真实的信息，中介就是看准了留学生和家长想要方便的心理。如果在申请学校这个阶段，你觉得中介坑很多、水很深，那么还是建议你自己亲自去了解学校和递交材料。不要把这些东西全部交给中介去办，就算你选择一个中介，觉得不太放心，一定要实时跟进中介的进度，以减少信息差。如果实在需要找中介，可以询问身边已经出国留学的同学有没有靠谱的中介老师或者机构，但是根据我周围同学的经验来说，即使你找的是一些知名的中介机构。在申请学校的过程中，一定要知道你申请学校的账号和密码，不要任何事情都让中介转达给你，这样直接跟校方交流会省很多事。总之在申请学校的过程中，一定要把这个事情当成自己的事情来做，不要什么事情都交给中介，自己只享受成果。

Q：考研失败后，来得及准备出国的各种材料吗？

A：考研之后再考雅思，然后再应届出去留学，我觉得这个时间是比较紧张的。你要知道你想要去的学校明年招生申请的截止日期到底是几月几日，这个是一定要知道的，而且如果是一些比较热门的专业，可能会提前关闭申请通道，因为招生名额已经满了。这个时候可能就面临考研没考上，又出去不了的尴尬局面，即使因为一些国家的开学日期不同（比如2月开学的国家）可以走这条路，但也不可能无缝衔接地出去，因此还是建议早做准备。

Q：国外的生活是否适应？有哪些经验可以分享？

A：刚去的话适应肯定会花一点时间，因为周围没有熟悉的朋友。老师教学的模式还有交朋友的方式会发生一定的改变，但是你要多去跟别人沟通，不懂的问题就要问，一般的话，在学校的老师和服务的工作人员会特别热心地帮助你，知道你是新生的话还会帮助你办理一些入学的手续之类的，只要开口问就肯定会有人帮你，但最怕的就是你不去问，这样的话你不仅没办法适应环境，你的英语还没有办法得到锻炼。

Q：在国外学习上会遇到什么困难？

A：第一，我们法学专业出去留学，语言要求比商科或者工科的要求更高，但等到真正出去了之后，会发现比想象的还要高很多。因为要阅读非常大量的英语案例，不仅要求我们熟悉生活方面的词汇，还要求我们掌握法学方面的专业词汇。语言方面的困难只能一步一步地去克服，是没有捷径的，当地的学生可能一个小时就能阅读完一份案例，最开始你可能要花三四个小时，并且在看的过程中要查很多很多东西，但没有办法，最开始只能这样做。随着自己词汇量和阅读量的积累，还有知识面的拓宽，你的阅读时间才可能慢慢地下去。

第二就是在上课的时候，国外的学生会常常把老师和同学课堂讨论的观点记下来，但最开始上课我其实听不太懂老师的课，于是我就把课程录下来。但是这个举动真的不太推荐，国外很注重知识产权保护。如果实在听不懂要录音的话，一定要先征求老师的同意！把老师的课录下来之后，就回去自己听一遍、两遍甚至三遍、四遍，把笔记补齐。

第三就是国外非常喜欢在课堂上提问，并且讨论一些观点。最开始，我在预习完课程的材料之后，会在上课前想一些课堂讨论的问题，然后把它们记录在一张纸上，如果没有办法在课堂上脱口而出，用英文交流，我就会把那些观点和问题读出来，这样老师也会知道你对这堂课是有所准备的，也不要担心别人会觉得你念不好怎么怎么的。这样你还可以督促自己跟上课堂的进度。

Q：留学的优势与弊端？

A：像我们法学专业，出国留学最大的好处就是拥有国际视野，锻炼你批判性、逻辑性思考的能力，这是对以后的学习生涯或者职业生涯都很有利的一点。另外，比较现实的一点就是一些北、上、广、深的大所及企业比较青睐本科是传统法学院校，经过了四年法学教育然后出去读了一个 JD 或者 LLM 的应聘者，这样英语水平相对来说会高一点，视野也比较开阔。因此对于法学学生来说，出国留学其实也是为自己增强竞争力。

三、学在别处——美国

童梦冰：美国南加州大学 LLM 已毕业。

Q：如何选择专业和地区？考虑的因素有哪些？

A：我在美国留学，本科是法学，也考虑过转专业，但是因为我本身准备出国比较晚了，所以还是选择了 LLM，因为只需要考托福。如果要转专业的话，除了要准备 GRE、LSAT 这类考试，最好还能在大学期间跟一个和想转的专业相关的项目，在申请上会比较有优势。我选择了南加州大学的 LLM，首先考虑的肯定是学校及专业的排名，南加州大学的娱乐法（知识产权法）在全美是数一数二的；其次还考虑了一下我自己的个人爱好，我高中开始看 NBA，是科比的粉丝，所以洛杉矶是我的第一选择。

Q：如何了解国外的学校，有哪些途径可以帮助我们获取更多的信息？

A：最简单的方式也是最有效的方式，参考每年的QS、TIMES等世界大学排行榜，选定自己的目标范围后，搜索学校官网，查询开设课程，是否与自己的方向相符。有一些学校的培养方案里还安排了实习项目，我个人认为是非常具有参考价值的。

Q：在哪个国家留学性价比高？

A：性价比很难说，首先考虑学历的含金量，主流国家肯定是美国、英国，如果想做律师的话选校要选认可度高一点的，如果想进国企、事业单位等，选QS排名前100名的。

Q：留学需要哪些准备？

A：最重要的还是本科绩点成绩和语言成绩，这两个相当于敲门砖。实习、项目、发表文章、学生活动、志愿活动等都是加分项，有很好，没有也不会有太大影响。

Q：需要中介机构吗？中介机构在留学申请工作中主要起到一个什么样的作用？有没有比较推荐的留学中介，可不可以告诉同学们如何辨别正规中介机构和非正规中介机构？

A：我是找了中介的，作用就是帮助你梳理申请的流程，提醒你完成步骤，对于没有做好功课且容易丢三落四的朋友们，有一个全职保姆还是可以的。但是中介毕竟是赚钱的，不能渴望中介给你选校选出什么花来，我个人感觉如果你有80分的水平，一个合格的中介可以保证你发挥70分左右，但你自己努力一把，说不定可以有90分。

比较大的连锁机构如新东方、新通等，是很成熟且靠谱的，但基本就是流水线工作，可能帮你写的申请文书也是套模板的。小朋友们可以紧盯你的负责老师，提出你的要求，不要他给什么你就收什么，自己还是要有独到的想法。比较小的中介个性化会比较强，但可能业务不够熟练，或者资源不够完善，也是需要自己盯着点的。总而言之，申请是自己的事情，不要完全依靠别人。

我有一个好朋友，自己申请到了梦想的学校，第二年还指导两个师弟申请到了梦想的学校，所以自己申请多、做功课的话，也是能得到很好的回报的，还可以省下一大笔中介费。

Q：在考研失败后来得及准备出国的各种材料吗？

A：理论上当然是来得及的，比如现在 2 月底开始准备出国材料递交申请，有一些学校的录取通知 5 月底才发，只不过可能没有第一轮录取的条件松，而且准备语言考试还是要费上好大功夫的。如果申请不上秋季学期，也可以申请春季学期。再不然间隔一年申请明年的秋季学期也是可以的，留学生中还是有不少都间隔过的，这段时间可以好好准备语言考试，也可以试一试申请未来想去的工作单位实习，尤其是律所这样的，给团队留下好的印象，说不定还能在留学回来后优先考虑你入职。

Q：国外的生活是否适应？有哪些经验可以分享？

A：非常适应，一开始大家都很担心学习跟不上、口语能力跟不上，但是一定要相信中国学生自主学习的能力！做好预习和复习，跟上老师的节奏不是难事！至于口语，只要你敢于开口就可以，生活不像考试，有时间限制还分对错，说不出来的时候借助肢体语言，替换简单的单词，都是可以沟通的。只要能够看得懂餐厅的菜单，能够在星巴克熟练点单，基本上日常交流就没有问题。

Q：LLM 学习的内容及与国内学习的差距？

A：我校老师上课不怎么用到教材（所以不用一口气把教材都买齐，又厚又贵又没用，一本新的教科书可能要 200 美元，可以在网上买二手的或者租，或者和室友拼一本），注重案例分析和思维的发散，基本上每节课都是在分析案例，课后作业也是分析案例。我较喜欢在课上准备惊喜，比如邀请美国诉苹果解锁手机案的负责监察官来上课，比如到了教室发现今天不上课，大家一起分享老师刚烤的蛋糕。

Q：在国外学习上会遇到什么困难？

A：不如说一说如何克服困难，养成比较好的学习习惯吧。

美国没有法学本科，所以我们学习的内容会有部分是在国内本科已经学习过的，这对于我们中国学生来说是一个很大的优势。虽然我们在听说读写上可能不如其他学生，但是我们已经建立了比较完整的法律思维，预习课程事半功倍。我会在课前做预习时，通过国内的搜索引擎找一些中文的文献，有了大概的了解后再去熟读英文案例。课后及时整理成大纲，在期末时就有了清晰完整的复习资料。

Q：留学的优势与弊端？

A：最大的优势在于比国内读研更快拿到硕士学位，比别人多出起码一年的时间，可以做更多的事，寻找更好的工作。且对于北、上、广、深等竞争激烈的大城市来说，海归已成常态，在这样的一个大环境下，出国留学已经不是加分项，而是基本分了。除了未来的发展，我个人更在乎的是我的经历。我和韩国朋友开过轰趴，也和黑人妹妹一起跳过嘻哈；我在阿拉斯加看过极光，也在一号公路上感受过自由；我在斯台普斯看 NBA 还上了大屏幕，也在玫瑰碗和七万人一起享受过防弹少年团的演唱会；我在拉斯维加斯的赌场偶遇杜兰特，也在比弗利大道上捕捉到过独自逛街的张雪迎……

Q：读完研后是打算回国还是留在国外？为什么？

A：我回国了，因为收到了国内的入职邀请，家人也比较希望我回来。如果有机会的话，留在国外工作几年再回来也可以。我有一些留在美国的朋友都有比较不错的发展，有的拿到了亚马逊的职位，有的成了好莱坞电影制作人的助理，有的在纽约的律所打拼，有的跟随团队和小米达成合作……我觉得人生有那么多的可能性，不能去衡量这一个选择一定就比另一个好，但是一旦做出了选择，那就义无反顾地冲下去，不要后悔，也不要回头看。

留还是不留？相信大家看完“过来人”的经验会有更多体会。

希望大家谨慎选择，大胆追梦！

祝大家都圆梦成功！

白萌芽①、游源竹②、童梦冰③

2020 年 6 月 9 日

① 白萌芽，西南政法大学行政法学院本科 2013 级毕业生。

② 游源竹，西南政法大学行政法学院本科 2013 级毕业生。

③ 童梦冰，西南政法大学行政法学院本科 2014 级毕业生。

考研考公怎么选

【写在前面】大三下半学期已经过半，各类考试接踵而至，关乎前途的分叉口就在眼前。通过之前的年级问卷，我们看到同学们许多已经有了明确的目标，有的则尚存在一些迷茫，为此，年级公众号“一柒前行”特辟当红节目“罗哥有话说”姊妹篇——“师兄师姐有话说”系列推送，针对法考、考研、职业选择等一系列问题，邀请经验丰富的师兄师姐们进行了专题采访，希望能对同学们有所帮助。

本系列共计十大主题，将在之后定期放送。本篇为系列第七弹：师兄师姐有话说之考研考公怎么选？下面，正文即将开始。

大三下学期的我们将面临众多选择，究竟是法考、考研，还是考公，都需要同学们经过深思熟虑，做出选择。

不少同学对于选择做一名公务员有很大兴趣，公众号工作组利用寒假时间，对已经成功考取公务员的在职师兄师姐们进行线上“云采访”，接下来我们就来看看他们的经验分享吧。

一、选调

李博文：重庆选调。

Q：考公和考研、法考之间存在冲突吗？

A：报考不冲突，都可以报。备考其实还好，虽然考研和国考之间存在一定的冲突，但其他考试的时间相对都是错开的。客观来说，考公和考研、法考主要都集中在毕业季，复习时间和精力是有限的，如果想两者甚至三者兼顾，更考验自己的恒心、付出和取舍。因此，是孤注一掷，还是多点开花，要认真审视各方面情况，综合考虑。

如果都想试一试，建议要分清轻重缓急。先是分清“轻”“重”，想清楚自己最希望去哪里、侧重点在哪里，“重”的复习精力就投入多一些，争取胜算更大一些。再是分清“缓”“急”，哪类考试备考时间更紧张，更需要尽快准备，“急”的就及早启动，复习进度往前多推一些。

广义的公务员考试主要有国考、省考、选调生考试、法检考试等。

考试内容：笔试内容基本类似，主要都是行测、申论。个别单位会有加试科目，比如重庆法检考试还会有一门法律基础知识。面试，以结构化面试为主，但重庆选调生考试是无领导小组讨论。

考试时间：以重庆为例，目前都是每年考一次。国考笔试一般在 11 月底 12 月初；省考笔试一般在 4 月；选调生考试，之前笔试一般在 1 月，但 2020 年集中选调是在 3 月；法检考试时间不定，2019 年笔试是在 9 月。

考试难度：相对来说，国考难度更大。这个具体要看什么地区、什么岗位，省考里面也有乡镇一级的岗位，一般还比选调生考试中的多数岗位简单一些。除此之外，还有考录机关、报考条件、发展途径等方面的差异。

笔试：这里主要谈下行测和申论。行测复习建议分三个阶段：前期试练两套真题，系统了解行测的题型分布、考查内容，为下步复习找准方向；中期细分版块复习，稳扎稳打、逐个击破；后期定时模拟训练，把握答题节奏，提升答题速度，举一反三、查漏补缺。申论复习建议及早启动，和行测同步进行，一定要多了解社会热点，多思考相关的问题、表现、成因、对策建议，多训练对材料的分析、归纳、提炼、加工能力，确保能够想得到、写得出、答得好。

面试：面试有结构化面试、无领导小组讨论等形式。以选调生考试为例，重庆这边一般采用无领导小组讨论形式，侧重考查综合分析、语言表达、组织协调能力以及举止仪表。可以先结合辅导资料、网课，了解一下面试的大体模式、基本策略、注意事项，特别是要思考怎么把握时机、切入话题、“闪亮登场”。最关键的是要“实战”，一定要找人进行模拟训练。我们当时就联系了校内的其他战友，组建了一个小分队，每天模拟训练，最后近九成的队友都成功上岸。

Q：需要另外报培训班吗？

A：培训班有没有效果？我觉得应该是有的。相对来说，辅导机构大部分老师的经验丰富一些，规划更有条理一些，资料齐全一些，氛围浓厚一些，对备考有一定的帮助。值不值得报？这个还是要看自己。最直接的就是需要辅导费，有的七八千元，有的协议班一两万元，另外可能会对自己的复习节奏有一定影响。个人建议，自制力差、复习条理不清晰、家里支持报班的，可以考虑报一个辅导班。

Q：户籍地和理想地报考的抉择？

A：建议多方面综合考虑。一是家乡的发展水平。如果家乡发展条件还不错，可以考虑回去。二是自己的规划打算。如果自己在家乡待得住、能习惯，那也没啥。三是家里的意见建议。如果家里比较支持，那就放开手脚。当然，还涉及其他方方面面的因素，比如理想地为啥是理想地，是因为生活水平更高、发展机会更多吗？还是有什么情结？

Q：考公辅导资料推荐。

A：辅导资料大概有四类：一是真题、模拟题；二是教辅书；三是网课视频、音频；四是培训机构编写的讲义。

首先，真题、模拟题是必备的，近几年的真题都应该做一下，模拟题可以适当做几套练练手。

其次，教辅书可以酌情买一本，复习系统一点，但有些冗杂的内容就别浪费时间去看了。网课视频、音频，如果习惯有个导读跟着学的，可以搜罗一套，用变速软件加速复习。

最后，培训机构的讲义非必备，只是知识点可能稍微精练一点，时间充裕的后期可以结合着查漏补缺。市面上的资料很多，那些常见的、主推的，我觉得都差不多，不要太依赖于复习资料，关键还是在于自己的思考、理解、分析。

二、检查官助理

1. 石柯：重庆梁平检察院

Q：考公、考研还有法考有什么冲突？

A：我个人认为冲突并不大。

就时间线来说，法考在前，花很长一段时间去准备法考是不少人的选择，所以一般来说准备得都不错。法考怎样准备，其实很大程度上决定了你的考研基础，等到考完法考之后，如果有精力，完全可以继续投入到考研的复习工作中。如果想一气呵成两者都拿下，按照先准备法考后准备考研的模式，成功概率比较大。

如果不想考研的同学，法考完之后就可以准备公考的内容了。一是因为还保持着学习状态，二是法考复习的内容可以为公考中专业知识科目打好基础，所以在我看来三者可以说是一条线上的，相辅相成吧。

不过就我本人的经历来说，法考之后有一段时间无法继续投入到考研和公考的准备中。第一是因为法考战线太长，精神疲劳松懈；二是因为这个时候会产生迷茫感，伴随着校招的考试，对于考研和工作两条路更加难以抉择。所以我建议大家在准备法考时就决定好自己大四的计划，避免法考后迷茫期的出现。

Q：考检察院，如何准备考试科目？

A：这个问题我有一点点特别的经验可以谈。

我是从 2017 年年初慢慢开始准备公考的，当时已经有一些校招单位抛来了橄榄枝，但是我仍然处于迷茫期，对于向往的工作也不太明确，所以可以说是逃避性地投入了省考的准备中。在距离考试不到一个月的时候，我报考了主城区级的公安部门，复习不成系统，花费精力也不够，结果可想而知。后来我才明确了考检察院的决心，所以我进入国企的法务部门，一边实习一边准备法检考试。

如果考法检，真建议大家不要一上来就做法检的题目，会觉得难，但是如果从国考开始复习，先苦后甜，就会觉得考试比较轻松。

法检考试除了多一门专业知识，其他的考题模式和国考、省考非常相似，而且国考、省考、法检的考试难度是递减的，所以我建议大家先买公考的书和题，打好基础，然后省考，最后再去看法检的相关书籍，做法检专门的复习题。你会发现打好了国考、省考的基础，法检的题做起来很简单，当然这个工作越早开始越好，你的考题阅历、做题状态也会积累得更多，期间不能忘了做历年专业知识科目的题，每天也要花出时间复习法律专业知识，避免在专业科目上丢分。

书籍资料准备上，真的强烈推荐华图五个模块宝典和考前必做1000题，我个人再加上国考历年真题、重庆市省考历年真题和法检真题。

Q：需要另外报考试培训班吗？

A：复习的模式其实最主要是适合自己。我当时没有报班，只是每天都去图书馆看书，自己心里有一个复习计划，所以我也不是特别清楚笔试报班怎么样，但我的面试是报了班的，上了十几天的课。

如果有明确的复习计划，而且时间不紧张，状态也不错，我个人认为不需要报班，报了班反而打乱你的复习进度。

2. 林冰茹：浙江省检察院

作为浙江人，考回家乡一直是我择业的主要方向之一。在参加浙江选调考试之前，我也参加了广东、四川的省直选调与国考的中央纪委国家监察委。一来是为了在浙选之前能积累丰富的实战经验，在考场上不会过于慌张；二来是浙江选调未能如愿的话，北京、广州和成都都是很喜欢的城市，多些机会更保险。期间还报了上海选调，因为浙江先出了成绩，就没有再去参考了。

其他几场的笔试都通过了，国考进面通知来得较晚，当时已确定了去处，需要按照要求写放弃声明；四川是在通过面试后、体检前写了放弃声明；广东的效率很高，在浙江笔试成绩出来前就已经完成了面试、体检和政审等程序，最后是在公示前赶到广东大厦解约的。这里其实也有犹豫过，广东高院来政审的老师非常通情达理，谈话很投机，相关政策也解释得很详细，待遇很好，但考虑到对象家在江苏，广州有些远，不太能接受，最后还是放弃了。但一般情况下，在政审前放弃比较保险，否则有进黑名单的风险。

在岗位选择上，受实习经历的影响较大，我对省检的氛围和环境都很向往，前辈们学习热情始终不减，大家心态都很积极、很有活力。单位位于市区地铁四通八达，生活非常方便。当时正值检察系统内设机构改革，“四大检察”并行，我本身是宪法与行政法专业硕士研究生，刑法与刑事诉讼法又是除本专业外最喜欢的学科，两相结合的行政检察就成了我的目标（虽然后来我被意外地分配到刑事检察部门，现在正在重新学起，我也很热爱自己的业务工作）。总之，提前了解一下目标单位还是很有必要的。

我从研一入学后就确立了读博或考公的目标，第一学期经常跟导师交流有关未来规划的想法，认真倾听师友们的建议。人大的考公氛围还是比较浓重的，尤其法学专业，我们寝室四个人最后都选择考公。基本上第二学期我就将目标锁定在了考公上，导师对此也很支持。但我身边有很多同学是听完招考宣讲会后才打算一试的，上岸率也很高，所以只要准备得当，把考公作为一个选项，其他就业机会也不要放弃，给自己多准备几个方案未尝不可。

目前来看，公考可以简要分为各省省考与选调，以及国考与中央选调（福建有个引进生考试，据说待遇很好，但不是特别清楚）。国考是风向标，考题内容和形式都最为标准，因而不管国考是否有心仪的岗位，去练练手还是极好的。各地省考各有特色，比如广东、浙江和上海就会有较多数理化题型，因此，最好在国考备考的基础上进行针对性的准备。相较于国考和省考，央选和地方选调竞争力小一些，报考门槛已经拦下了一部分考生，招考单位的自主性也更强些，有点像高校的自主招生，但考试难度不会大于统考，比如四川选调就没有数量关系，多是文科类题型。总之，确定要考公的话，能参加选调就尽量参加选调，当然，选调生的政策可以提前搜索了解一下。

按照国考标准来看，笔试部分分为行测和申论，行测又由以下五个部分组成：

（1）常识判断——非常看重平时积累，相关的网课音频可以当睡前故事听，考场上不能花太多时间，不会立刻跳过；

（2）言语理解与表达——有专门的技巧，跟高考语文不太一样，不能想当然；

（3）数量关系——用快速解题技巧去解，超过两分钟做不出来就放弃；

（4）推理判断——题量大，图形推理、类比推理、定义判断和逻辑判断等，做起来很有意思，备考的时候复习累了，可以做推理判断题作为休息；

（5）资料分析——数量少，题型集中，变化不大，是主要拿分项，需大量刷题以防丢分。

再说申论，我的申论分数普遍不高，跟我复习的侧重有关，自恃写作能力突出而没有认真训练，最后的成绩很客观，付出的努力跟收获的分数成正比，所以平时一定要动手去写。申论由几个小作文和一篇大作文组成，虽然最后的大题有不可控因素，但是前面几个小题很客观，踩点给分。对于大作文而言，素材的积累以及漂亮的字体都很重要，政府工作报告等公文里的词句用法尽量掌握。

题海战术很有用，尤其是真题，考场上拼的就是速度和熟练度，所以在模块化练习之后要整套整套地刷真题。

面试以结构化面试为主，主要看谈吐是否流畅自然，以及内容是否凝练和紧贴社会时政，内容方面自然还是需要平时积累，每天晨读十九大报告等。形式上必须要开口训练，很多培训班的作用就是让考生开口表达自己，听到考题就立刻判断题型，从而调整答题模式，这些快速反应没有一定训练基础是无法实现的。

前期可以提前关注一下自己目标岗位往年的招考情况，需要满足哪些条件，比如学生干部、党员或者校级荣誉等，争取满足条件。

对于应届毕业生而言，前一学年最好把学位论文的文献综述等基础性工作提前准备好，保证最后一学年的前一个学期进入备考状态，本身毕业季事情较多，加上毕业论文悬而未决，很容易打乱节奏，也让自己心里有个底，更有信心去备考。

最后一学年的前一个学期在备考的同时，要关注各地招考公告，列一个时间表，标记好考试的报名时间以及考试时间，不能错过报考时间。

备考前期主攻笔试部分，参加完目标岗位的笔试后立刻进入面试准备阶段，等笔试成绩出来再准备就晚了，落后人家一大步。我那年因为广东笔试成绩出得太快导致我被迫进入面试复习，当时都还没参加浙江笔试，本来的打算是浙江笔试后进行面试相关的准备。

Q：需要另外报培训班吗？

A：笔试不需要报班，自己翻教材刷题足够了。比较推荐粉笔的网课，老师讲课很有趣，也很好理解，他们有专门的讲义供考生下载使用，如果配套使用他们的辅导教材也不错。

面试是否报班因人而异，本身就善于表达自己、发言流畅的可以自行结伴训练。如果自身比较内敛，也没有多少在公众面前表达自我的经历的同学，还是比较建议报班的。如前所述，补习班主要是强迫你开口当众发言，还有就是提供答题的套路，所以即使报班，也建议报短期培训班，掌握培训机构提供的模板之后，就可以回来自己练习了，或者报一对一的训练班，保证训练强度。

我当时的训练方法：每天晚上站在图书馆的楼梯间里，模拟考场纪律，让男朋友提问 3 ~ 4 道真题，然后计时回答，答得不好或者卡壳了就重新作答，答完再复盘，让对方根据标准答案点评方才的作答，找到优、缺点。我身边也有其他单位进面的小伙伴是组队训练面试的，一圈人轮流作答，但人数不可过多，否则一整天下来，自己发言的次数寥寥可数，达不到强化训练的效果。

三、法官助理

1. 孔艺衡：山东省菏泽市中级人民法院

Q：考公和考研、法考之间存在冲突吗？

A：分开说吧，考公的话分为国考和省考，国考的考试时间是大四上学期的 11 月底，跟司考、考研的时间有一定冲突，但我觉得复习公务员考试，很大程度上是短期内临时抱佛脚，也不需要太刻意去准备，一两个月集中准备一下就好了。还是看个人取舍，如果专注于考研就专心备战，国考可以稍微去参加一下，花个报名费感受感受考试气氛，见识一下试题类型。国考本身上岸的概率要比考研低些，考研期间就别大费周章在这上面了。至于省考的考试时间已经到了来年的三四月份，跟考研、法考时间没啥冲突的，如果有志于考公可以把重心放在这上面，而且如果是准备报考法检的话，基本都是省考才会有岗位。还有一个类型就是选调生，各地的考试时间不尽相同，而且我也没考过，如果有志于此的话就查查当地的招考公考再做出选择吧。

笔试的话，我没考过其他地方的试题，单从山东这边来说的话，行测题目是完全一样的，申论按综合、行政、执法岗位分了 A、B、C 卷（我也不知道为啥这样分），但题目类型基本一样，只是侧重点可能稍有不同，但基本不影响备考计划。有的岗位如公安、银保监这种要加试专业，个别省市的法检单独考试，可能也要加试一门专业知识的课，难度应该不会超过司考、考研。面试基本都是结构化面试，题型可能不固定但总体没什么大差别。警察类岗位笔试、面试结束后还要进行体能测试。

Q：政审内容和排除性条件有哪些？

A：政审就是填各种表格材料，应届生考上的话单位会到毕业院校去找老师、学生谈话，其他就没啥了。排除性条件，过去如果不是国安、特警这种性质特殊的岗位，还真没听说过有因为政审被刷下去的，但 2017 年时中组部要求彻查干部履历档案以后，档案有问题而且本人不能做出合理解释的有可能会被刷掉，其中情况最多的是成长经历与生源地不相符，也就是俗称的“高考移民”。

2. 陈硕：上海市第一中级人民法院

Q：考公和考研、法考之间存在冲突吗？

A：我是考完法考和考研之后，研究生毕业阶段才开始准备公考的。就我个人经验来说，北京和江浙沪的公考时间在 12 月和开年后的 2 ~ 4 月。这时应该是法考结束后的时间，和考研的准备时间有一定冲突。每个省市的公考时间可以参考往年时间，差别不会过大（查询的路径可以去中公教育官网上找找）。

公考的类别，我理解分为国家公务员考试（国考），省与直辖市公务员考试（省考）。我参与的是国考、北京公务员考试、上海公务员考试。考试的难度会有梯度，我个人感觉沪考难于国考、难于京考。笔试考试的科目基本相同，政法类考察申论和行测两门科目。可以理解为高考考的语文和数学，每个省市科目相同，但难度有差异。对难度的把握一定要看省市的历年真题。

Q：关于考试科目和准备时间。

A：公考分为申论和行测两科，申论为主观题，行测为客观题。以时间最早的国考为例，我的建议是若要准备 12 月的国家公务员考试，准备时间可以放在 7 ~ 8 月的暑假开始。7 ~ 9 月前尽力过第一遍视频，做分章节的真题。9 ~ 11 月中对分章节的真题进行总结，找到自己的做题技巧。也可以对自己不太理解的知识点，如对行测科目中的空间几何和排列组合确实感到迷惑，可以着重放一些时间来总结技巧。当自己对两门科目的知识点有把控之后，11 ~ 12 月你需要做真题套题训练速度，避免在行测选择题上吃做不完的亏。

Q：户籍地和理想地报考的抉择？

A：关于户籍地和理想地报考的选择，因为各地的公考时间往往各不相同，可以多报名几个心仪的地区尝试尝试。正如前文所述，因为笔试的内容差异不大，准备好了就多去把握几个机会吧。有所选择和转圜是最好的了。若最后还是拿不定主意，你可以问问自己为什么要考这门考试，是为了更好地发展或者什么目的，和你最重要的家人、朋友沟通一下，慎重决定。

Q：政审内容和排除性条件有哪些？

A：关于政审，若能够报考且通过笔试，政审最基本的是调查你个人和父母的无犯罪记录情况。一般不会有问题。

Q：书籍和辅导书有何推荐？

A：关于辅导书目，有几家辅导机构的书都不错，个人推荐粉笔公考和中公教育。淘宝上都有旗舰店，各个阶段的书都有，对于最初开始准备的时候，可以买分章节的书以及习题（如粉笔图书的《行测的思维》和《申论的规矩》）。此外，必备的是两科的历年真题。申论考试还推荐另外一本书，《半月谈》银灰色封面的《申论范文宝典》。关于视频和音频课程，淘宝上有，中公教育和粉笔公考的 App 上也有售卖。

根据国家公务员局发布的 2020 年国考报名数据显示，中央机关及其直属机构 2020 年度公务员招考共有 143.7 万人通过了用人单位的资格审查，通过资格审查人数与录用计划数之比约为 60 : 1。这已经是国考报名人数连续 12

年破百万。所以这条路不说特别难，但也绝对不简单，既然决定，就要去付出，厚积薄发，去追求自己想过的生活和想要为之奋斗的事业吧。

李博文[①]、石柯[②]、林冰茹[③]、孔艺衡[④]、陈硕[⑤]

2020年6月13日

① 李博文，西南政法大学行政法学院本科2013级毕业生。

② 石柯，西南政法大学行政法学院本科2013级毕业生。

③ 林冰茹，西南政法大学行政法学院本科2013级毕业生。

④ 孔艺衡，西南政法大学行政法学院本科2013级毕业生。

⑤ 陈硕，西南政法大学行政法学院本科2013级毕业生。

跨校考研经验谈

【写在前面】大三下半学期已经过半，各类考试接踵而至，关乎前途的分叉口就在眼前。通过之前的年级问卷，我们看到同学们许多已经有了明确的目标，有的则尚存在一些迷茫，为此，年级公众号“一柒前行”特辟当红节目“罗哥有话说”姊妹篇——“师兄师姐有话说”系列推送，针对法考、考研、职业选择等一系列问题，邀请经验丰富的师兄师姐们进行了专题采访，希望能对同学们有所帮助。

本系列共计十大主题，将在之后定期放送。本篇为系列第四弹：师兄师姐有话说之跨校考研经验谈——人大、中政篇。下面，正文即将开始。

一、中国人民大学

中国人民大学是中国共产党创办的第一所新型正规大学，是一所以人文社会科学为主的综合性研究型全国重点大学，直属于教育部，由教育部与北京市共建；是国家首批“985 工程”“211 工程”重点建设大学，2017 年首批入选国家“世界一流大学和一流学科”建设名单，“在我国人文社会科学领域独树一帜”，位于首都北京市。

关于马进师兄：

考研学校及专业：中国人民大学社会法学。

初试成绩：英语 68 分；政治：71 分；理论法：113 分；应用法学：119 分。

初试专业排名 2；初试总排名：25 左右，近 2000；复试排名：215。

英语水平：六级 497 分。

法学基础 1 ~ 6 学期综合排名：34/449；1 ~ 6 学期裸成绩排名：113/449。

【提问环节】

Q：为什么选择考研？有什么心路历程吗？

A：首先，在当今这个学历缩水、本科生遍地跑的时代，硕士学历和文凭相对而言还是非常重要的，很多地区的公务员招考、律所或者企业法务的招聘，硕士学历俨然已成为门槛，总体而言，研究生的就业竞争力高于本科生。其次，由于本科阶段在学习上还有很多遗憾，自身的水平、能力等还不足以应对严峻的就业形势，因此需要读研作为读书与就业的过渡，在硕士阶段更有针对性地提升自身的专业技能。最后，出于个人原因，我比较喜欢体验不同的学习生活环境，去另一所学校攻读硕士学位能满足这一需求。

Q：为什么选择人大呢？

A：大一进入行政法学院学习法律后，我就针对性地去了解了各个学校法律专业的情况。初生牛犊不怕虎，听说人大法律最好，我便决定报考人大法学院。人大法学院难度在一众法学院校中，可谓“中国之最”，热门专业的报录比甚至超越以招生人数稀少著称的清北，我等鼠辈在此巍峨大山前瑟瑟发抖，甚至曾经迷茫到把武大、南大、厦大、中山、南开、复旦等十数所著名大学的法学院参考教材与报录比查了个遍，查完了发现，我还是想考人大，由此便明确了自己的内心。（至于为啥没考虑西政，一来西政不是 211、985，想在硕士阶段补足这个遗憾，更重要的是我太想换个环境了，我是个在新鲜感中汲取能量的人，长期待在一个地方太疲惫了，真不是西政不好，母校我爱你！）

当然，从西政本科、人大硕士的角度来讲，我发现人大的确会提供更为丰富的资源，尤其在公务员考试和实习这些方面。当然，就算不考公务员，北京和人大提供的国际视野和丰富的就业机会也是非常棒的。

Q：考研和法考可以兼顾吗？

A：各个学校研究生入学考试的形式不同，这个问题也是有差异的，但是总体来讲，司法考试对考研是有所裨益的，但考研对司法考试帮助不大。至于是否可以兼顾，我的回答是“能”！法考可以帮助你在短时间内充分构建起一套法学的知识体系，其中涉及的很多内容考研也会考，对于人大考研更是这样。我是二战考上人大的，第一年的时候同时兼顾了考研和司考，当时通过了司法考试，也顺利地通过了人大的初试（很遗憾，复试英语不及格被刷掉了，不然也不用多吃这一年苦头了，英语是多么的重要）。

事实证明司考和考研还是可以兼顾的，我身边的大多数同学都是司考和考研同时准备，都取得了不错的成绩。一方面，可以归结为学习能力问题（学习能力强的人考什么都能过，司考中锻炼总结的学习能力也可以被考研吸收）。另一方面，司考对考研有促进作用。考研的很多内容和司考是共通的，而且考研的很多问题都是主观题，需要一定的分析能力，考得也比较灵活，不是照搬书本就足够的，更需要丰富的法律知识和系统的法律体系，所以司考中学到的知识是完全可以用到考研中，以帮助你答得更好、更符合老师的要求的。（试想考研考场上，你抓耳挠腮见都没见过的一个知识点，恰好在司考中复习到了，拍拍智慧的大脑袋总能瞎编上几句的吧。）

和大家分享我第一年的时间轴：

（1）大三上学期的 11 月开始看人大的教材（比较粗略地看了点）。

（2）在大三下学期开学初（2 月末 3 月初）正式复习，在继续搜集、准备人大的教材以及各种材料的同时，比较细致地学习了人大的教材，背诵了一部分材料。

（3）7 月份开始复习司考。时间特别紧张，很多人已经在看第二轮的第一遍了，我还在看第一轮的第一遍，心态崩了，一低头就想哭，晚上还睡不着，结果侥幸压线过了。

（4）10 月 4 日强行把自己从床上撕下来继续开始复习考研。

Q：选择法硕还是学硕？如何选择专业？

A：我选择的是学硕。一般来说，法硕的竞争没有学硕的竞争激烈，但近几年法硕认可度大幅增长，竞争也变得超级激烈。由于学硕是全国统一考试，所以考试大纲、辅导资料、教材真题什么的都比较容易搜集，也就省去了很多时间。

就学硕而言，如果要考外校，尽量选择一个复试相对容易的专业（除非对某个专业非常热爱，热爱到想为了学术奉献终身的程度，否则也没必要非考哪个专业吧？只要在相对容易的专业里挑个自己喜欢的就成了，毕竟有学上，有学校、学院的资源可以利用是更重要的，同学院不同专业之间的资源差是很小的）。人大法学院更为典型，采取了所有专业统一划线的形式，这就导致热门专业人很多，竞争压力特别大。假设人大要收 80 个学硕，那可能会划定 120 个进复试的名额，这 120 个人可能会是各种各样的专业，但事实上很多人都会报考民商等热门专业，热门专业进复试的人会很多，竞争非常激烈。而另外一些冷门专业如法制史、法理等，甚至可能招不满人。例如，2018 年人大学硕士复试，民商法有 30 人进复试，录取 10 个人；2017 年人大法学硕士复试，民商法专业 65 个人进了复试，录取 20 人。而偏冷的法制史门可罗雀，甚至还需要从别的专业调剂（我见过太多执着于民商的朋友哪怕初试很高分，复试都被刷掉了，这时候肠子都要悔青了吧。法制史也挺好的，师资十分雄厚）。因此，在人大，综合参考就业等因素，考上会比挑一个好的专业更为重要，除非是对某专业有特别的感情，特别想学这个专业（温馨提示：理科生可以选择人大的证据法专业，挺不错的，貌似难度也没那么高，但是要考物理、化学之类的）。

Q：有什么复习资料可以推荐？

A：考研专业课需要准备的材料：

（1）目标学校的教材；

（2）专业对应科目的司法考试教材；

（3）后期背诵的笔记。后期背诵的笔记非常重要，因为教材实在是太厚了，重点太不突出，全看一遍，看到最后一门的时候，估计第一本书叫啥名都忘干净了，所以笔记方便携带，又薄看得又快，实在看不懂再回去翻一下教材！这个笔记可以自己买也可以选择自己整理。不过我个人建议是买现成的笔记，看书的时候在笔记上补充。

机构编定的笔记有很多内容也不是特别好，答案可能不全面，所以还是自己边看书边补充重要内容，梳理答案逻辑体系。

Q：准备经验分享？

A：关于考试科目，人大考研的模式比较特殊。英语（一）和政治自不必说，人大法学专业课分为专业课一和专业课二。专业课一理论法学，包括宪法、法理、法制史；专业课二应用法学，包括民法、刑法、知识产权法、环境法、国际法、经济法、诉讼法（注意：卷子上会出现所有科目的题目，但不要求全部作答，只需要考试时在七门中任选三门作答即可）。一个科目大概是两道题，一般来说是一道案例分析 / 材料分析和一道论述题，每门科目共 50 分。

关于应用法及七选三，我选择的科目比较特别（至今没听说过谁这么选科目的），分别是诉讼法、环境法和三国法。诉讼法和三国法，我并没有花大量时间看教材，只背了基本的概念和教材体系，做到对名词和内容熟悉。（不然考试题目中出现个名词不知道是什么岂不是很尴尬？你们知道 ADR 是什么吗？）环境法重点看了司法考试的教材，环境法的总论部分是看的教材，分论部分自己进行了整理，但也没有花大量时间在教材上，反正环境法分论就是总论的理念和制度结合不同环境要素、生态资源的特征的运用，规律很明显。当然很多琐碎的内容，比如诉讼法中的某些小程序，我觉得我肯定记不住的，那我就会放弃，这样才能更好地利用时间。

关于理论法。一定要把教材看透，一定要记好框架体系，一定总结答题模板！框架体系和答题套路对应用法也很重要，但理论法尤为重要！

关于最后冲刺。务必整理好需要巩固背诵的内容（通常是最重要的内容）。可以直接在笔记上面补充完善自己想到的内容，记大点即可。因为考试多是材料题和论述题，老师主要考查的是能不能利用基础知识来分析、解决这个法律问题，尤其是论述题，基本上相当于完成一篇缩减版的小论文，这就要求你必须对题目有一个整体体会。这种整体体会可以通过勾勒教材的框架并构建细致的思维导图的方式来建立，这有助于从整体上把握教材的内容，由宏观到微观，把整个知识体系融会贯通。总而言之，最后阶段的核心要义就是反复背诵巩固。有一个公式与大家分享：记忆＝理解＋重复无限次。重复的次数越多越好，多看一遍也许就会有更深一层的理解。当然，真题，尤其是论述题以及可以当作论述题出的简答题，一定要做一下，可以不全写出来，但是答题思路和框架要自己写一写。最后，有时间的朋友一定要模拟一下，不然考试时真的答不完。

总的来说，考研比较重要的一件事就是重复，做完一遍之后再做还是会有错，只有反反复复地巩固、重复，才能做到真正的万无一失。

Q：介绍考研的全套流程。

A：9月末报名，11月现场确认，12月末初试，2月出成绩，3月复试。

关于复试：包括专业课笔试、英语笔试、专业课面试、英语面试四个部分，一般来说第一天报到，第二天笔试，第三天面试，第四天可能会体检或者报到当天体检。

（1）专业课及英语笔试。这两个是放在一起的，先考两个小时的专业课，各个教研室自主命题，一般是两三道材料题或者案例题，考完了五分钟收答题卡，发英语卷子。人大的英语笔试有的年份会特别难，一个小时之内，在心情高度紧张和考完专业课疲惫不堪的情况下做完六道阅读题（题型参考考研，但难度每年不一样），是非常困难的，所以进了复试的同学一定要练一下快速阅读。

（2）英语面试。英语面试是群面，事先分好小组，3人一组，每个人念一段英文材料，然后对此发表自己的观点，进行交流讨论。

（3）专业课及综合能力面试。进去自我介绍，抽一道题，老师会追问到你编不下去了为止，当然也有老师会进行提示，然后分别打分，取平均分。

Q：如何联系导师？

A：就人大而言，没啥必要去联系导师。老师们工作繁忙，并不一定会及时回复邮件；而且联系的导师也未必会参加复试；更有教研室是抽签选导师，联系了也架不住抽签抽不中。所以，大家可以在确定进复试之后视情况考虑是否联系老师，确定被录取了之后，联系下自己心仪的导师比较好。

二、中国政法大学

中国政法大学简称中政、法大，诞生于1952年，是中华人民共和国教育部直属的一所以法学为特色和优势，兼有文学、史学、哲学、理学、经济学、管理学、教育学等多学科协调发展、特色鲜明的全国重点大学。学校系国家“211工程”“985工程优势学科创新平台”重点建设，列入首批“2011计划”“111计划”“卓越法律人才教育培养计划”，被誉为“政法人才的摇篮”，位于北京市。

关于张宝心师姐：

考研学校及专业：中国政法大学民商法。

初试成绩：英语77分、政治66分、法综113分、民商法专业课127分，总分383分。

法学基础：本科学业成绩排名70＋。

师姐寄语：考研是一场旅行，愿你在旅行中收获自我。

1. 考研还是工作?

本科生遍地开花，硕士研究生越来越多，博士研究生人才短缺。三者的社会待遇是有一定的区别的，学历越高，社会需求越大。

法学是极深奥、极需要智慧的一门科学，本科法学教育提供基础知识，却不提供独立思考的能力。

我个人认为，读研主要是为了积累学术功底，而社会经验、社会思维晚几年培养也来得及，但是只有在学校才能培养法学思维，丰富自己永远是最好的上升渠道。这也是为什么我没有选择法硕的原因。而入学后观察，中政法硕的培养确实没有学硕扎实，比如说导师，更多的是给学硕留任务，较少关注法硕的成长。

2. 考哪个学校、哪个专业

回顾自己的学习能力，问问自己的考研决心，咨询各个院校刚刚考上的师兄师姐们，推荐考研帮App，我国的法学院校排名可以参考中国学位与研究生教育信息网。

考虑自己的兴趣，喜欢哪个部门法学，就报考哪个专业。要了解该校有哪些专业，就去其官网。一个感兴趣的专业能够让我们更加努力去追求我们的目标，克服那个专业的难度。比如说，一方面，我对《民商法》感兴趣，即使报考难度很大，但我真的很喜欢，我就会有动力去学习、去追求。另一方面，也要衡量自己的能力。参考本科成绩，还有学习方式，能不能自律？能不能通过自己的努力来追求实现目标？总的来说，选择专业要看兴趣，如果自己真的很喜欢，可以偏向兴趣来做出决定。但是能力又不是那么强的情况下，就要更加实际一点去做出选择了。

一般会在9月公布招生简章。2021年考研的同学要提前看2020年的招生章程（非常非常重要，调整专业、招生人数都会在这里公布）。

3. 法大考研情况

（1）考试内容。

公共课为英语、政治。

法学综合为法理学（30分）：法理学导论；宪法学（30分）：中国宪法；民法学（30分）：民法总论、物权法、债法；民事诉讼法学（30分）：民事诉讼法学（含证据、执行）；刑法学（30分）：中国刑法总论、中国刑法分论。

民商法专业课为民法学（90分）：民法总论、物权法、债法、继承法；商法学（60分）：公司法、破产法、证券法、保险法、票据法。

（2）题型：名词解释＋简答＋论述 / 案例分析。2015年改革之后，只考主观题，没有客观题。

（3）真题使用方法：先拿着真题标注在课本上；看课本的时候注意一下你标注的真题，这是考试重点；看完课本以后看真题和答案，检验自己的熟悉程度，了解考试难度；留出最近一年的真题，在10月份左右做一次模考。

（4）是否报班：如果你是非法学专业跨考，可以报班，能够帮助你规划；如果本科为法学专业，自学能力和自律能力不错就可以自学，可以购买机构音频作为辅助。

4. 复习用书（见表 1）

表 1　跨校考研复习用书

阶段	复习用书
初试	①政治：肖秀荣精讲精练＋一千题＋徐涛强化班＋小黄书＋肖四肖八＋蒋中挺五套题； ②英语：王译博老师语法、新题型＋朱伟恋恋有词＋考研真相解析＋英语真题＋唐迟阅读理解＋王江涛作文＋何凯文每日一句＋刘一男单词； ③法综：法大本科教材＋魔方考研笔记＋法大本科老师讲课音频＋三公律博基础班、冲刺班＋魔方考研历年真题＋天一智诚历年真题； ④《民商法》专业课：法大本科教材＋法大本科老师讲课音频＋魔方考研笔记＋魔方考研历年真题＋魔方考研音频（买笔记赠送）＋天一智诚历年真题
复试	①外语：星火六级听力＋ 口语用书（我没买，但建议买来准备）； ②专业课笔试：初试用书（教材＋魔方考研笔记）＋论文＋小月河真题； ③专业课面试：同上

5. 初试准备时间轴（见表 2）

表 2　跨校考研初试准备时间轴

时间	应做准备
2017 年 11 ~ 12 月	王译博老师英语语法
2018 年 3 ~ 5 月（3 月初正式开始）	①法综第一遍，做框架图（后来再没看过，建议专心看书，框架图可以看魔方考研笔记的）； ②赵旭东老师《商法》＋赵旭东老师《公司法》第一遍（每一章后面的理论分析也要细细看一看）； ③法考鄢梦萱《商经》两遍（为了抓一抓知识点和辅助理解）； ④朱伟《恋恋有词》第一遍（建议第二天看新的视频之前，先复习一下前面的单词，浏览英汉就行）； ⑤法大本科老师讲课音频（推荐音频加速 App）

续表

时间	应做准备
2018 年 6 月	①三公律博 2017 年的音频＋法综课本第二遍（个人认为，音频能够辅助理解课本并抓住考点） ②恋恋有词单词每天记一个单元（整理出了一本自己的单词本，看着英语想汉语意思，不会的标注出来，第二天学下一个单元之前先复习昨天标注的不会的单词，每天用时 15 分钟左右）； ③法考钟秀勇《民法》一遍，民法教材第二遍； ④法考柏浪涛《刑法》一遍（因为法综刑法注重考查总论，所以分论我没有额外花时间学，只听了柏浪涛《刑法》，看了一下魔方考研笔记）； ⑤法考白斌《宪法法理》一遍（我走在路上的时候听一听，可听可不听）； ⑥开始做英语真题：从 6 月到 10 月，每天在英语真题上花约两个小时，2004 ~ 2017 年真题做了四遍以上，做第二遍的时候阅读理解、翻译题型都全文翻译了，比较耗时间，是否翻译要看个人情况
2018 年 7 月	①肖秀荣精讲精练（书＋视频），但我个人建议不要看其团队的视频； ②《民法》教材第三遍，这时候如果还有不懂的知识点，一定要引起注意，可以查找老师撰写的论文或者问师兄师姐们把它搞懂； ③《商法》教材第二遍，我看书的遍数不是特别多，但是相关的铺垫还是不少的，比如听法考、听机构音频、看笔记等。个人建议前期多看课本； ④商法魔方考研音频第一遍； ⑤背诵《民法》课本第一遍（第一遍是背的教材，为了加强理解和内容全面）
2018 年 8 月	①做肖秀荣配套题（做错的知识点，要回归知识点和知识框架）； ②继续背诵民法教材（700 多页，还是背了蛮久的）； ③三公律博 2018 年音频＋法综魔方考研笔记（将音频补充内容和课本内容均补充到了笔记上，后期没再看课本了，建议师弟师妹们将知识点集中到课本或者笔记上，只看课本或者笔记其一即可）； ④开始背王江涛作文，每周背两篇小作文、两篇大作文（我开始的比较早，每天早上背 40 分钟左右）。先背汉语，再背英文，晚上默写，小作文 8 分钟，大作文 15 分钟，持续到 11 月

续表

时间	应做准备
2018 年 9 月	①徐涛强化班视频（前期看的是肖秀荣的视频，没找到感觉，又看了徐涛的）； ②开始背法综笔记，我前期注重理解，所以 9 月才开始背诵，考法考的同学可以早点儿背诵，第一遍速度慢是正常的
2018 年 10 月	①继续背法综笔记（建议对应知识框架进行背诵，但也可以第二遍再对应知识框架，总之要对知识框架心中有数）； ②背专业课（同上）； ③做英语真题，背作文，看唐迟英语阅读视频并按题型整理笔记； ④做政治真题、看考点（前期做题整理了一份自己的盲点笔记，不要盲目做笔记，做笔记可以有以下两种：知识框架或者知识盲点）
2018 年 11 ~ 12 月	①做肖四肖八并背诵大题（这个真的很重要，但是好像选择题没有解析了，推荐关注喜马拉雅主播：大牙考研，会讲解选择题）； ②做蒋中挺五套题并背诵大题（也挺重要的）； ③背徐涛小黄书、背时事政治（老师整理得很好）； ④背法综第二遍，总的来讲，我只背了两遍法综，但如果课本看的遍数少，就要多背几遍
每天都做的	前期每天早上看每日一句并做笔记，看一个口语公众号并做笔记；后期只看每日一句

6. 复试准备及考试过程（见表 3）

表 3　跨校考研晚复试准备及考试过程

阶段	过程
专业课笔试 3 月 1 ~ 20 日	①初试和复试命题范围基本一致，复试也是常规题，基础知识依然重要，记得复习（我看了两遍民法课本、一遍商法课本，背了民法和商法笔记各两遍）； ②热点问题一定要关注，关注民商法老师近几年的论文，以及下载量高的也要看（留出一个星期看论文，同时复习弱点知识）； ③复试真题找一找，看一看； 初试成绩出来后，法大并不给出排名，但我们要合理安排复试学习时间。初试结束后，稍稍放松一下就应当进入学习状态了，一是没上线，提前为调剂做准备；二是上线了，不至于手忙脚乱

续表

阶段	过程
专业课面试	在备考教室抽签决定面试顺序，进入面试教室，将准考证和身份证交给门口的师兄，坐到位置上抽题，可以换题。大声念出题目，约一分钟时间思考，之后开始作答，作答完毕后老师会追问，引导我们更深入思考或者将我们跑偏的作答拉回正轨。 ①考查点：基础知识＋对理论问题的理解＋仪容仪表（可以不穿正装，但是要朴素干净）＋语言表达能力； ②心态稳，语速不要太快，基础知识记牢，同时能提出学界观点更好
英语听力	①可以用英语六级练习听力； ②考试时听力的速度非常快，但题型不难
英语口语	①提前准备英文自我介绍，一分钟左右； ②面试时先自我介绍，然后回答问题，一般是社会热点问题，例如学术不端； ③英语占比相对低，不要花太多时间

复试内容及分数占比：英语 20%（笔试＋口语面试）＋专业课笔试 30% ＋专业课面试 50%。

7. 相关建议

（1）备考小贴士。

①万变不离其宗，课本一定要认真看；②寻找上一年考上的师兄师姐们的联系方式；③仔细阅读经验帖，但一定不要照搬照抄，要制订切合自己实际的计划；④关注中国政法大学研究生院公众号，加入考研 QQ 群，及时获取信息很重要；⑤买题、买资料不要被骗，自己多长点心；⑥资料不要贪多，买就买一定会看的、有价值的；⑦自己想办法处理过还不能解决的问题，比如学习上、心态上，要及时和师兄师姐、辅导员或者家长说，你不是一个人在奋斗；⑧要注意身体，提高效率，我一般是 8 点多开始学习，中午睡 30 分钟，晚上 9 点半下自习；⑨经常跑跑步；⑩能不带手机就不带，买个电子表；⑪研友很重要，最好是考同一个学校不同专业，相互鼓励陪伴。

（2）考试技巧。

①好好写字，不要求书法，但要整洁。

②一定看好时间，合理安排每个题的用时。

③不要空着，能多写就多写。

④考试会发三种纸，第一种是题目纸，比 16 开小一点；第二种是答题纸，是空白的，手抄报纸那么大；第三种是草稿纸，比 16 开小一点。利用方法是先在题目纸上勾画出考点，然后在草稿纸上列出答题框架，再在答题纸上答题。

⑤格式美观，题与题之间稍微空一点行距。

8. 如何看待压力

心态可能会波动，但是没事的，每个人都顶着很大压力在努力。

（1）刚刚开始考研。

考研是一次长跑，刚刚接触它，会有一种陌生感和新奇感，同时我们处在毕业季的交叉路口，又有深深的迷茫感。这些都是正常的心理状态，不要把它放得太大，这只是人生的一站路，得到它不是人生的终极目标，失去它也不意味着失去全世界。不要视而不见，因为你已经选择了将它作为一年的目标，这些感觉代表着你尚没有搞清许多问题，那么就要通过各种渠道，一点点消除自己的迷茫。

（2）准备了一两个月。

发觉自己还有好多东西没有懂，甚至课本也看不懂，绝对不是因为你笨，毕竟一遍、两遍就想搞懂法学家的著作，对自己的要求过高了。这时候不要着急换学校、换专业，多看几遍课本。

（3）准备了三四个月。

这时候换学校、换专业的人特别多，但是时间不等你，这是正常状态，累了就给你的脑子放个小小的假。

（4）准备了六七个月。

感觉好多东西还没搞懂，好多东西还没背，这说明你积累的知识在发生质变了。行百里者半九十 一定要坚持住。

（5）开考前两天。

如果你准备得差不多了，就可以翻翻书，脑子里过一过知识点。如果你准备得差那么一些，抓紧背，上考场遇见刚刚背过的，是非常有可能的。

考研如何选，经验千万谈，但最适合自己的还需得结合实际。

伏案沉首，静心锤炼。

祝各位同学成功上岸。

为人生树标，成圆满理想。

马进[①]、张宝心[②]

2020年5月24日

① 马进，西南政法大学行政法学院本科2013级毕业生。

② 张宝心，西南政法大学行政法学院本科2013级毕业生。

西政考研攻略

【写在前面】大三下半学期已经过半，各类考试接踵而至，关乎前途的分叉口就在眼前。通过之前的年级问卷，我们看到同学们许多已经有了明确的目标，有的则尚存在一些迷茫，为此，年级公众号“一柒前行”特辟当红节目“罗哥有话说”姊妹篇——“师兄师姐有话说”系列推送，针对法考、考研、职业选择等一系列问题，邀请经验丰富的师兄师姐们进行了专题采访，希望能对同学们有所帮助。

本系列共计十大主题，将在之后定期放送。本篇为系列第三弹：师兄师姐有话说之考研——西政攻略。下面，正文即将开始。

一、西政考研科目（见表1）

表1　西政考研科目

<table>
<tr><th>方向</th><th>专业</th><th>第一门</th><th>第二门</th><th>第三门</th><th>第四门</th></tr>
<tr><td>专 A</td><td>刑法、刑诉</td><td rowspan="2">政治
100 分</td><td rowspan="2">外语
100 分</td><td rowspan="2">法学基础
宪法 50 分
法理 100 分</td><td>806 专业课
刑法 70 分
刑诉 50 分
证据法 30 分</td></tr>
<tr><td>专 B</td><td>宪法与行政法
法理学
法律史
人权法
应用法
人工智能法
监察法</td><td>807 专业课
民法总论、物权法 50 分
刑法总论 50 分
行政法学 50 分</td></tr>
</table>

续表

<table>
<tr><th>方向</th><th>专业</th><th>第一门</th><th>第二门</th><th>第三门</th><th>第四门</th></tr>
<tr><td>专 C</td><td>民商法
经济法
知识产权法
环境与资源保护国际法
民事诉讼法</td><td rowspan="5">政治
100 分</td><td rowspan="5">外语
100 分</td><td rowspan="3">法学基础
宪法 50 分
法理 100 分</td><td>808 专业课
民法 50 分
经济法 50 分
民诉法 50 分</td></tr>
<tr><td>侦查学</td><td>侦查学
国家安全学</td><td>812 专业课
刑法总论 50 分
刑诉 50 分
侦查学原理 50 分</td></tr>
<tr><td>警察科学</td><td>警察科学</td><td>813 专业课
刑法总论 50 分
刑诉 50 分
警察学原理 50 分</td></tr>
<tr><td>法硕
（法学）</td><td rowspan="2">报考时不区分具体方向</td><td>全国联考
民法 & 刑法</td><td>全国联考
刑法、法理、法制史</td></tr>
<tr><td>法硕
（非法学）</td><td>全国联考
民法 & 刑法</td><td>全国联考
刑法、法理、法制史</td></tr>
</table>

二、西南政法大学学硕各专业历年初试分数线（见表 2）

表 2　西南政法大学学硕各专业历年初试分数线

西南政法大学学硕各专业历年初试分数线								
专业	2012 年	2013 年	2014 年	2015 年	2016 年	2017 年	2018 年	2019 年
侦查学	352	315	315	300	315	328	320	320
警察科学	315	315	315	300	315	310	315	320
人权法	—	—	—	—	—	310	340	320
法律史	315	315	315	300	337	315	327	321
环资法	315	323	315	300	340	330	351	322
应用法学	—	—	315	300	315	335	315	327
法律逻辑	315	315	315	300	315	339	326	320
法理学	353	315	315	304	317	340	318	327
知产法学	347	318	315	338	347	342	356	348
宪法与行政法学	338	333	315	325	328	346	343	332
国际法	349	315	315	300	340	347	337	337
刑诉法	369	318	315	318	341	353	341	343
经济法	353	315	319	334	343	354	353	341
刑法	369	315	315	332	345	355	339	356
民诉法	362	323	319	337	343	357	358	338
民商法	364	333	325	347	347	362	356	353

三、经验分享

（一）黄雅菲师姐（民商法）

总分：379 分。

Q：我该如何选择法硕 / 学硕？

A：法硕是 2 年制，也会让学生选择具体方向，但是上课内容很广，即便你选择了民商法方向，其他科目也都要学，与本科有些类似，但上课模式不同，作业也较多。

法硕的时间是比较紧张的，第一年的课程很满，作业也很多。9 月入学，次年的五六月就必须完成毕业论文的开题及开题答辩，还有随之而来的 6 个月实习，任务很重。

学硕是 3 年制，根据你所选的方向进行学习。比如民商法的学生只学习民商法的课程及密切相关的民诉法，因此，课程量相较法硕而言会少一点。

同时，因为学硕是 3 年，所以课程、毕业论文以及实习时间的安排相对而言会更加宽松，基本上到研二上学期就可以结束所有课程，剩下的时间可以全部用于写毕业论文与实习。

关于二者如何选择，我认为要取决于各位读研的目的、应试能力以及对未来的规划。如果是为了取得硕士文凭，以便日后参加公考等考试能有更好的选择，那么二者皆可。

法硕时间短，对于想早点工作的同学来说不失为一个好的选择。如果想研究某一领域的法律知识或者想从事某一特定方向的职业，比如说想成为一名刑辩律师，那么选择学硕可能更好一点。就应试能力而言，法硕的考试难度相对简单一些，如果应试能力稍弱或者备考时间较紧张，又想一次性成功，那么法硕上岸的概率可能更大。总而言之，二者各有优、缺点，大家要结合自身情况进行理性选择，不要盲目跟风。

Q：你是如何备考的呢？

A：民商、民诉和经济法都是专 C，初试内容相同，可以买法政西南的专 C 讲义以及习题集。不必花太多时间在指定教材上，因为其内容就是根据历年考点从教材上摘下来的，看讲义就足够了。

与我们较为熟悉的专业课不同，英语和政治需要多花时间。政治用肖秀荣的讲义与习题，考前可以做一下他的押题卷，据说很准。英语需要练习词汇、历年试卷以及作文。词汇可以选择红宝书、恋恋有词等，差别不大，择一即可。历年试卷至少做近五年的，若有余力做十年的最好，培养做题的感觉，了解自己的答题速度，以便考试时合理安排答题时间。

考前一个月应该每天花一点时间背诵作文范文，考试时总会有用得到的题材、句子。建议英语、政治与专业课的复习同时进行，既能保持对知识的敏感度，也避免每天只学一科内容过于沉闷。

我个人的时间安排是每天早上花一个小时记忆词汇，然后练习一套真题，对照解析分析错题。接着复习政治教材并且练习对应习题，最后再复习专业课的内容。整体时间安排上来说，政治花费时间最多，因为我是理科生，政治相当于从零开始，大家可以根据自身的具体情况，合理安排各部分的学习时间。

Q：我该怎么准备面试呢？

A：复试内容：民商法的复试分两天。第一天笔试，成绩合格的才可以参加第二天的面试。各个方向的复试内容不同，比如民商法，虽然初试时考题一样，但是复试时不同小方向的题目则完全不同。我是民法方向，复试主要就是考民法分论。

面试材料：个人简历及相关奖项的证明材料。一般来说至少准备三份，原件一份、复印件两份，面试的时候交给老师。

面试着装：不必要穿着正装，简单干净即可，如果实在不知道怎么搭配，白衬衫加牛仔裤就可以了。

面试内容：首先进行英文自我介绍，大家应该提前写好稿并且熟练背诵，时间控制在两分钟以内。然后进行专业知识的问答，我当时是抽签，一张签上有三个问题，选两个回答，如果你选了第一个和第二个，作答时就要先告诉老师你的选择，再逐一回答。

面试技巧：一定不要紧张，声音要洪亮，语速不要过快或者过慢，自信一点。要跟老师有眼神交流，不要低着头或者眼神乱飘，回答时尽量多说。有时候抽的题目可能一两句就可以概括，但是能多说点尽量多说。

Q：我要怎么选择导师呢？

A：一般而言，等初试成绩出来，按照过往分数线预估后，认为自己可以进入复试的同学就可以开始联系导师了。

除个别同学有明确的导师选择，大部分都很茫然。建议各位去学院官网查各教研室的师资情况，简单了解，选择你比较感兴趣的老师，然后再咨询一下师兄师姐们。有的导师很严，有的则是放养，大家一定要根据自身情况选择。选定目标之后可以将自己的简历发送至老师的邮箱，然后给老师发短信表达自己的意愿，并且表示已经将简历发送至邮箱，请查收。

但其实大家不必过于在意选导师的事情，大部分导师都很不错的。除开特别严或特别松的，其实都差不多。你们交流最多的时候就是在写毕业论文时，所以就算没有选到最心仪的导师也不要太失落，关键还是得靠自己。

（二）孙田师姐（经济法）

总分：361 分。

Q：你是如何备考的呢？

A：我大概是在司法考试后才准备考研的，具体是从 2016 年 10 月 1 日开始的。因为司法考试已经对专业知识有所储备，所以重点放在了政治和英语上。每天差不多抽出一半时间看政治和英语，政治主要是背肖秀荣，专业课主要是跟着法政西南的讲义看书，一遍遍背重点，同时配合背真题。有些重要知识点是反复出现的，一定要记准确。

关于英语：我只背了单词和做历年真题，刷题很重要，错题要捋清自己的思路，分析问题出在哪儿。有个划分长短句的何凯文教材也有人在看，好像也很不错，但是我当时已经没什么时间了。

Q：对于面试，我应该注意什么？

A：面试分专业面试和英语面试，英语面试会算到总分里，科研只是加分项。当年我专业面试时是五个老师面试，抽到的题没有一个看过，要稳住，拿到题目之后和老师说稍微给点时间思考，可以把思路大纲写到纸上。声音要大，气势要足，不要有很多语气词。我当时英语面试表现得不太好，建议师弟师妹们提前看看可能出现的话题并背诵，法律英语主要靠平时积累。

（三）程源洁师姐（行政法）

Q：你是如何备考的呢？

A：

英语：英语阅读分值较重，前辈们的经验是要反复刷阅读真题，找出阅读出题规律。我个人的经验是单词很重要，一定要好好背，当然也要每天刷题。考研大部队大概是3月便开始背单词、刷阅读。

政治：我高中是理科生，且记忆力不好，对政治、历史较为陌生，建议与我同等情形的同学一定要听肖秀荣的课程，因选择题多数为新题，听课后对选择题的记忆较有帮助，否则如我一样，没听课程单纯背诵，选择题大多不会。考研大部队大概5月开始准备。

法基与专业课：初试考试题目较基础，多为整合考试教材上的内容出题，故初试主要准备教材即可。

建议：先通过分析近五年真题，总结出每个科目的重要考点，在书本上做出批注。

若时间充裕：第一遍地毯式翻看教材，理解吃透书本意思，勾画重点知识或自己另用笔记本做笔记；第二遍翻阅教材开始记忆；第三遍翻看教材加深记忆，并重点记忆根据真题分析出的考试重点。期间可以购买一本考研辅导机构教材对照记忆，我个人考研时买过三个机构的资料，但知识点总结得均不够全面，最后还是通过自行总结书本知识应考的。

若时间不够充裕：购买考研机构资料，第一遍结合教材看资料开始记忆，重点记忆重要的考点。

补充：对大多数人而言，最容易拉开分距的科目实为法学基础与专业课，并非英语与政治（除非基础很好）。法理学内容很多也很枯燥，一定要静下心来理解记忆，宪法学内容与考点较少，需要全面记忆。外国宪法书本虽厚，但考试内容并不多，多关注有比较法的部分。专业课每科只有 50 分，考点其实较少，关注时事立法动态。

Q：你是如何选择学硕和法硕的呢？

A：关注近年招聘信息中对法硕与学硕的要求。

个人认为如果做律师，法硕即可。近年来法硕与学硕的竞争都比较大，专业选择还是结合个人兴趣与就业方向做出决定。若只为求个学历，较为冷门的专业的压力会小得多。

Q：对于面试，我该注意什么？

A：复试的简历主要突出自己的科研与学术方面，实习经历是次要的。面试老师除看学习能力外，也很看重心态。英语与科研强的有优势，通过法考更有优势。

（四）刘玲悦师姐（刑事诉讼法）

总分：381 分。

专业备考经验如下。

1. 法学基础

说来惭愧，我的法学基础总分只有 99 分，考得并不是很好。不建议大家按我的方法复习，但可以当作反面教材，从中汲取教训。

法学基础包括宪法以及法理学（初阶＋进阶）。具体题型详见历年真题。

（1）法理学。

选择题：基础知识很重要，尤其是一些小知识点，各个时期、各种学说的代表性人物及其著作，一定要熟记！我是因为不喜欢法理，有点排斥，所以看书也看不进去，大家不要像我这样，一定要认认真真地看教材（同时结合辅导资料），边看边自己总结归纳。考试时你会发现，大部分选择题还是依托于教材上的基础知识的。我当时做选择题就很崩溃，基本上没有几道题是可以拿得准的，所以一定要好好看书！

主观题：具体考什么题目已经想不起来了。印象中都不是很难，毕竟背了那么多，就算没见过的题，也可以借助之前背过的知识点，理好思路，保证逻辑是清晰的。“第一，第二，第三”/“首先，其次，最后”，这样论证，条理就很清楚，阅卷老师看着也舒服。反正文科的东西没有对错，能够自圆其说就好（仅供参考）。

（2）宪法学。

复习思路大体同法理学，基础知识同样很重要。

2. 专业课

总体复习经验：教材+辅导资料，两者结合着看，互为补充，不可偏废。

专业课总分 150 分，三者占比不同，其中刑法最高，刑诉次之，证据法占比最小，所以复习时要有侧重点，详略得当。

（1）刑法。

刑法分为总论和分论。看着有点吓人，毕竟两本书，但是背起来会发现，它的知识点很规整。

总论部分，比如间接故意与过于自信的过失两者的概念比较，基本上看一遍就能记住个大概。

分论记忆起来更轻松一点，考查的大多是罪名的构成要件，主体主观，客体客观，顺几遍就差不多了。背诵的时候要记关键词，可以用记号笔标出来。复习时一定要记全，尤其注意各种概念以及罪名的区别，还有各种特点之类的。记得当年考了一道黑社会性质组织的特点，这个藏在书里的一大段文字里面，不是单独列出来的，所以不是很显眼，复习的时候一定要留心。

（2）刑事诉讼法。

刑诉考察的知识点也很规整，虽然题目不难，可是要把教材看得很仔细。取保候审的条件、逮捕的条件，这些自然是重点，要特别注意。但不要忽略后面的知识，有些知识盲区也要背得很熟，不要掉以轻心。凡是教材上有“一、二、三”列出来的很规整的知识点，建议都要看看，最起码有个印象。

（3）证据法。

证据法我没有怎么看教材，基本上看的是法政西南的辅导资料，对于其中写得有些简略的知识点，可对照教材的相应位置，将其补充进辅导资料。后期基本上就拿着辅导资料背了。

同样，证据法的知识点也很规整，基本上记住了关键词，这道题的思路也就八九不离十了。

我考试的那年，专 A 没有选择题，都是主观题。

考试的时候要注意以下五点：

第一，合理安排时间。考前可以自己模拟一次考试，看看自己写字的速度，掌握一下时间，不要到时候答不完。

第二，合理安排卷面布局。答题卡就是几张大白纸，事先安排好每道题需要占多大地方，标出来，一方面为了布局美观，另一方面也防止落题。切记，不要落题。

第三，字迹要工整，保证字迹工整的同时也要注意时间。

第四，一定要写满！把自己会的都写上，多写！

第五，答题技巧：以取保候审的条件为例，首先写题目中包括的概念，即取保受审的含义，然后分别罗列知识点，有几条就另起几段。如果时间充裕，还可以写一下这个制度的意义以及不足之处，把自己知道的都写上。

总体来说考查的题目都很基础，所以看书一定要看全。题目不难，你背了的说不定人家也背了，然而，同样是知识点的复述，每个人在卷面上的表达是有差距的，这个时候如果你的答题思路清楚、逻辑清晰明了，就会比较有优势。

（五）胡雅岚师姐（刑法）

总分：403 分。

1. 我的备考建议

法考与考研关联度很大，在掌握了法考相关知识的基础上再准备考研，可以达到事半功倍的效果。

以我自身体验看，在考研复习中，很多知识点都似曾相识，这都是源于法考准备时已经背诵过这些知识点，复习考研的过程就是对很多知识点的二次复习，所以相对轻松。但也存在很多法考时没有见过的、理论性更强的知识点，所以仍不能掉以轻心。

在复习考研的过程中，我利用了自己在准备法考时的笔记，结合教材中的新知识点再进行整理。在将知识点整理成笔记后，二轮、三轮复习只需要背诵笔记中的内容，相对更轻松。此外，在复习后期，可以利用电脑、平板进行思维导图式训练，将一章中的内容分为几个小节，回忆并背诵每个小节中的知识点，可以有效地帮助记忆。

对于英语的复习，英语基础好的同学不用过分担心。英语基础较差的同学，需要每天抽出至少一个小时的时间认真背单词、做阅读，到 11 月下旬的时候可以进行一些写作训练，准备作文模版。

政治的复习是我当年觉得比较头疼的地方，因为在法考之后留给准备考研的时间是非常有限的，而我又是理科生，政治基础较为薄弱，当时一度很焦虑。但是，想考完法考再考研的同学也不必过分担心，考研政治中有相当一部分的选择题内容都很基础，因此，只需要背诵基础的知识点，做大量选择题练习，基本上就可以过关。政治中的五道论述题，可以背诵各大机构各位老师的押题（笔者当年是这样的），或者各大机构出的冲刺版政治知识点等。

2. 推荐教材

《宪法学》马工程教材，高等教育出版社 2019 年版。

《中国宪法学（第二版）》，汪太贤主编，法律出版社 2016 年版。

《外国宪法（第二版）》，张震、刘泽刚主编，中国人民大学出版社 2017 年版。

《法理学初阶（第五版）》，付子堂主编，法律出版社 2015 年版。

《法理学进阶（第五版）》，付子堂主编，法律出版社 2016 年版。

《刑法总论（第二版）》，李永升主编，法律出版社 2016 年版。

《刑法分论（第二版）》，李永升主编，法律出版社 2018 年版。

《刑事诉讼法学（第四版）》，孙长永主编，法律出版社 2019 年版。

《刑事诉讼法学（第二版）》，陈卫平主编，高等教育出版社 2017 年版。

《证据法学（第四版）》，陈光中主编，法律出版社 2019 年版。

《证据法学》，何家弘、刘品新主编，法律出版社 2019 年版。

《刑法实务教程》，梅传强主编，中国人民大学出版社 2013 年版。

《刑事疑难案例实务教程》，石经海等主编，中国人民大学出版社 2013 年版。

2020 年招生简章，宪法学的参考书目更换为《宪法学》马工程教材，高等教育出版社 2019 年版，但是原西政自主教材仍是备考的重要参考书目。

2019 年及 2020 年西政考研宪法科目新规定“以中国宪法学为主，外国宪法为辅”。外国宪法主要涉及宪法概念特点、代表性国家历史发展概况与完善宪法监督等内容，需注意复习外国宪法的内容。

上述《刑事诉讼法学》及《证据法学》可以二选一，我个人较为推荐使用孙长永老师及陈光中老师主编的那两本。

《刑法实务教程》和《刑事疑难案例实务教程》供刑法专业学有余力的同学仔细阅读，时间精力不足的同学建议先行准备基础教材。

黄雅菲[①]、孙田[②]、程源洁[③]、刘玲悦[④]、胡雅岚[⑤]

2020 年 5 月 9 日

① 黄雅菲，西南政法大学行政法学院本科 2013 级毕业生。

② 孙田，西南政法大学行政法学院本科 2013 级毕业生。

③ 程源洁，西南政法大学行政法学院本科 2013 级毕业生。

④ 刘玲悦，西南政法大学行政法学院本科 2013 级毕业生。

⑤ 胡雅岚，西南政法大学行政法学院本科 2013 级毕业生。

要成为一名律师，你需要知道什么（上篇）

【写在前面】大三下半学期已经过半，各类考试接踵而至，关乎前途的分叉口就在眼前。通过之前的年级问卷，我们看到同学们许多已经有了明确的目标，有的则尚存在一些迷茫，为此，年级公众号“一柒前行”特辟当红节目“罗哥有话说”姊妹篇——“师兄师姐有话说”系列推送，针对法考、考研、职业选择等一系列问题，邀请经验丰富的师兄师姐们进行了专题采访，希望能对同学们有所帮助。

本系列共计十大主题，将在之后定期放送。本篇为系列第八弹：师兄师姐有话说之要成为一名律师，你需要知道什么？（上篇）

下面，正文即将开始。

在紧张备战法考、考研的过程中，同学们想必也规划着日后的职业选择与发展。身为准“法律人”，在许多同学的就业计划上，律师这一行业大概榜上有名，那么，想要成为一名合格的“律政先锋”，到底需要掌握哪些技能，做好哪些准备呢?

“一柒前行”公众号对从事律师工作的师兄师姐们进行了线上采访，来看看他们如何说的。

采访提纲：

职业选择、面试、学历、工作强度、工作内容、诉讼与非诉。

本期采访围绕六个方面展开，同学们可针对性地阅读。

一、问题1：为何会选择律师这份职业，真正从事律师工作之后有哪些与学生时代想象的不一样的地方

1. 何林周师兄

与公检法相比，律师行业有相对较大的自由发挥空间，不像机关单位有各种约束，更关键的是律师行业有更大的自主选择权和决定权，且整体收入水平普遍高于公检法机关工作待遇，所以我最终选择了律师。

初入律师行业三年，发现有的人凭借家庭背景及人脉迅速拓展业务，收入急速增长；有的人凭借个人综合能力快速拓展自己的业务，收入稳步提升；有的人一开始就选择进入团队，领取固定工资，做一名“授薪律师”；也有的人没能熬过助理及实习律师期，艰难选择辞职另谋出路……个人认为，家庭背景及人脉是影响业务收入的重要因素，但个人综合能力水平才是律师业务收入水平的根本性、长期性决定因素。

2. 张亦涛师兄

律师是我一直以来就向往的一个职业，也说不上是为什么，可能和从小就比较能说有关系吧。应酬的增多、人际关系的增加、案源的开拓都是学生时代不大能接触到的。学生时代可能更关注于一个问题的法律逻辑，但在实操中更多的是如何通过法律去实现委托方所期待的利益，甚至有时候可能只是依靠法律，而不会依赖法律。很多的案件在诉讼开始之前就已经能够得到妥善处理。还有一点，学生时代遇到的题目都是在固定事实的基础上去寻求一个法律论证，但在实操中，更多地需要如何把事实，或者功利点来说明，把我们需要的事实去反映出来。律师的挑战在于我们要身兼多职，不仅需要像一个商人一样去洽谈业务，也需要像心理医生一样去敞开当事人的心扉。有时要像老娘舅一样去做一个劝和者，有时候又要像一个经纪人一样包装、宣传自己。这些可能都是学生时代遇不到的。

3. 李荻师姐

律师行业独有的特点是吸引我从事这份工作的重要原因：第一是充满新鲜感和挑战性，每个案件中所面对的人和事都会带给我不同的感受和成长；

第二是律师行业不断学习的需求督促我前进，让我有长久学习的动力；第三是有一定程度的时间自由；第四是行业天花板很高，所有的才能都可以通过不同的平台展现。

与想象中的不同之处在于：①所谓的时间自由，是因为随时都可能处在工作状态，不受朝九晚五的限制，协调不好时间会觉得十分疲惫；②以为律师的成长会有统一的路径和指引，亲历后才知，看似相同的成功经历背后，都是各下功夫。

二、问题 2：律所的面试是什么样的，主要会考察哪些方面的能力

1. 王麒懿师兄

面试：就初入职场的毕业生，绝大部分律所的面试都是律所合伙人看简历，然后聊天。聊天内容绝大部分都是应聘者对律师职业的看法。这个内容很随机，完全根据面试你的合伙人的自身特点而来。少数律所面试可能会有专业笔试、无领导小组讨论、基础的案例分析等环节。

能力：鉴于绝大多数律所面试都是合伙人通过看简历聊天的形式进行，所以对于初入职场的毕业生的面试，我个人认为主要是对表达能力的考察。三观正常、衣着得体、态度谦虚、表达自信流畅即可。

2. 何林周师兄

律所面试多种多样，因所而异。部分律所选择统一面试，并接受多名求职者的实习申请，通过实习期考察并选择最符合职位需要的人。也有的律所选择单一面试录用看中的人，所以面试方式无参考价值。

律所面试时，主要考察以下几个方面：个人基本法学理论（学习成绩及司考成绩为主要表现形式）；现场提问问题回答应变能力、口头表达能力；实务案例分析处理能力（部分律所面试会提前或现场提供实务案例，给予一定时间，要求提供口头或书面解决思路、方法及法律依据）。作为西政法学学子，个人法学基础理论知识方面基本不会存在障碍，但需重点培养应变能力、

表达能力及实务处理能力，这是老师无法直接教授的内容。

3. 张亦涛师兄

这个我从两方面来说。我之前在金杜上海所实习过一段时间，那里的面试是比较规范和严格的。由笔试和面试两部分组成。但从客观上来说，他们关注的可能并不在于你的法律专业能力，英语、学历、交谈等可能是这类红圈所更大的关注点。

而我现在所在的律师事务所。是一家县域的律师事务所。没有统一的、规范的面试，往往经过介绍、沟通，师父就会选择要不要你。他会综合考量你的能力和潜力。比如说，是否可能存在自带案源，或者说是否能够带来一些县域律师目前没有的专业能力。其实，我们西政的学生应该有这样的自信，西政的毕业证本身就是一张金字招牌，除开北、上、广、深的超级大所，其他律所对于西政的学生都是很看重的。

换言之，目前的法律人才仍然是需求大于供应的，在县或者市一级的律师行业中，只要你通过司法考试，总有需要你的律所。只不过是你要根据自己的职业规划来选择需要的律所。

对我个人而言，我不喜欢那些大所的业务类型和管理模式。所以，拒绝了金杜的录取回到嘉兴的律所里，我觉得虽然舞台变小了，但是对于个人而言，发展的路径更开阔了。在我们的努力下，我们所虽然只处于县级市，但我们 2019 年被浙江省律协评为“浙江著名律师事务所”。我本人也在嘉兴律协中被评为“最佳辩手”。

三、问题 3：若想从事律师行业，考研是否必要，学历是否会对就业有很大的影响

1. 吴雅娟师姐

个人觉得考研与否要取决于就业地域及意向律所的用人条件，北、上、广、深的红圈所和二、三线的小律所的招聘条件肯定不一样，自己想好未来的发展方向，再考虑是否需要考研。

学历是块敲门砖，有好的学历自然会让人高看一眼。但就实际情况来看，本科重点院校毕业生在二、三线城市就业的话，学历的影响不会太大。如果在一线和二线之间的城市就业，研究生学历能找到比较好的平台，获取更高的薪资。

2. 冉于琪师兄

如果是真的想从事这个行业，可以考虑本科毕业就去找工作，考研不是太重要。在重庆的市场，要求研究生学历的律所很少，就是那么几个顶级的所，然而那些所，也不是你有了研究生学历就可以很容易进得去的。律师这个职业，比起学历，经验和努力更重要。同样是三年时间，我觉得早三年工作的经验会比在学校读研更有用。

3. 张亦涛师兄

对于律师而言，研究生不过是锦上添花的作用。在红圈所内，他们看重的是国外的留学经历。而对于县级或者说是诉讼律师而言，有研究生学历当然是好的，但也存在许多研究生学历的律师案源少，办案质量差。所以总体上来说，研究生学历不是一定需要的，也并非说研究生就能够做好律师，个人的综合能力对于律师来说永远是第一位的。即使是在工作中，你遇到具体的案件还是可以再学习、再研究的。但是现在，学历高肯定是没有坏处的，还是要根据自己的职业规划来判断。你如果不想自己开拓案源，想做授薪律师，那么学历相对来说比较重要，直接关系你的收入。但你想独当一面，自己接案子，相对而言你的社会属性或者说江湖气息就更加重要。实际来说，你去接一些案件或是去顾问单位，如何沟通、如何谈判，或者说如何喝酒、如何加深感情，研究生教不了你。

四、问题 4：律师的工作强度会很大吗，会经常加班吗

1. 李荻师姐

除某些入职后必然需要加班的律所，其他律所要以工作量和团队安排进行判断。我个人会经常加班，如何做到劳逸结合也是我在探索的课题。

2. 何林周师兄

律师工作强度较大，加班已成为常态，业界流传着一句话：“律师从不加班，因为我们从来不下班。”每一位优秀的律师都是长期高强度的业务训练出来的，朝九晚五、固定上下班不可能培养出来一位合格的律师。本人于司考结束后曾到广西某优秀律所实习，两个半月内从不加班，上班期间工作量有限，毫无工作前景和希望。见识到部分律师全年都在为年收入10万元拼命挣扎，个案收费极低且耗时极大，深受触动，认为这不是我想要的执业平台，也不是我想要的生活。故司考成绩高分出来后，我第一时间离职，进入某全国性大所广西分所实习并成功留下，执业至今。业务方面从来都是做不完的工作，每日加班、每周休息一天及每月出差成为常态。

五、问题5：主要工作内容大致包括什么，是否需要进行大量的社交活动？对人际交往能力的要求高吗

1. 李涛师兄

我是专做刑事的律师，办理刑事案件的工作内容相对其他领域的律师来说比较简单，主要是会见当事人、与办案机关交流意见、与家属沟通、开庭这几项内容。至于社交活动，我也没有过多的社交活动，事实上，在刚步入律师行业的这个阶段也没有那么多社交活动。我认为，做律师，适当的社交活动是需要的，但是律师的成功最终还是要回到业务能力本身的。关于人际交往能力的要求，就刑事领域的律师而言，对这方面的要求会比较高，因为刑事律师很大一部分的工作内容就是与各种各样的人进行沟通，包括客户以及公检法的工作人员。

2. 吴雅娟师姐

因为刚做实习律师不久，大部分工作内容是程序性事项和文书的草拟，日常对接法院和当事人，指导律师会帮我把关。

不需要进行大量的社交活动，这个和所在的团队风格有关，常见的社交活动就是和合伙人及团队成员聚餐。

人际交往能力不管在哪个行业都是必备的基本素养了，而在律师行业特别是诉讼律师，需要经常在法院和当事人之间周旋，提升情商非常重要。

3. 张亦涛师兄

工作内容上包括人际交往，都是一样的道理，要区分你自己的定位。像我之前在金杜，肯定是做一个大的法律项目中的一个环节或者几个部分。但是现在的职业就有许多的事情，可以说一个诉讼案件，基本上从接待开始就要全程到尾，如果有非诉案件也是要从头跟到尾，只不过再加上几个合作的律师、几个辅助人员。交往上来说，一个独立的律师肯定是需要大量的人际交往，案件不会自己找上门来，偶尔的上门案件也是质量极差的。如果做一个授薪律师，可能要求低一些。良好的交际能力，当然也包括应酬，肯定是有比没有好。除开应酬来说，在办案的具体过程中，与自己的同事，法院、各部门的沟通也是交际能力的一个反映。任何一个职业都少不了交际。

六、问题 6：诉讼律师和非诉律师的工作性质和具体工作内容有什么差别

1. 何林周师兄

诉讼业务与非诉业务的主要区分标准为业务是否经过法院审判程序。工作内容方面：

诉讼业务主要包括当事人接待及办理委托手续、拟定诉讼文书、法院立案（含财产保全）、开庭审理、判决送达及申请强制执行等。诉讼业务基本是“当事人—律师—法院（法官）”的三角业务模式，整个业务流程基本围绕法院审理程序进行。

常规非诉业务主要包括合同审查修改、律师函、法律意见书及法律尽职调查等，非常规非诉业务还包括破产业务、基金及债权、并购业务等。

2. 冉于琪师兄

我没有怎么做过非诉业务，不太了解。据我所知，非诉律师招聘的时候，拿到法律职业资格证不是必备条件，非诉业务应该基本不会接触到开庭

的。想要做好非诉，一定需要有诉讼的基础，所以并不建议新人一开始就去做非诉。

由于篇幅所限，“要成为一名律师，你需要知道什么（上篇）”的内容就到此为止。

今天的干货满满，同学们先好好消化一下。咱们下期再见！

何林周[①]、张亦涛[②]、李荻[③]、王麒懿[④]、吴雅娟[⑤]、冉于琪[⑥]、李涛[⑦]

2020年6月16日

① 何林周，西南政法大学行政法学院本科2013级毕业生。
② 张亦涛，西南政法大学行政法学院本科2013级毕业生。
③ 李荻，西南政法大学行政法学院本科2013级毕业生。
④ 王麒懿，西南政法大学行政法学院本科2013级毕业生。
⑤ 吴雅娟，西南政法大学行政法学院本科2013级毕业生。
⑥ 冉于琪，西南政法大学行政法学院本科2013级毕业生。
⑦ 李涛，西南政法大学行政法学院本科2013级毕业生。

要成为一名律师，你需要知道什么（下篇）

【写在前面】大三下半学期已经过半，各类考试接踵而至，关乎前途的分叉口就在眼前。通过之前的年级问卷，我们看到同学们许多已经有了明确的目标，有的则尚存在一些迷茫，为此，年级公众号“一柒前行”特辟当红节目“罗哥有话说”姊妹篇——“师兄师姐有话说”系列推送，针对法考、考研、职业选择等一系列问题，邀请经验丰富的师兄师姐们进行了专题采访，希望能对同学们有所帮助。

本系列共计十大主题，将在之后定期放送。本篇为系列第十弹：师兄师姐有话说之要成为一名律师，你需要知道什么？（下篇）。

下面，正文即将开始。

“要成为一名律师，你需要知道什么”，第二期节目正式开始！本次推送的提纲如下：①成长期下，压力与困难；②初入律所，师徒和团队的选择；③执业地区选择，地域的影响与收入如何；④关于律所，管理模式都有哪些；⑤想要入行，现在该做些什么？

一、问题1：入职之初的磨合期和成长期压力大吗？主要会面临哪些困难？您对此有什么建议？

1. 张亦涛师兄

说实话，我几乎没有磨合期。我的成长期也是比较顺利的。每个人从大学毕业到走入职场，基本上都有一个适应期，需要消解从一个孩子到一个社会成员的不适应感。归根到底，就是你要明白，现在你走入的社会、走入的单位，你就是最弱的那一个人。没有人有义务照顾你的情绪，没有人有义务帮助你成长，如果你身边有这样的人，那是你幸运，而非别人的义务。你必须明白，你不是独一无二的那一个人。而且社会上、工作中确实有很多陋习或者说是不好的地方，比如说你去立案，立案的人会百般刁难，但是有些人去他们就笑脸相迎。又比如我们很多的师弟师妹，尤其是师妹，应酬中会被人灌酒。是的，我们明白这是不好的，但是我们只是这些成员中的一员，有些陋习或者传统不会因为一个人的不舒服而改变。

既然选择了这个行业，你既要享受它的好处，就必须承受它的不足，这是很公平的。某些老律师可能会指手画脚，有些人也许会摆老资格，能享受这样的优待，但这也是他们几十年奋斗下来的。我们梦想的改变先需要适应，一个足够强大的自己才能有机会改变这种情况。所以，在没有一定的江湖地位前，不要去排斥、不要去抗拒，要让自己的灵魂洁净，但个人也要接地气。然后努力奋斗，去超越他们，成为规则的制定者。我想如果端正自己的心态、摆正自己的位置，这些矛盾和不适应都能过去的。

2. 李荻师姐

不同的老板风格和团队氛围，与你的契合程度会有不同。从压力产生的原因来看，需要从以下方面解决：①如何让团队和伙伴接纳你。进一步，你的特长是什么，如何被发掘欣赏。②面对新的工作内容如何尽快上手，总结规律。③选定成长目标，对比自身差距，自我提升。④在不懂不了解的阶段，学习态度和工作态度是决定性因素。⑤细致，天使藏在细节里，魔鬼也藏在细节里。

3. 何林周师兄

初入律师行业，都会经历实习期、成长期，这是律师执业最艰难的时期，各方压力极大，主要压力表现为：

①知识能力及经验不足，不清楚部分法律问题实务操作流程及解决方案，业务压力较大；

②业务拓展能力不足，业务量小；

③收入水平较低，经济压力较大；

④时间及其他成本投入较大；

⑤业务工作多为基础性工作，相对枯燥、乏味。

建议：

①从早期经济压力方面考虑，可在公检法等机关工作 3 ~ 5 年，积累一定实务经验、经济基础、人脉后，辞职加入律师行业。

②从个人律师思维及长期执业等角度考虑，毕业后可直接进入全国性大所及其分所和省、区、市优秀律所工作，这些律所有较高的业务能力及管理平台，能够提供系统化律师业务技能培训，帮助职场菜鸟快速成长并减轻业务压力，同时有一定业务收入（补助）能够保证基本生活，经济压力相对较小。

二、问题 2：初入律所一般是一对一跟随律师做助理，还是会进入团队

1. 冉于琪师兄

两种情况都有，前一种一般出现于提成制的所，这是大部分的情况。后一种一般出现于公司制的所，这种比较少，毕竟现在重庆的律所，公司制的不多。

2. 何林周师兄

初入律所，工作的内容全国基本大同小异。主要是跟随指导老师学习、掌握业务办理基本流程、沟通谈判技巧；锻炼业务操作水平；法律及案例检索与适用；基本法律文书写作；合同 / 协议起草与审查；卷宗整理装订；等等。

团队化及专业化是未来律师行业发展的大趋势，所以选择进入团队成为越来越多入行者的第一选择。但现阶段，一对一的师傅带徒弟模式在全国范围内存在很大比例，两种模式各有千秋，最适合自己的模式才是最好的。

3. 王麒懿师兄

一般而言，在大所工作比小所工作在团队的可能性大，从事非诉领域比诉讼领域进团队的可能性较大。进团队并不是一块砖，哪里需要哪里搬，一般而言，进团队也会跟随相对固定的律师做助理工作。

三、问题3：律所的管理模式主要有什么异同？就业阶段，什么样的律所是更适合未来发展的

1. 张亦涛师兄

管理模式主要有公司型的管理模式和提成制的管理模式，就现阶段而言，如果你想安稳地求一份工资，我建议大家去大所，那里的基础收入高，工作稳定。如果你想独当一面，以后成为一名大律师的，我建议你们先去诉讼所或者说是一些小所锻炼。你能成长得更快。

举个例子，我在嘉兴，在我的实习期我就获得了青年律师执业技能大赛的冠军，且所里的同事、师父，包括律协、司法局都对我还是比较重视的。我接触了大量的复杂案件，有了大量的机会与各公司、各部门，包括政府、银行等的一把手直接接触和沟通。但在北、上、广、深，这种机会恐怕不会给年轻人。当然之后是否会向一线城市发展，我并不能完全否决这个可能，但目前我肯定会选择在三线、四线城市修炼好自己的内功。

2. 吴雅娟师姐

我认为进入律师行业，选择一个好的指导律师比选择律所更为重要。

3. 何林周师兄

律所管理主要是集中式和放任式两种模式。前者主要存在于全国性大所及其各分所和20人以上的省、区、市优秀律所，有统一的业务流程、管理流程及规范业务平台，整体服务水平标准化、统一化。后者主要存在于20人以下的律所，无统一的业务模式及管理流程，律师间长期单打独斗或者是师傅带徒弟的简单合作模式，相对自由，但业务水平参差不齐。

适合自己的才是最好的，两种模式各有优劣。对于刚刚毕业的法学生而言，个人觉得全国性大所及其各分所和20人以上的省、区、市优秀律所有更好的平台及发展前景，个人综合能力能够快速提升，整体发展前景更为广阔，但个人的发展完全取决于个人天赋及后期奋斗结果。

4. 王麒懿师兄

一般而言管理模式分为三种：提成制、受薪制、受薪＋提成制。

提成制，就是根据项目最终产生的收益，扣除律所提成费用、各种税费、社保等费用取得收入。该种模式适合案源较多的律师。

受薪制，就是项目最终的收益与律师的收入并无直接关系。律师的收入主要根据基本工资、工时绩效等多方面考核确定。这种模式适合初期没有案源的律师。

受薪＋提成制，这种模式就是以上两种模式的结合。适合有一定案源，但案源并不多的律师。

四、问题 4：地域给执业带来的影响是怎样的？收入状况如何

1. 王麒懿师兄

仅就律师职业本身而言，一线城市的法律服务市场以及司法环境所带来的机遇和收入远远高于二、三、四线城市。但是除去收入本身，一线城市高昂的房价和生活成本也需要各位进行权衡。

另外，需要重点说一下重庆的法律服务市场。重庆相较于一线城市法律服务市场的体量而言，要小得多。但是由于西政的存在，造成重庆法律服务的供给异常充足。所以重庆提供法律服务的各家机构竞争相较于其他城市更加激烈。因法律服务供给充足，市场竞争激烈，导致现阶段重庆的法律服务市场存在单个项目收费低，进而造成律师收入相较于其他城市律师收入来说也不高的现象。

2. 张亦涛师兄

其实上一个问题我也有讲到过一些，倒也不是说非一线城市肯定要好，还是要看自己的规划。一线城市的机会必然是要大于非一线城市的，但是相应的竞争肯定也是要大的，前三年的律师在一线城市肯定是很难自己接到案件的。实习律师或者早期的执业律师的工资是比较低的。

3. 冉于琪师兄

这个问题我只能回答你在重庆地区的情况，而且这是一个很现实的问题，实习期的大部分律师，待遇会远低于你们去做法务或者其他工作的同学。实习期正常的话 3000 元左右，转正之后会到 4000 元，然后就是看你自己的成长了。

五、问题5：如果选择进入律师行业，我们现在该进行哪些准备

1. 张亦涛师兄

其实我个人的观点是：在一个阶段就做一个阶段的事。最关键的是把法考先通过了。有时间的话找不同类型的律师事务所实习一下，感受一下不同的氛围。多看一些人文类的书，加强沟通能力，熟悉一下社会的礼仪。至于正儿八经的律师职业技能，在工作中有的是学习的机会。

还有一点最最重要的，想好自己究竟要做什么。根据自己的能力、自己的专长，决定自己的职业。律师肯定是非常苦的一个职业，但是它有其他职业没有的自由。所以先静下心来想想自己要做什么，然后为之努力。锻炼自己的各项技能，如果自己不是很排斥也有这个机会的，练练酒量。这个真的是在职场中特别受用的技能。

2. 冉于琪师兄

就三点，实用一点的，多了记不住也做不到：

办公软件可以好好学学，用得好的话，不仅是一地很好的敲门砖，在工作中也会用得上，特别是PPT，很重要。

可以的话，毕业之前把驾照拿到，C1最好；时间不够或者手脚不太灵敏的C2也可以，工作之后没时间的。

没事儿多看看民法典，这是一项很大的变革，早点熟悉熟悉。

3. 李涛师兄

第一，确定自己的强项和偏好，选择一个执业方向。

我个人认为，律师业务有很多领域，青年律师应当先专精于某一个领域，所以确立一个执业方向是很重要的。

第二，做好前几年收入不高的心理准备。

结合自己的家庭条件，进入律师行业，要做好前几年收入不高的心理准备，因为实习律师和青年律师的收入显然不如公务员等工作的收入稳定。

第三，调整自己的心态，不要眼高手低。

进入律师行业，你身边会有很多每年收入很高的律师，他们做着大案要案，而你只能做一些小案子，同时每天都是做一些端茶倒水、交送材料的事务性工作。在这样的氛围下，你需要调整心态，你面对的大律师都是从这个阶段熬过来的，先苦才会有甜，珍惜自己所做的每一项你自认为没有意义的工作，并总结自己的收获，切不可眼高手低。

第四，锻炼自己的说写能力。

说和写是律师最重要的两个能力，不凡的谈吐和逻辑缜密的写作都是优秀律师必备的。

第五，加强理论知识学习。

律师行业是一个学无止境的行业，在现阶段应该多读一些法学理论书籍，这对日后的法律文书编写都是很有帮助的。

好啦，本期内容到此结束，希望同学们能从师兄师姐的经验中有所收获！大学生活还有最后一年，祝愿大家都能得偿所愿，走到让自己满意的那条道路上去。

何林周[①]、张亦涛[②]、李荻[③]、王麒懿[④]、吴雅娟[⑤]、冉于琪[⑥]、李涛[⑦]

2020 年 6 月 20 日

① 何林周，西南政法大学行政法学院本科 2013 级毕业生。
② 张亦涛，西南政法大学行政法学院本科 2013 级毕业生。
③ 李荻，西南政法大学行政法学院本科 2013 级毕业生。
④ 王麒懿，西南政法大学行政法学院本科 2013 级毕业生。
⑤ 吴雅娟，西南政法大学行政法学院本科 2013 级毕业生。
⑥ 冉于琪，西南政法大学行政法学院本科 2013 级毕业生。
⑦ 李涛，西南政法大学行政法学院本科 2013 级毕业生。

做法务？你应该知道这些

【写在前面】大三下学期已经过半，各类考试接踵而至，关乎前途的分叉口就在眼前。通过之前的年级问卷，可以看到有些同学已经确立了明晰的目标，有的则尚存一些迷茫，为此，年级公众号“一柒前行”特辟当红节目“罗哥有话说”姊妹篇——“师兄师姐有话说”系列推送，针对法考、考研、职业选择等一系列问题，邀请经验丰富的师兄师姐们进行了专题采访，希望能对同学们有所帮助。

本系列共计十大主题，此篇为系列第十弹：“师兄师姐有话说”之“做法务？你应该知道这些”。现在，让我们正式进入正文。

法务到底是什么样的一种职业？

法务，指在企业、事业单位、政府部门等法人和非法人组织内部专门负责处理法律事务的工作人员。这项职业与“公检法”从业人员的区别是什么？想要从事法务工作该做何准备？以下便为同学们奉上师兄师姐们的经验干货，为大家指点迷津。

一、何宏轩师兄

何宏轩[①]师兄，2017年毕业。2017年2～5月实习于成都泰和泰律师事务所，在成都本部及达州项目公司工作。2017年7月加入中建三局集团有限公司旗下海外平台公司，先后工作于菲律宾、孟加拉、摩洛哥等国，现在常驻摩洛哥。

① 何宏轩，西南政法大学行政法学院本科2013级毕业生。

1. 关于法务职业的选择

我从事法务职业是经过权衡后的选择。

作为法学毕业生，我最初以律师为职业目标，这当然也出于对电视剧或者自身理想所勾勒的律师形象的憧憬。此后经过一番努力，我通过竞聘进入了成都泰和泰某律师团队。起先我们谈好以实习为缓冲期，毕业正式签订合同。不料后续发展却不尽如人意，我可能选择了一个错误的或者说不适合我的团队。因此几经考虑，我在毕业答辩期间辞去这份工作，转而将目光投向我当时认为短期收益更高、职业稳定性更强的法务职业。

塞翁失马，焉知非福，可能是因为履历的丰富，我投的几家自认为待遇可能不错的中建三局房地产公司、总承包公司及国际公司，中铁某局，中建八局投资公司（或是上海分公司），全部收到了回复。本着“世界那么大，我想去看看”的思想，我选择了名气最旺的国际公司。

2. 关于法务的应聘准入门槛

个人认为，普遍而言，法务的准入门槛相对于律师要宽松一些，比如很多公司对法律资格证不作要求（这当然也与成绩公开节点和人力计划有关），当然越好的公司对人才的要求会更高。我谨以待遇还算过活的国企类法务为例简单介绍一下，例如中建三局：

（1）学历的要求。

法务岗的话基本考虑 211、985（以及现在的“双一流”）学校和少数其他重点法学院校（如咱们西政）法学专业毕业生，一般只要求本科学历，少数要求研究生。

（2）考核方式。

成熟的企业往往有较为完善的人力资源管理系统，由于资料管理、请示程序等原因，企业的法务招聘一般情况下具有前瞻性、系统性，所以他们会提前通过宣讲会、双选会等方式，按照岗位人员需求预先锁定入职人员（主要通过三方协议或其他方式确定），好的企业还设置有多层考核，笔试、群面等，在适当的时候准备补录人员或者进行小范围再招聘。

（3）应聘素质。

岗位决策层主要有两部分：人力资源系统与专业系统。所以，出色的履历是基础，而面试相当于在履历基础上乘以一个百分比，在此期间尤其强调专业能力（有特长更好），并要能够自信而富有逻辑地展现出来。

说明：求职在一定情况下与运气挂钩，比如五月，有些岗位在入职前会突然查漏补缺，为了维稳和效率，企业的招聘流程会非常简化和迅速。当时中建三局房地产公司在我投递简历后便迅速给了我入职通知，貌似就是因为一个人考进湖北省委秘书处了，但最后我也没去这家公司。

3. 关于法务的职业特性与工作内容

根据我在律所、企业的工作经历以及其他了解，相比于律师，我认为法务具有以下特性：

（1）对综合能力的需求大于专业能力。在企业，尤其是国企，情商非常重要，如果具有出色的管理能力和交际能力，便更不同凡响。一个出色的员工往往更注重解决问题的能力，理论上如何是一码事，实践操作又是另一码事，这时候就要求我们能够随机应变。

（2）工作时间相对稳定，规律性更强。一般而言，法务的工作安排不算特别紧凑，也不属于企业的核心岗位，因此往往有稳定的工作内容和时间。

（3）国企的形式化特征非常明显。在某种程度上，国企对法律业务的需求是建立在形式需求上，法律业务的影响力只在不影响其他业务的前提下得以体现，除非真的十分重要。同时很多事情都需要层层报评审，周期时间较长。

（4）凭借平台的力量可以接触更高阶的社会资源。一个广阔的平台可以提供显著的优势，我们能依据平台的力量与影响力接触更高、更多的资源，这一点在海外体现得尤其明显，比如大使、新华社、高层领导等。

关于工作内容，由于常年在海外，我的个人经历相对特殊，与特性（1）相对应，我的工作十分综合，除了常规的法律研究、合同事务、律所接洽等合规性事宜，我还做了大量行政管理工作，如公司注册、属地化人员的管理等，甚至大量市场开拓工作、公共社会资源的维系等。个人推测在国内做法务，应该是体系管理和常规法律事务居多，当然也有高端事务，这就要视公司而定。

4. 关于法务的薪酬待遇

在不考虑个人本身资源条件的情况下，好的企业比好的律所往往拥有更大的短期利益与较大增幅的短期薪酬待遇，但法务行业很容易出现职业天花板，后期需视情况而定。下面给几个大致数据参考：

（1）律师

2017 年，泰和泰律所某非诉团队实习待遇 2500 元 / 月，某民商事团队实习待遇 2000 元 / 月，不包食宿，五险标准低，一金待定，转正后有小幅待遇提升（比如 500 元 / 年），有少量团建活动等福利。据成都另一律所（规模相对较小）开价，拿到证后 8000 元 / 月，其他福利未知。2017 年君合实习生补助貌似为 3000 元 / 月。据某些律师朋友反馈，前两年或三年处于解决温饱、略有剩余阶段。据说，也有某些律师前辈（成功典范），后期收入巨增。

补一些国外行情，律师在国外属于纯粹的高薪行业，几百欧元 / 小时的计费遍地皆是，一份法律意见书报价高达几万欧元（也就小几十个工作时）。

（2）法务

收入高低不等，以我现在的公司为例，薪酬结构主要为基本工资＋季度奖＋年终奖，五险标准较高，公积金逐年提升，用于食宿支出少。第一年为见习期，国内岗位年收入估值到手 8 万元以上，转正后年收入估值到手 15 万元，海外岗位薪酬 1.5 倍偏上，随着职级提升有增幅（薪酬构成相对复杂，未具体统计计算）。

5. 关于法务部门的角色定位与业务交叉情况

在建筑企业，法务部门被视为职能部门，主要为企业起服务支撑作用。

企业内各部门与法务交叉的业务并不算多，主要集中在法务统筹的模块，如合同管理、风险管理、案件管理等专业模块和一些日常管理体系部分，具体根据不同公司对法务部门的定性与权力分配而不同，有些公司也把企业注册等行政板块划分在法务部门。

对于业务交叉的处理，首先应当在权限范围内寻求解决办法，适当灵活处理，再次才请示上级负责人出面协调。

6. 关于理论知识的应用与再学习

前文提到，法务岗对综合能力的需求大于专业能力。换言之，在某种程度上，专业知识的地位确实被弱化了，所以一般而言，不会出现工作与知识严重不匹配的现象。而且，优秀的管理团队尤其注重带领新成员由学校向社会进行过渡，无论是在知识还是在其他方面上。虽然无须从头学习，但是要时刻保持学习，如在建筑企业中，要注重工程知识的学习；在涉外企业中，要加强语言方面的学习，或者专业知识点的拓展。

至于部门内部的学习机会，一般会有的，实用性和频率取决于具体的部门，团队协作一般是针对工作量较大、涉及面广的业务。

说到这里，我想强调的是，学校教给我们的不仅是课本上的知识，更是对法律的信仰和最基本的思维逻辑能力，这让我们以后做任何事情都深受裨益。

7. 关于公司的法务团队架构及分工

一般来说，法务团队的架构都比较简单，有部门负责人和其他成员，其中具体个人的职责依赖于团队领导的分配，有时也考验个人的主观能动性。

8. 关于法务工作的“谣言”

都说法务工作更安稳、规律性更强，事实也确实如此。其实这才是更大的机会（带薪学习），国企是一个体制色彩浓厚、普通人居多的环境，它相对松散，可越是这样，就越要清楚自己想追求什么，保持自己的核心竞争力，便不乏另起炉灶的勇气和实力。

9. 关于对有志于从事法务工作的师弟师妹的建议

在学校期间努力获取更多的知识、技能、头衔、履历，最好有证明文件，比如奖学金证明、四六级证书、部门 / 社团负责人经历、律所等机构的实践经验以及其他特长等，这可以让你在日后的竞争上先胜一筹。

做任何事情都要提前端正态度并做好准备。比如面试，省去基本的礼仪和素质不谈，如果你提前熟悉目标公司的文化知识、项目等，将会给面试官留下深刻的印象。事实上，大部分人资（初步面试官）根本记不住大多数人。

自信而强大的表达能力和逻辑能力会让人感到卓尔不群，面试中做到这一点，便能在一定范围内压倒很多简历比你优秀的人。

10. 关于工作之初遭遇的困境

对于不具备先天资源优势的大多数人，其就业选择都具有一定的偶然性。无论是工作本身还是其他，刚步入社会都可能产生一定的落差，但请你记住，咱们是西政人，是值得骄傲的。无论前方如何，我们一定要努力走下去，如果不适合（并非不适应），就积极谋求改变。要学会专注，在企业可能更需要一定的灵活性，在律所就更需要专业性。以前在律所的前辈，学习是刻在骨子里的，甚至在从法院回来的路上，都要去书店看一下最新的案例等，这更让我觉得其成功并非偶然。

最后，提醒各位师弟师妹们，大学是最美好、最自由的人生时刻之一，也别忘了享受与快乐，什么长远谋略，什么步步为营，虽然要做一定准备，但也不要过于着急，少年郎的肩头，本就应当是美好的事物啊！

以上皆基于个人经验与理解，仅供参考。同时欢迎师弟师妹们交流，从业以及海外工作和生活等各方面都可。

二、刘凯

刘凯①师兄，就职于恒大地产集团重庆公司，法务专员。

1. 关于法务职业的选择

从事法务行业，是结合实际情况进行考量之后的选择。

因为我倾向于本科毕业直接参加工作，且考虑到自身性格、前景、资源等因素，未将法院书记员、律师等纳入求职范围之内。所以在司法考试结束后（成绩出来前）就开始准备简历，应聘工作。经过多方面了解，最后将公司法务定为目标。在秋招中，我比较中意两家公司，一是恒大地产集团重庆公司（民企）；二是中国葛洲坝集团公司（国企），基于自身发展等因素，最终我选择了恒大地产集团重庆公司。

① 刘凯，西南政法大学行政法学院本科 2013 级毕业生。

2. 关于法务的应聘准入门槛

就面试而言，像恒大这种民营企业，对应届生的业务能力要求相对较低。在应聘中需要注意的有：

（1）一份有针对性的、优秀的简历。因为投递简历的人太多，HR 不可能去了解每一个人，所以一定要在有限的版面内尽可能吸引 HR 的注意，展现自己的优势，给招聘者留下印象。

（2）扎实的专业知识。衡量求职应届生很重要的一个标准就是专业成绩，具体体现在专业排名、奖学金、法考成绩等方面，这会是 HR 注意的亮点。

3. 关于法务部门的角色定位与业务交叉情况

在企业中，法务部门更多扮演的是服务、后勤保障、风险防控的角色。我们知道，公司的主要目的就是盈利，像在地产企业，主要创收部门大多是营销部、开发部，法务部的存在主要是为了让这些部门更好地运作，主要工作为合同管理、解决纠纷、避免公司产生不良影响等。

4. 关于法务的薪酬待遇

就恒大来讲，应届生工资统一标准在 8000 元左右，扣除五险一金、税费等到手工资为 6000 元左右。其他地产公司税前工资在 6000 ~ 9000 元不等。有一个小提示，在应聘时要询问清楚工资涨幅、具体要求以及最高水平。

相较之下，法务的工资更稳定一些。前期比实习律师高，但后期律师的收入更有保障。

5. 法务部门的具体工作内容

实践中，法务的具体工作主要分为两部分，一部分是与我们专业知识相关的工作，如办案件、拟函件、审查合同；另一部分是与专业联系不那么紧密的工作，如与其他部门对接。

在入职的不同时间段，工作内容也会有所区别。就刚入职而言，公司不太会让刚入社会的新人负责标的额较大的案件，那么在这一时间段内，我们接触较多的是一些程序性事项，比如民事诉讼法中各事项的节点。

相较而言，法务对综合能力要求更高，而律师对专业能力要求更高。法务和律师的区别主要在于：律师主要是服务当事人，只需要协调当事人个体的想法；但是就法务来讲，除了对外代表公司与其他单位或者个人进行沟通，在公司内部怎么把自己的想法，或者怎么按照公司的想法去对外沟通，都是需要协调的地方。

6. 关于公司的法务团队架构及分工

法务团队内部的分工比较灵活，包括恒大集团内部，各地区公司都不一样。集团法务部门主要负责重大案件以及律师团队、法务团队的管理；地区公司多按项目划分，即涉及该项目的所有民事诉讼都由同一责任人负责。

7. 关于法务工作的压力

这个就仁者见仁，智者见智，我个人认为压力还是比较大，但是也有听同学、同行说其他公司的法务工作比较清闲。从刚入职到现在，算是跨越了一个最难适应的阶段。毕竟不管做多好的准备，与就职前相比都会有落差感。

怎么克服这种落差感呢？我的办法就是给自己找事情做。大多都是从立案、跑法院、退费、缴费或者是公司内部报销之类的琐事开始，然后慢慢接触到案件。这个过程，我们需要一个比较聊得来的伙伴或者领导引导我们去分析、处理案件，比如：写代理词、分析法官的思路、搜集相应证据，逐渐到达独立操作的程度。事实上，这同时也是一个锤炼心性的过程，既包括接受并适应实际操作与书本知识的差距，也包括承受败诉等不利后果的风险。

8. 对有志于从事法务工作的师弟师妹们的建议

结合自己的实际情况，量力而行。在时间还比较充足的时候就开始仔细思考自己是升学还是就业。如果想考研，就先将工作的事情放在一边，专心致志准备考试；如果是就业，前期可适当了解各职业的工作内容、要求，做好相应准备。

两者兼顾可能会得不偿失。如果是工作一段时间后，觉得自己不太适应，想继续深造，重新准备考研，那实际上中间可能会间隔很长一段时间；抑或考研失败，抱着“过活”的心态去工作，这也不利于自身发展。所以一定要根据自己的实际情况，定下目标就全力以赴，不要半途而废。

就做企业法务而言，建议师弟师妹们要有较好的民法、民事诉讼法储备，虽然理论与实践有一些差距，但这会帮助大家更快地适应企业法务工作。

对于职业规划（法务）比较明确的同学来说，获得民法或者民事诉讼法方向的研究生学位对以后的发展是有益的。与本科毕业直接工作相比，研究生阶段的学习比本科阶段更加深入，在学习过程中也会接触到一些案件，并在老师系统的指导下锻炼自己的思维、条理。

拥有硕士学位会让你有更好的资源。不仅是大公司的法务，像主城区的法院、检察院、知名律所等都要求至少是硕士学历。所以，有规划、有能力的同学，也不妨先考研。

调整好自己的心态。现实与想象的差距比较大，要有屡败屡战的精神。从找工作开始，大家就会发现优秀的人比比皆是，在这途中难免会遇到一些挫折。就我个人而言，找工作也是经历了很多次投简历、面试，最终才确定了恒大集团。大家一定要及时调整心态，不断地去尝试，总会有一个比较好的结果。

三、赵鹏瑞

赵鹏瑞[①]师兄，就业于中建二局深圳分公司，法务专员。

Q：您是一开始就确定自己想做企业法务，还是求职中基于实际的考量而选择了这一职业？

A：在司考成绩还没出来之前，大家都是抢抓各种机遇。我个人只是确定了城市，然后就搜寻目标城市的各类面试，律所和公司都面试了。律所没有设定具体的业务方向，因为家庭原因公司就首选建筑行业。总体而言还是多面试，能去的都去，最终自己有选择权了，再选中意的。

Q：应聘法务的考核方式是怎样的？对学历的要求高吗？做法务需要具备哪些素质？企业更看重应聘者的哪些素质？

A：我一共只参加了三家公司（成都中建三局、深圳中建二局、泸州老窖）法务的面试，都是结构化面试：单独 / 共同自我介绍—无领导小组——对一测试。

我参加的三场法务面试对学历要求不高，绝大部分是本科生。

① 赵鹏瑞，西南政法大学行政法学院本科 2013 级毕业生。

我个人认为做法务需要具备、企业也看重的是强烈的业务兴趣、较强的协作能力和极大的学习热情。法务必须要与公司主营业务相结合，所以入职后很长一段时间我都在学习主营业务知识，并将我们的专业技能与之结合，所以需要对公司业务有强烈的兴趣。公司运营是多部门共同推进，法务是其中重要的一环，必须要与其他业务部门往来协作。公司发展伴随着业务范围、工作领域不断变化，加上法学特性，需要我们时时充电、不断提升。

Q：法务与律师、公务员相比，在工作上有哪些特点？具体工作内容大致有哪些？

A：就我个人了解而言，我认为法务与律师相比业务范围更窄，只能在公司业务所涉及的法律领域钻研，同时工作方式、时间和内容更固定。法务与法学公务员相比（因为只在法院实习过）也是业务范围更窄，但是工作稍灵活，积极性与活力稍强。

我目前的具体工作内容大致分三块：诉讼 50%（处理公司案件）、非诉 30%（合同评审、风险防控、出具法律意见书、接受业务咨询、法律培训等）、行政事务 20%（统计、传达等各种管理工作）。

Q：法务的薪酬待遇一般处于什么水平？

A：就我个人了解，初入职时普通法务薪酬高于普通实习律师、低于普通公务员，生活压力一般。后续就要看个人职业发展。

Q：法务部门在整个企业中扮演了什么样的角色？企业内各部门之间业务交叉多吗？如何处理？

A：各公司法务的角色不尽相同。我所在企业的法务主要是扮演风险提示及解决问题的角色，即在重大决策时提供法律意见，遇到问题时采取法律手段。重要性肯定是不比公司的业务部门，但也不可或缺，不会说存在感很低。

我所在企业，各部门业务交叉不多，工作交流不少。大家职责分工明确，只需相互配合即可，不会有业务重叠，事务交叉，但需要相互沟通，团结协作。

Q：实际工作中碰到的难题能用理论学习阶段的知识解决吗？还是要完全重新从头学起？部门内部学习机会多吗？会有团队协作吗？

A：我个人认为公司法务工作中遇到的难题：40% 能用在校学习阶段知识解决，60% 难题都跟业务相关。这 60% 需要我们在先前理论知识的基础上，深入钻研某一领域内容，在掌握该版块知识后辅以实践经验，才能解决相应问题（比如我的业务就需要掌握建设工程施工合同领域的极细、极专业的法律知识，本科及司考阶段都不会学习那么深）。

四、蔡瑞师姐

蔡瑞[①]师姐，贵州宏立城集团法务专员。

Q：您是一开始就确定自己想做企业法务，还是求职中基于实际的考量而选择了这一职业？

A：择业的时候内心更倾向于做法务，但是也投了其他行业的简历，就业信息关注法务的多一些。

Q：应聘法务的考核方式是怎样的？对学历的要求高吗？做法务需要具备哪些素质？企业更看重应聘者的哪些素质？

A：考核方式都不是固定的，有的会经历好几轮，包括无领导小组讨论、笔试等，有的只有简单的面试。如果面试官是法务，面试程序上会相对“简单粗暴”，但是面试的问题会比较深入，涉及的专业问题会多一些。

从事法律行业，我认为专业能力是基础，但是团队协作、积极上进、勤奋、聪明、有执行力也很重要，企业当然是希望你具有的优良品质越多越好。

Q：法务与律师、公务员相比，在工作上有哪些特点？具体工作内容大致有哪些？

A：法务工作的内容不完全是法律事项，会有部分偏行政化的内容。我身边有法务的朋友吐槽自己是“文字编辑员”“表姐”，也会有一些管理类的工作，要从公司发展的角度去思考自己的工作。

法务具体的工作和公司分工有关系，但是一般都有诉讼和合规管理。诉讼方面主要是自己作为代理人处理案件以及配合律师处理案件，合规方面主要是合同管理和风控，参与公司经营决策事项的法律风险审查等。大家投简

① 蔡瑞，西南政法大学行政法学院本科 2013 级毕业生。

历的时候可以看一下公司的岗位职责，如果没有的话可以去智联、猎聘软件上搜这家公司或者相同类型的公司相同岗位的工作职责。

Q：法务的薪酬待遇一般处于什么水平？

A：这个问题可能不太好说，应届生法务月薪从4000元到两万元甚至更高的都有。越优秀的人，企业就更愿意开高工资来吸引你，面试的时候工资是可以谈的。

Q：法务部门在整个企业中扮演了什么样的角色？企业内各部门之间业务交叉多吗？如何处理？

A：法务部门是让公司这辆高速运行的列车行驶得更稳、更安全的角色，各部门业务交叉多，很多工作是需要多个部门配合的，法务部门会配合其他部门，当然也有需要其他部门配合的时候。

Q：实际工作中碰到的难题能用理论学习阶段的知识解决吗？还是要完全重新从头学起？部门内部学习机会多吗？会有团队协作吗？

A：工作中遇到的问题，并非全部都能用课本知识解决，也不全需要从头学习，但是基础知识扎实一些总是好的。会有非常多的团队协作，沟通很重要。内部学习的机会多与否取决于公司和领导对培训学习的重视程度，但是只要想学，肯定不愁学习机会。

Q：一般来说公司的法务团队架构及分工管理情况是什么样的？

A：我现在所在的公司和前司法务团队分工主要是：合规管理、诉讼管理、法律服务（负责投资项目尽职调查和法律培训）。

Q：我们经常听说法务工作更安稳、规律性更强，请问是这样吗？

A：和律师工作比较，法务工作确实相对规律，大多法务工作没有长期的出差（加班肯定有），但是比起公务员也不是很安稳，只有好好努力才守得住自己的“饭碗”，央企法务会安稳一点。

Q：对于日后有志于从事法务工作的师弟师妹们，在学习和准备上有什么建议吗？

A：学习上打好基础知识，好好努力通过法考。无论是去律所还是法院实习，对于以后从事法务工作都是丰富的实习经历，如果有想要从事的行业或者公司，可以先学习一下行业涉及的法律知识，了解公司的业务范围，决定接受入职通知之前多向师兄师姐打听下这家公司的情况，避免走弯路。

Q：请问您在从工作之初遇到过哪些困难，您又是如何面对、如何加以解决的呢？

A：工作之初因为不了解公司业务、流程，会走一些弯路，保持好的心态，多请教、多学习、多沟通、多总结，办法总比困难多。

何宏轩、刘凯、赵鹏瑞、蔡瑞

2020 年 6 月 23 日

除了法律工作，我们还能做些什么

【写在前面】大三下半学期已经过半，各类考试接踵而至，关乎前途的分叉口就在眼前。通过之前的年级问卷，我们看到同学们许多已经有了明确的目标，有的则尚存在一些迷茫，为此，年级公众号“一柒前行”特辟当红节目“罗哥有话说”姊妹篇——“师兄师姐有话说”系列推送，针对法考、考研、职业选择等一系列问题，邀请经验丰富的师兄师姐们进行了专题采访，希望能对同学们有所帮助。

本篇为系列第十二弹：师兄师姐有话说之除了法律工作，我们还能做些什么？下面，正文即将开始。

毕业后不想跟风考研，又不知怎么找工作？

法学生除了当律师和去“公检法”，还有其他选择吗？

法学生想转行，会不会被其他行业反向歧视？

除了专业技能，我在就业市场还有什么优势？

准备校招或社招，我该具体做什么准备？

……

疫情紧张，毕业季又越来越近，关于就业，许多同学浮躁、焦虑而求助无门。对于准备跨行业就业的同学而言，更是如此。在这一点上，我们需要“过来人”的经验。

公众号工作组在疫情期间利用“线上产业”的优势开展工作，带着同学们的疑问，采访了四位2013级毕业并成功跨行就业的师姐，让她们讲讲自己跨行就业的经验和感受。

一、付琪琦

付琪琦学姐：西政本科 2013 级毕业生，现就职于重庆江北机场。

Q1：是什么契机让你选择跨专业就业的？

A：对于我而言，在经历了大学四年的学习和一些校内活动后发现，自己未来想要的生活状态与本专业的工作生活状态不太一样，且我本人觉得没有必要把自己的未来工作限定在本专业内，还年轻，学习的机会也不少，刚好成功找到感兴趣的工作岗位，就想试一试。

Q2：专业不对口，就业会遇到什么困难？如何克服？

A：专业不对口，在就业和面试时可能选择并不会太多，因为本校的招聘活动大部分是与本专业相关的，这就需要自己更多地在网上搜寻工作机会，以及多去其他学校的校园招聘，比较辛苦。我曾经有一天面试过四个地方，但与此同时我的面试经验也逐渐丰富，更加明晰自己想要从事的工作方向。

Q3：你为了这份工作做了哪些准备与前期工作？

A：前期准备大概从大三下学期快结束时就开始准备简历，找有经验的师兄师姐帮忙修改，多投简历，参与网络笔试、面试等。如果一定不打算考研，建议越早越好，很多公司秋招的投简历截止时间很早。

Q4：法学作为文科专业和专业性强的学科，在跨专业上面优势大吗？

A：我觉得还是比较有优势，因为西政法学生本来在本地甚至在全国都是有一定知名度的，在跨专业选择工作时只要不是专业性强的工作岗位，其实都是有机会的，还是要多投简历，给自己更多的选择机会。

Q5：师姐现在开心吗？会不会感到遗憾？

A：现在工作挺开心的，工作才开始也迷茫过，但我觉得迷茫是每个人的必然阶段，会思考现在的工作是否真正适合自己，也会经历一段才融入社会的磨合期。但通过自我不断调整以及多找生活中的兴趣爱好去转移注意力，总会度过的。

遗憾就是没有在大学投入更多的精力在专业学习上吧，也许结果会不一样。但无论如何选择总会有遗憾，与其抱着遗憾生活，不如珍惜当下。

Q6：师姐有什么寄语给我们吗？

A：希望大家在娱乐生活的同时，争取找到自己所好，多发掘自我才能，多学习（不一定非得是本专业知识），结交知心好友，多陪陪家人。

二、杨春丽

杨春丽学姐：西政本科2013级毕业生，现于宁波新东方任教。

Q1：请问是什么契机让您决定跨专业就业？又是什么让您选择了现在的职业？

A：首先，因为我的爷爷、姑姑、姑父都是老师，所以我从小就对老师这个行业比较熟悉，也更加有好感，可以说是在课堂中长大的。然后就觉得，教书是一件令人开心的、很有意义的事情。再加上我爷爷是研究传统文化这一方面的，写书法比较有名，所以我受他的影响比较深。

其次，对法学我没有多么热爱，也不是说多么讨厌，大学四年虽然很活跃，但我还是"贼心不死"，一直想要从事教师职业。

大学期间在少年审判庭学习的时候看到很多未成年的案子，感到很揪心，当时就觉得法律毕竟是有滞后性的，而我还是想要成为一个从事基础教育的老师，这样就能够让未成年的孩子感受到更多的德化教育吧。

最后我的信仰是道教，包括平时的一些爱好，也跟传统文化相关，作为一个老师，我希望能够影响自己的学生，不求他们能学得多好，但求从道德上面给他们树立榜样，在求学上面能够给他们一个严谨的态度。

Q2：跨专业工作需要从零开始吗？专业不对口在日后的工作中会造成困扰吗？

A：跨专业对我而言不意味着从零开始，我就没有经过太多培训。不过教书可能是一个很需要天分的事情吧，我觉得自己在教书上面还是挺有天分的。就教学工作而言，我在教师技能这一块并没有费太大的功夫，专业不对口也没有造成困难。目前为止，我在工作中已经负责出版了一本古诗词、三套国学教材。

Q3：请问专业不对口，在就业和面试的过程中会遇到哪些困难？您是如何解决的？

A：我现就职于教育培训机构。有专业要求，但不高，所以没有特别困难。如果想去私立学校教书，可能对专业的限制就有点高了，所以我在准备在职研究生考试。

Q4：若无其他特别突出的特长，您认为哪些职业是比较适合法学生跨专业去从事的？

A：其实跨专业就是得“好上手”，如果没有什么特长，也没有什么兴趣，那么哪个职业“好上手”就去哪个。我个人觉得教师还是可以的。

Q5：您认为法学生的哪些素养是跨专业也具有竞争力的？法学生身份的劣势又在哪里？

A：第一个是逻辑思维比较强，第二个是法律意识比较强，第三个是比较认真。劣势的话我觉得也是法律意识太强了，可能有些公司觉得法学生喜欢循规蹈矩。

Q6：你觉得本科学习的专业知识是否有为目前工作提供任何帮助？

A：有呀，比如说劳保法，可以提高我们的自我保护能力。在日常生活中，有一个朋友被骗，我是通过在校学的专业知识帮他把钱追回来的。其实法律思维和专业知识是会影响和指导我们的生活的。

Q7：目前为止，你觉得跨专业就业最棘手的挑战是什么？您是如何对待的？

A：可能是心理上的压力，比如我经常会觉得是不是自己学的东西还不够。相比那些大学四年都在学历史或者其他专业的，我算是半路出家，没有系统的学习，我在这一方面的心理压力就会比较大。

三、周丹琳

周丹琳学姐：西政本科2013级毕业生，就职于成都跌路局，现主要从事行政工作。

Q1：是什么契机让您决定跨专业就业？又是什么让您选择了现在的职业？

A：我最初应聘的是成都铁路局的法律事务岗，但因为在分公司处理行政工作比较多，当时还在准备公务员考试，我父亲又从事铁路工作，说铁路也在招聘考试，题目和公务员差不多，让我去试试，然后我就过了笔试，后来公务员那边也上了，但是考虑这边在主城，就留在这边了。

Q2：跨专业工作需要从零开始吗？专业不对口在日后的工作中会造成困扰吗？

A：其实我觉得要看跨专业到底跨到哪个专业了。我虽然在铁路，但是我都干行政工作。行政工作不难，但是很杂，人际关系也多，其实任何专业都可以干这个，门槛低，没有什么专业性，找个师傅带带就好了。法学专业干不了铁路上的技术活，所以像我们这种，想要在铁路有很好的发展，也很有局限性。因为铁路技术性很强，我们进不了关键部门，也成为不了关键部门的负责人。不过我觉得，如果不追求太大的发展，求稳定的话，选择这份工作也不错。

Q3：您为了这份工作做了哪些前期准备？这种准备大约提前多久开始进行？

A：我就是在准备公务员考试的期间顺便参加了铁路局的招聘考试，考试内容和公务员有重合的部分，事前也没有特别准备，公务员考试倒是准备了很久。

Q4：您认为自己转行最核心的成功因素是什么？您认为自己的经历/经验可以复制吗？

A：我觉得能转行的核心因素就是会考试。铁路比较封闭，其实参加铁路考试的大多是铁路子女，一般其他人都不知道有这个考试，竞争相对于主城公务员来说低很多。大家想来就一定要关注招聘信息，同时要做好备考工作，笔试过了三选一，概率很大，而且学校又有优势。不过现在铁路局又下发了新文件，对于我们这类学校有直接校招的可能，到时候也可以关注。我个人认为还是考试靠谱，不管对手再有关系，笔试过不了，对你来说也没有威胁。

Q5：专业不对口，在就业和面试的过程中会遇到哪些困难？您是如何解决的？

A：因为我应聘的是法律事务岗位，所以面试的时候其实也都是专业上的问题，我觉得我的困难都不是专业不对口的困难。其实当时我择业时也面试过其他工作，但是当时想留在重庆，选择范围很小，所以在12月的时候我就放弃了找工作，一心准备公务员考试了。

Q6：若无其他特别突出的特长，您认为哪些职业是比较适合法学生跨专业去从事的？你有什么建议呀？

A：我觉得要看个人，比如我这种行政工作，专业性不强，我觉得谁都可以干，但是工作比较重复，对于喜欢追求挑战、刺激的人就不适合。对于专业性比较强的工作，如果那是你的爱好，且平常有所涉猎的话，我觉得也可以尝试。但是对于那种专业性占绝对的岗位，我觉得应该考虑一下，因为HR可能都不会选你这个非本专业的。而只要是要考试的职业，如果你能沉下心准备，不要三天打鱼两天晒网，就没太大问题的。我觉得这个很关键，不要盲目地去学别人，要搞清楚自己想要什么样的工作。

Q7：您认为法学生的哪些素养是跨专业也具有竞争力的？法学生身份的劣势又在哪里，在工作上有什么体现呢？

A：我觉得法学生在逻辑思维上还是有优势的吧，而且略懂点法律，单位很多事情都会来问你的意见，不过有时候也很怕说错。优势不明显，劣势也不明显，但是我认为通过大学的培养，个人素质方面还是明显比其他相对较差的学校高很多。在我们单位，大学生与高职生就有很大的区别，我们有更好的能动性，当别人让你完成一件事情，你会有自己的想法与思路。

Q8：你觉得怎样才能不依靠专业争取到合适的工作机会呢？

A：我觉得还是要选择合适自己的工作。比如我觉得我应试比较厉害，我就选择首先要通过考试的工作，这就淘汰了很大一部分人了，而面试虽然有欠缺，但是架不住我的笔试强呀！

Q9：目前为止，你觉得跨专业就业最棘手的挑战是什么？您是如何对待的？师姐对师弟师妹们有什么建议？

A：如果你是“面霸”，那我建议你可以直接去应聘大公司任何你感兴趣的职位，对于私企，面试有很大比重的第一印象分呢！我觉得跨专业就是要心态稳，不过我这种也确实不算是完全的跨专业，我们单位的案子我也在跟进，不过我不是作为律师，而是以单位员工的身份作为代理人参加诉讼。行政工作也没什么太大的专业性，其实没什么挑战。对于繁杂的事情，我觉得最需要的是理清思路，做事要有条理。而且行政工作要跟各个部门来往，为人处世很重要，这个是我现在最大的问题，新人容易被欺负。但是也不用怕，把自己的工作做好就行，反正不管你走到哪里，都会有人不喜欢你，或者总会遇到几个“奇葩”。遇到困难了给领导汇报，不要自己冲在前面。

不管是任何岗位，刚去肯定都会遇到各种困难，但是要自己调节心态，当你熟悉工作之后，很多你之前觉得麻烦的事情都会变得轻松许多。我觉得师弟师妹现在最重要的是要想清楚自己要一份什么样的工作，只有确立目标，才不会像无头苍蝇一样。找工作千万不能东一榔头，西一棒子，出来上班，要把心态放好，到了单位你会发现，真的没人把你当小孩看了，做了什么事、说了什么话都是要负责任的。

四、不愿意透露姓名的 Y 师姐

Y 学姐：西政本科 2013 级毕业生，现就职于某知名地产企业。

Q1：是什么契机让您决定跨专业就业？又是什么让您选择了现在的职业？

A：因为自己在大学四年接触法律的过程当中发现自己不怎么适合，也不怎么喜欢从事法律行业，所以就果断选择了跨专业。选择现在的工作是机缘巧合，因为比较喜欢现在这家公司，恰好他们又有一个管培生计划在招本科应届生，我就去了。接触之后发现同事挺好的，而且这份工作感觉比较锻炼人，就坚持下来了。

Q2：您认为自己转行最核心的成功因素是什么？您认为自己的经历 / 经验可以复制吗？

A：跨专业转行最核心的一点就是无论是在法律专业还是在其他专业，一定要保持空杯心态，一定要去多学多问，主动一点，不能当“拿来主义”的人，要多思考。

吃苦耐劳，不能眼高手低。其实很多大学生刚入社会都还蛮眼高手低的，觉得一线的工作太累了，又觉得工资太少了，获取财富、经验以改善工作状态，就是一个慢慢积累的过程。

Q3：专业不对口，在就业和面试的过程中会遇到哪些困难？您是如何解决的？

A：专业不对口的话，找工作还蛮受限制的，因为很多工作都比较要求专业。但其实本科生比研究生要稍微好一点，大部分的工作只要求本科文凭。建议大家可以多去各大类应聘网站多看一看，多去面试几场，然后尽可能找到自己认识的同一职业的人，寻求更多的建议。一定要把握自己应届生这一宝贵的身份，因为很有可能后面再去选择其他的职业都很难了。社会对于应届生的包容度还是蛮高的，但如果觉得这份工作不适合自己，再去跨行业的话，就基本上要求工作经验了，所以一定要慎重。

Q4：您认为法学生的哪些素养是跨专业也具有竞争力的？法学生身份的劣势又在哪里？

A：法学生相对而言有很大的优势：第一，风险意识足够强，这样会在工作中减少很多风险方面的疏漏；第二，逻辑思维比一般的同事要强很多，这样有利于工作更好地开展；第三，沟通能力比一般的应届本科生要强。

劣势就是大家一定要注意不要眼高手低，很多人觉得法学是一个很神圣、高贵的专业，但跨专业要求大家从零开始，就比较容易产生落差。

Q5：若非某方面专业能力特别突出，您认为哪些个人技能或特长在工作中比较实用呢？

A：首先最基本的是办公软件使用，可以在大学里面多积累一下。其次，在大学能够多读书就一定要多读书，因为工作了之后，能够静下心阅读的时间一定会很少了，不管什么书都是可以增长自己见识的。最后，多参加大学的社团活动、比赛，一方面锻炼自己吃苦耐劳、独立思考以及动手能力；另一方面可以结交更多的朋友。

Q6：目前为止，你觉得跨专业就业最棘手的挑战是什么？您是如何对待的？

A：我觉得跨专业最大的一个挑战在于，你除了大学本科的文凭以及自己的法律知识，什么都要重新开始。那种面对未知状况以及自己没有任何武器在手的恐惧心理让自己很有落差。而且你也没有多少可以帮到你的朋友，必须不断地去结识新的同事、新的朋友，这对自己也是一个很大的挑战。

所以其实在从事这个行业之初，自己付出了比常人更多的努力。职场中的新人很容易犯一个错误就是“拿来主义”。我觉得很重要的一点就是遇到问题第一时间不要去想着问别人该怎么做，而是自己思考可以怎么做、还能怎么做、为什么要这么做。保持思考是让一个人进步的很大关键。

不断地学习，而且要主动地学习，这是关键，当然还要做好吃苦、不服输的准备。无论是欢笑还是心酸，无论是经验还是教训，都要接受。

跨行就业不简单，但“天生我材必有用”。

同学们一定要认清自己的优势，找准个人的定位，尽早确定目标，积极向可行的目标靠近。

不要限制自己，去发现自己更多的可能性。

我们拥有的不是单一的底线，而是多样的选择。

而这一切都要从早日着手准备开始。

付琪琦、杨春丽、周丹琳、Y 师姐

2020 年 6 月 27 日

笨鸟先飞

在培训期间，娅东第一时间告知我签约了一家国企，当时我就询问他是否能够把自己的经验分享给大家，趁着今天有空，我贴出来给大家看看。娅东同学在年级的成绩并不突出，但是能在很短的时间内找到心仪的工作，我个人认为他的目的性非常强，准备也很充分。他所分享的内容不一定适合所有的同学，但是我相信大家能够从他分享的内容里找到有助于自己提升的地方。

对于这一次能突出重围签到一家建筑公司的法务工作，我给自己的总结是：笨鸟先飞，非自谦也。以下是我自司考通过后找工作的经历以及我认为的公司法务工作招聘的各个注意事项，希望给比我优秀的大家一点别样的启发，也希望能抛砖引玉，等大家有了合适的归宿后，也能将自己的经历和体会分享出来。

一、自己的经历

司考过后，由于对通过的把握并不大，再加上 2016 年题目有些偏，便以为 2016 年会有大批同学选择考研继续深造，法学类工作的竞争就不会那么激烈了，于是果断地选择就业。这里也希望诸位如果有工作的打算，那么不要犹豫！ 11 月中旬成绩还没出来之前是找工作的黄金时期，那时大家都不知道司考成绩，因此 HR 们并不会在这个硬指标上为难大家（除了大部分主城区律所）。

我在“安家”之前投过三家律所（都要求过司考，所以没有面试资格），八家国企建筑公司，一家基金管理公司，在中冶建工和深圳青木基金都获得了工作的机会。这里希望给大家增强自信，只要掌握方法，我能做到的，大家当然也能做到。必须要说的一点是，我在中冶建工HR那里了解到，网申或者邮箱的方式效果微乎其微，如果HR在当季的校园招聘中招到了足够多的人，那么除了个别有国外学历的同学，其他所有简历都将石沉大海（银行等主要通过网申来选拔的除外）。

二、对于法务工作的认识

对于法学专业来说，当季的主打校园招聘除了银行，法务工作也是一个比较好的方向。这里要说的一点是，在法务工作招聘的过程中，HR对性别的倾向是真实存在的，所以对于女同学们，如果特别专注于做法务工作，建议大家在简历和自我介绍中专门做一个模块，体现自己与男同学相比的优势在哪里，能不能接受跑项目部？能不能接受派驻？不要觉得这些东西很做作，你如果做好了这些准备，入选的机会就是其他女生的两倍，而这实际上只需要在前一天晚上花费十分钟的时间。

法务招聘比较青睐的几种类型，我通过两轮面试的经历给大家分享一下：①党员或者预备党员通过的比例很高；②有体育或者文艺方面的特长；③有团队领导经历；④对岗位忠诚；⑤是否通过司考真的没那么重要，所以，放开自己大胆去试；⑥本科生更具有竞争力（第一轮面试只留下了一个研究生，笔试全刷完）。

三、应聘环节的注意事项

一般校园招聘的主要环节为：简历初选、一面、笔试、终面。招得比较急的当天就会签三方以及定岗，所以大家做好鏖战一天的准备，不要想着上午去面试，下午再去复习考研。

对于简历的制作，我有以下理解：①现场面试的简历不能太单薄，我个人认为一张纸的简历是投邮箱用的；②简历得有封面，这里建议大家在封面上做上公司logo，附上公司的经营理念；③在简历的内容上尽量突出个人特质与公司经营理念的契合点，因为两轮面试中 HR 都会拿着你的简历，然后问你为什么要来我们公司；④因为大多数公司为了减小招聘成本，都会在当天走完所有流程，所以如果大家能在简历后面附上一些证书的复印件或者工作经历的证明材料，那就比别人略胜一筹；⑤把校外工作经历所获成果量化，这也是罗哥一直在强调的（HR 真的会把你的工作经历看上很多遍）。

面试基本上会有两种模式，自我介绍以及一问一答。我自认为一问一答很难，毕竟你没办法知道 HR 下一个问题会有多么刁钻，比如面试的时候我就被问是否真的有 175cm，我就说我真的有，因为头很长。HR 笑了，立马转去问其他问题。对于一问一答，大家只要掌握了话题的走向，那就不是问题。

关于笔试，我们这一次分为公司基本情况的选择题、行测申论和岗位知识。面对公司基本情况的选择题，建议大家在公司官网上搜索信息，基本会是公司成立时间、获得的荣誉、发展目标之类的，行测、申论建议大家在网上搜一点题了解一下，不用做，只是保证自己在看到试卷时不会蒙。岗位知识的话，法务是会考民法中的合同法，两个简答一个案例分析。如果确实想做法务，建议大家平时抽时间复习一下合同法，难度略低于司考。

关于定岗，基本是终面的最后一个环节，如果不是咬死工作地点，都是会过的。我认为，既然要做法务，那么全世界都是我们的家，过于纠结工作地点得不偿失。

如果有的同学还有求职上的问题可以私下问我，我知无不言。最后，希望行政法的同学们都能劈风斩浪，找到理想的工作或者在理想的学校继续深造。也在此感激学校能提供好的就业平台，感谢辅导员们的殷勤付出，祝学校一切都好！

刘娅东[①]

2016 年 10 月 13 日

① 刘娅东，西南政法大学行政法学院本科 2013 级毕业生。

漫漫长路上的一点经验教训

我找工作是从司考完的9月末开始，签三方协议是在11月末，中间兜兜转转，一直没有遇到一家双方都看对眼的单位。直到在学校双选会的前一天，我才最终签下协议，当时我都已经准备回家复习四川12月的省考和其他单位的考试了。

我找工作的历程大致是两个阶段，第一阶段主要在重庆，第二阶段觉得自己还是要回四川，于是回去找工作。说这么多主要是想表达这个过程可能很费心力、很消磨你的耐心，但你还是要继续，就当是在玩一个捉迷藏的游戏吧，你总会找到那个你想找的、藏起来的小伙伴的。以下直接说经验教训：

（1）地域取舍问题。在回成都参加成都秋季双选会的时候，重庆这边我有个单位进了最后一轮面试，面试时间和双选会第一天重合，当时很纠结，最后还是决定回成都，现在签的这家单位正是双选会第一天上午投的。

（2）条件允许的话准备一份英文的自我介绍。这点我其实就准备得不充分，我在川大校招面试的时候，HR让我用英文介绍自己的专业，因为没有准备，我当时就回答得很不好。后来我还是没有准备，结果最终签的这家公司的最后一轮面试又让我用英文自我介绍以及用英文翻译就业推荐表上的一段话，结果当然是回答得不太好。后来侥幸通过了。

（3）穿着一定要正式。最终签的这家企业在双选会的展架上没有写要招法务，我是路过的时候被负责招聘的人叫住，她问我找什么工作。我说我是学法学的，想找法务岗，你们这里好像没有这个岗位，然后我准备走了。但负责招聘的人说，正好现在我们缺一个法务，然后在展架上补充写了招法务一名……后来听说是因为当时双选会很多人都穿的是便装，我因为穿的正装，

HR觉得很舒服。最后签三方盖章的时候，叫住我的那个前辈还开玩笑地跟我说：当时我在茫茫人海中一眼就看到了你。所以职业化的穿着真的很重要。

（4）面试的时候一定要真诚。其实不只是面试的时候，在面试之外的电话交流等各个环节，你真诚地对待HR，她是可以感知的。本来签的这家单位给我的唯一要求：过了司考他们就可以签。因为他们觉得我没过的话明年势必再考，司考准备会投入大量的时间和精力，这会影响在公司的工作。后来司考成绩出来没有过，查到成绩后我给HR打了一个电话，告诉她很遗憾我没有过，但很感谢她在双选会上以及之前面试中的交流，让人感觉到了满满的善意。后来双方还有一些沟通交流，基本我都是有什么说什么，比如诚实说明其实我还在不断面试其他企业，他们问我其他企业开出的待遇我也如实回答。最后带我的法务真诚地告诉我没过也没什么，他当年也考了两次。其实我也不明白最后为什么签了我，但我想跟我沟通不用绕弯子、不太费心应该是一个原因。

（5）站在企业的角度回答问题，多从他人角度来说问题。很多时候话说出来表达的是一个意思，但角度不同给人感觉也不同，比如HR会问你怎样看待你的第一份工作，我一般会说："第一份工作对我而言很重要，我很慎重。我觉得第一份工作至少要做三年，所以现在还没有签。"慎重是对自己负责，其实也是对企业负责。因为企业招一个人，实际投入的用人成本一定是远远高于他给这个人开出的薪资水平的。这样企业就会心里有数，如果他能给你合理的岗位和薪资期望，你是留得住的，你也是可以站在企业角度考虑问题的。

（6）注意查收自己的邮件。这个低级的错误估计只有我才会犯吧，不过还是写出来，以防万一。我在10月初其实就有邮件投递简历，当时我很喜欢的一家四川的企业的，HR看了我的简历后跟我邮件交流了好几次，问清了我意愿的工作地点等各种信息，后来都直接说先在成都工作，然后调去哪里……其实都交流得这么具体了，而且回复的邮件里还有他的个人电话，我应该打个电话过去的，然而我没有。关键我还没有把邮件往下拉，一直没有看到他随邮件发给我的应聘人员信息登记表。后来我查到他们在西南交大有宣讲会，还自己跑去犀浦那边现场投了简历。多天之后，在我整理邮件下拉发现那个应聘登记表的时候，我想，如果我是 HR，应该也不会要这么不细心和愚蠢的求职者吧。

（7）如果应聘公司法务岗位，一定准备好相关问题。比如这两个问题是我被问最多的：一是你觉得公司法务在公司中的作用是什么？我一般是从三个方面展开回答：一是风险防范，即风险还没来时法务人员要防范风险；二是风险应对，即真的遇到风险了，法务人员要去解决问题；三是公司的一些内部制度建设方面。大家应该还有比这更好的回答的。第二个问题是劳保法相关的，因为企业内部有一大块的纠纷是劳资纠纷，职工权益保障这一块也很容易被问到问题。

其实这些可能都没太大用处，因为每个人的情况都不同，而且我还这么多乌龙事件。总体而言就是真诚地回答每个问题，但是讲话也要有技巧，要让企业知道你有持续学习的能力，提供合理的待遇是留得住你的，你能为企业创造价值，以及你的加入是一件很愉快的事。虽然在学校的日子快要结束了，但前路漫漫，祝考研的同学、找工作的同学以及其他选择的同学都能在未来的路上越走越顺畅！

高羽凤[1]

2016 年 11 月 30 日

① 高羽凤，西南政法大学行政法学院本科 2013 级毕业生。

那就不停地实战—思考总结—再实战吧

将大家分享的经验灵活运用到实战中，再总结自己的经验教训，是最有效、最快速的成长。

还没怎么进入找工作模式的同学，多去实战吧，得抓紧时间了哦，不然会后悔后知后觉地错过了很多单位的。而且，司考成绩要出来了，有些职位会要求有实战经验的。那些面试了很多场、感到疲惫的同学，不妨停下来休息调整一下心态再重新出发，你的优秀和努力总会找到让你满意的单位的，可能天时、地利、人和还缺了点东西，有句爱情里的鸡汤："只要最后是你，晚一点也没关系。"

其实加上签约的单位，我一共面了四个，其中一个还在等通知，所以我的实战经验没有很多，但受罗哥之邀，还是尽量多给大家一点干货，以供大家参考，好的接受，不好的欢迎大家指正。

一、面试提前到

有些面试提前到可以有更多的机会和HR接触，而且你也可以问问其他同学面试的流程内容之类的，让自己做更好的准备。反正不管到哪儿，不管认不认识，我都要到处问。

二、一定要打有准备的仗

大家可以针对自己感兴趣的、投递的不同类型岗位拟定不同的自我介绍范本以备不时之需。其实我自己是比较愿意跨专业就业的。

面试每一个不同单位的职位，一定要去阅读公司的介绍和职位要求，再据此更改介绍和简历，HR 有可能针对这些要求向你提问。比如某单位说党员优先，面试的时候一来就针对党员问题向我提问，显然我没答好。但我好的一点就是不管怎么我都不会慌，尴尬也就尴尬那一小会儿，沉着冷静比较重要。

简历加 logo 这个相信大家已经听了几百遍了。昨天参加重庆大学的双选会，在去之前我就把参会单位的招聘职位看了，然后记下了比较感兴趣的单位职位，在简历上明确写出，然后加上了公司 logo。投简历的时候，我几乎都收到了招聘方诧异加眼前一亮的表情。某公司一个工作人员跟我聊了好久，加我微信让我用她的手机做测评，还说跟老大说了让我提前去面试。所以提醒大家下次如果要参加双选会之类的，不妨事先准备充分一点。

把自己简历上能引起 HR 提问的问题的回答多在脑海里想一下。准备很重要，但回答各种问题包括自我介绍，都不要说得太过，就算特别熟了我也要故意适时停顿一下，假装自己在思考的样子。尽量掌握好说话的语速，太快太慢都不好，可以对着镜子，可以对着室友，自己私下多训练一下吧！

总结以上，差不多就是要做好物质准备和心理准备，怕是心头怕，胆子要放大，兵来将挡，水来土掩。

三、注意礼貌问题，着装正式得体

谦逊有礼，笑口常开，热情大方，站有站相，坐有坐相。

无领导小组讨论不要太激进，尽量别打断别人说话，非打断不可的时候，注意礼貌地打断，然后配上你的微笑。讨论期间认真听取别人的观点，不要一直低头，不时抬头看看发言的人，点头、微笑之类的，但除了总结的时候，不要去看 HR，不要对他笑。注意力集中在本组讨论。leader（领导者）之类的量力而行，该你上就果断上，有更好的人选就让别人上。不要太激进，也请保证自己的发言，并掌握好发言时间，一定要说。有时候发言不在多，简洁精练、直击要害就能“俘获芳心”，但如果不是这样，就算不知道怎么说，找一个你认同的观点进行改编。讨论过程中要刚柔并济，要有礼貌，也要有气场。大家可以多多训练一下。

除了无领导，其他都是直接和 HR 交手了。基本的礼貌问题大家都知道，开门、关门、问候之类的，多一点真诚，少一点套路，别非把自己百分之百地往好的上面凑，有时候可以来个欲扬先抑。举个例子，HR 问我，同样的工作，重庆和广东，你选哪一个？我说主要看公司，普通来说，如果待遇相当，我肯定会选择重庆，我话还没说完，看到他们“哦”了一声，点了点头，马上说，但是特殊来说，如果是自己本身就选择好、很想去的公司，比如说你们公司，那我肯定会毫不犹豫地选择去广东（虽然我并没有很想去）。虽然自己答得不是很好，但至少效果有好那么一点。

四、面试后多多思考，多多和同学交流

我是那种面试完一次就一直在脑海里重现当时画面的人，会考虑更好的回答。我觉得如果你平时就会有些“小心机”，那你面试的时候肯定也会，如果你平时不会，那你听再多可能也用不出来，最多听到的时候觉得恍然大悟，开了窍，所以这些主要要靠自己实战—思考总结—再实战的循环。

找到小伙伴一起，多多交流，看他们遇到过什么情况，听他们的经验，然后再想想自己下次遇到这种情况应该怎么做。

五、拓宽信息来源

多看、多问招聘信息，有很多公司都有校招群，能找到的就加进去。如某次初面的自我介绍要用英文，我都是加群才知道的。面试的时候有些人临时知道，因为没准备就走了。还有一次因为加群看到了群通知，我还在某公司面试结束后又获得了面试机会。

差不多就是这些了。好像我的话有点多，几乎和前面同学有重复，大家就当“温故而知一点”新吧。我觉得在这个阶段，大家就多试试吧，工作地点和专业问题可以稍微放一放，多尝试，保持一个好的心态，不急不躁地继续努力。最后，祝愿所有找工作的同学们求职顺利，以后越来越好。

胡月[①]

2016 年 11 月 6 日

① 胡月，西南政法大学行政法学院本科 2013 级毕业生。

找工作的心态与技巧

前面一直给大家分享的是男同学的求职经历，今天给大家分享一篇女同学的找工作心得。其实咱们年级已经有好几位女同学找到了工作，有的同学甚至是第一次面试就签约，可能不能给咱们很多一直在奋斗的同学们提供可参考的经验，所以就没有给大家进行下一步的分享。刘瑜同学最终选择的是位于云南的一家大型国有有色金属集团企业的法务工作。在和她的沟通中，她表示这个心得分享其实就是她平时找工作里不断积累的小贴士的汇总。这说明刘瑜同学在找工作的过程中，很细心地将自己的不足和可提升的地方完全文字化了。希望在这些细节上能够给大家一定的提示，也希望能够帮助到大家，特别是我们的女同学们。

大家好，很荣幸能和大家分享个人的找工作心得。总结一下，有以下几点。

一、心态

从自身出发，你得先明确自己的求职意向、工作地点、单位性质、工资薪酬。其实这个时候就跟你找对象一样，自己得有一个初步的想法，但也不要求有多具体。这里可以提一下，对于求职意向，我们的专业是法学，所以大部分同学找工作的话会想找对口的法务之类的，但是感兴趣的话也可以选择去比较好的公司当管培生，其实也不错。针对求职意向，就是能找对口尽可能找到对口的，但是也不强求，可以的话也试试其他的。关于工作地点方面，男生比较无所谓，女生主要还是回家，考虑自己家庭等各方面因素，所以还是建议女生要多考虑一点，可以接受的话其实不用太局限在家，女生也是可以出去闯闯的（我也是抱着这样的心态去的云南）。单位性质方面，要利用自己应届毕业生的优势，多去大型的企业、上市公司等，国企的工资不是很高，但比较稳定，福利待遇很不错。工资薪酬这方面要结合工作地点考虑，不要单看几千几千之类的薪资，你得看看那边的消费水平。这里可以说一下，国企一般五险一金，有的五险两金，一般包吃包住，不包的都会有相应的补贴，待遇挺好的。

当然，这个时候特别是对已经找了一段时间工作的同学来说，都有些着急了，我也是，但是不要放弃每一个可能的机会。我这次能去这家公司也是一种缘分，当时因为有事我没能去该公司的宣讲会，所以当我赶去交简历的时候人家都在筛选简历了。我很急，但是一定要保持基本的礼貌，我是先敲门让进去后，大大方方地进去问他们“您们现在还接收简历吗”？再解释了一下原因，基本上这个时候我就已经给面试官留下了印象。记得面带微笑，出去轻轻关门。你们一定可以的，相信自己。多试试，多练练。

二、技巧

信息渠道：我主要是通过学校的宣讲会面试。一般能到我们学校宣讲的企业是都可以去的，先好好珍惜自己学校的宣讲会吧，当然其他学校有感兴趣的也可以去试试。多刷新网页，校网有时会卡，可以去梧桐果查询，梧桐果的信息一般都很全。

对于宣讲会前的准备：自己要先对公司有个初步的认识，查询好时间，最好提前半个小时左右去现场，因为好的企业一般人都很多，一方面会没位置，另一方面招聘单位也会觉得坐着的人更积极。自己准备好简历，我的简历做了一个小设计，就是在开头写上了招聘单位的企业精神，然后加了单位的 logo，这会让人觉得你用了心，是为他们做的简历。有些同学是做的封面，你也可以把这两样东西加上。所以我一般是在前一个晚上把简历改好，背一下公司的理念，一般就一句话，自我介绍的时候可以用。在宣讲会前，你可以自己对着镜子练一下或者和室友练一下自我介绍，要注意面带微笑。自我介绍是面试必问的，你要做好随时自我介绍的准备。

简历：罗哥之前有给过大家简历模板的资源，具体可以去看看。另外我想提醒的就是记得把模板改改，千篇一律是不能吸引人的。当在你投了五六份简历连初面机会都没有，简历一定有问题。还有很多东西不一定要写，像主修之类的，因为很多面试官也不懂具体的，就按照简历上的信息提问，你写得越多越容易被抓。像我之前面试的时候，面试官问某同学说“你上面写了主修的税法，那你说说有什么税种，中央直收的有哪些”。我听到这个问题就蒙了，要我我也答不上来，所以别写太多。当然若是你专业能力很强，问到这样的问题就是你展现自己的时候了。总之你要保证自己简历上的东西100%的熟悉，随便问一个都能答出来。此外还有就是上面提到的小技巧，可以用用，自己不满意的简历可以自己做（我是自己做的），但一定要好看、清晰，可以多找别人看看自己的简历，很多时候自己看不出来问题。最后简历打印用WORD可以，但是个人建议用PDF，网申记得一定用PDF，比较正式。（WPS的左上角有一个“输出为PDF”的功能。）

面试，着装就不多说了，做好面试的准备，一般都会在宣讲会之后就面试。在宣讲会之后面试的那段时间好好把握，根据要求用手机记一下时间，一般会要求1分钟的自我介绍。一定要把握时间，这是你守时和做事有规划的表现。我自我介绍选的是3个词介绍自己，有逻辑性。这是老套路，很多人选，所以你要把内容填充出彩。可以的话不要说大条，比如爱好跑步，坚持了多久等，一定要具有代表性。打个比方，我介绍自己的第一个词就是积极进取：在校内积极学习，获得综合奖学金，节假期间也不懈怠，积极到律所等实习，培养自己的实践能力。再结合一下公司的理念，公司对人才的要求离不开这样的品质等。这也是与岗位匹配的佐证。尽可能地拿出证据，用取得的成绩说话。面试官不太在乎你多坚持，在乎的是你能达到的成绩。另外，面试的时候一定要察言观色，当他对你某一块简历内容感兴趣的时候不妨多介绍一下，注意简洁明了，有逻辑。

面试方式：现在大部分是几个人一起面试，这种比单人面试紧张多了。一个小技巧：很紧张的时候不妨掐掐自己，疼痛会让你转移注意力。不用一直对自己说不要紧张，不紧张是不可能的，而且我自己是那种越说越紧张的人。还有就是紧张尽量不要表现出来。紧张常常表现在语速上，我是一紧张就快，一快就语无伦次，这样恶性循环。所以你要适当地放慢语速，给自己大脑一个过滤的时间。这要在计时的时候注意调整，所以一定要拿手机计时，自己多练练。

面试官问你问题，回答时一定要真诚，会就会，不会就要表现自己好学的一面。此外要简明，记住言多必失。有逻辑，且学法的基本素养，你不妨加上首先怎样、其次怎样之类的连接词。

我没有经历过无领导小组讨论，但是可以给大家分享一下我从其他人那里得到的经验。无领导小组从进门开始就要注意，走姿抬头挺胸，坐姿端端正正。坐的位置也有讲究；不要坐面试官旁边，一般这个人要第一个说；不要坐后面，前面的人都把意见说完了，你说什么，中间最好。无领导中的3个角色：leader（领导），一开始没有经验建议不要去冒风头，当然觉得自己适合的可以把自己往这方面训练。计时员可以主动要求，记录整个小组的讨论进程。但不要太主动，看看大家的表现，比如说“我们讨论时间有限，不如由我为大家计时吧”。一定要谦虚。总结，一开始就要有点“心机”，进去就可以根据名牌记一下大家的名字，记交流中的关键点。一般不会有人愿意做这个，风险很大，所以如果你决定做这个，就要一开始就准备，最后再主动站出来。这3个角色做得出彩，你一定会过。

再说几个小技巧：对每一个工作人员微笑打招呼，别人给你发资料笑着说谢谢；可以的话帮助他人推下凳子（有些凳子很重），看到了就主动帮忙；一定要最后走，收拾一下桌子、凳子之类的；在公司中巧遇HR主动打招呼，微笑赞美，表示受教了（有些宣讲会一面二面不是同一个人的一样）；不要抢他人说话，被抢话了微笑就好；不要害怕出错，说出自己的想法，注意逻辑，表现出自己的青春、活力、好学。这些是小细节，HR都看在眼里，不要嫌麻烦。从进门开始到离开公司（面试教室），都要注意，回到寝室你就可以放松了。

最后说一下签约，一般国企都会要得比较急，很多时候当天就决定签了，所以自己闲暇的时候把就业推荐表之类的资料填好，建议先用铅笔写，错了可以擦掉。

以上是我最近找工作的一些小心得。其实说这么多，找工作还是靠缘分的，但是基本的东西你还是要具备的。希望我说的能对大家有所助益，祝大家尽快找到自己心仪的工作。加油！

刘瑜[①]

2016年10月26日

① 刘瑜，西南政法大学行政法学院本科2013级毕业。

战术上重视，战略上藐视

文章本身写得很棒，算是近期佳作。卓鑫最后定的单位是恒大总部，从以下的文章，大家能够看出卓鑫同学的用心，取得最后的结果是不意外的。卓鑫同学除了这篇分享，还是我们微信号“一生有你”的维护成员之一，再次感谢卓鑫同学的分享和他平时为年级同学做出的努力和贡献，希望能够帮助到我们的同学们。正值初冬，希望还奋斗在找工作一线的大家继续保持热情与动力，有任何困惑，都欢迎你们到办公室来和我们交流。目前来主动交流困惑的似乎都找到工作了，咱们一起加油！

在罗哥、陈姐和年级同学的帮助下，我在 11 月份找到了适合自己的一份工作，很感谢多次一起分享、一起鼓励、一起挤公交的伙伴们！

我入职的公司是自己第一次获得面试机会的单位，比较有认同感。虽然战线拖得有些长，但还是体会到了等待的价值。

就我而言，网申加现场投简历共 21 家公司，获得 9 个面试机会（在宣讲会上投简历获得的面试机会占多数），占比将近 50%，并不是很多。因此，我很珍惜每次面试的机会，并在面试前花时间搜索面试企业的相关信息（比较方便的是看招聘简章和百度其最新的企业新闻），既是对面试岗位做一个全面的了解，也是让自己在面试时有话可说，拉进与 HR 的心理距离，增加信任感。

一、简历

简历我走的是简约风，不是很精致，但是内容比较分明。建议大家简历上的文字不要写得过于紧凑，可以用黑体加粗、大字体等突出关键要素，相对不重要的可以简单罗列。

二、面试环节

（一）自我介绍

为了使自我介绍更为有条理，我喜欢围绕两三个关键词展开，如团队、方法（规划）、坚持，并联系企业的文化、规模、产业链、发展历史、新闻动态等，展示自己对应聘企业的认同感和职位匹配度。

（二）一分钟演讲

1. 切入点

可以先诠释所给题目的大意，或者解释题目中的一两个关键词（正面或者反面解释，它是……或它并不是……或有些人的某些行为就没有做到这样），既可以作为引入，使下文内容的阐述不过于唐突，也可以在这个过程中让我们快速思考下文内容的建构。

2. 思路、逻辑

接着可从个人（微观）、企业（中观，联系应聘企业的实际）、国家或国际社会（宏观）三个方面或择其一二进行阐述。三个方面中，哪一方面如果没有太多的理论或具体事例支撑，可以一句话带过，其他一两个方面再做自己有感而发的展开。

我的理论表达比较薄弱，因此更多的是采用上述三个层面（个人、企业、国家）作为框架，辅之以具体事例和适当的评论展开，以应对 1 ~ 3 分钟的演讲要求。

3. 发言顺序

想分享这个的原因，是自己基本被安排过在最前、最后和中间等位置进行发言。位置不同，自己的心态、紧张度也会不同，发言的重点也要相应的改变。但核心只有一个，就是突出自己的优势，力求不和别人说的雷同，以给留下一个独特的印象。很多时候发言顺序是安排好的，我们不能自由选择，因此：

（1）如果被分在靠前的位置发言。

我们可以先发制人，尽量把相关的点说广、说全，向面试官展示我们的宏观思维，并就其中的一两点进行展开说明。

（2）如果被分在靠后的位置发言。

因为很多要点已经被前面的同学说过了，为了避免重复，我们有以下三种应对方式：

第一，就尚存的遗漏点进行补充说明，以展示我们的细致和思维的全面，并利用末因效应，加深我们的观点在心中的力度与印象。

第二，对前面同学的观点进行一些统计或者评论（肯定或者适度反驳），利用位置优势展示我们的领导、归结能力，并提出一些新的思路和看法。

第三，如果前面同学更多的是进行理论方面的阐述，那我们可以改变阐述的重点，以具体事例或社会热点等较为鲜活的引证，拯救听觉疲劳。

（3）如果被分在中间的位置发言。

因为发挥的空间比较大，我们既可以按照自己事先准备的内容发言，也可以综合以上两者，积极自信地展示自己的口才、思维和优势即可。

（三）无领导小组讨论

无领导小组我只在一个初试参加过一次，也有幸通过并进入复试。经验不是很多，在此仅分享自己当时的一些感触。

1. 正确定位自己在团队中的分工

语言表达不是很强的同学，发言次数不一定要很多，可以在纸上对前面发言同学的思路做一个整体梳理，并在团队讨论停滞不前的时候，向大家表明我们纸上统计的数据（表明更多数成员支持的观点），以推动讨论的进行。

2. 适度的退让未尝不可

基于上述对团队讨论的推动，在那次无领导小组讨论中，有几个同学推举我当最后的陈述发言人，我一开始也答应了下来。但因为自己不是整体讨论框架的建构者，加之自身的口头表达确实不强，所以在进行了 20 秒的阐述之后，我出现了表达停滞。这时有一个同学主动表明想尝试一下，在发言之后也比较有实力，我便表明了自己让出其发言的立场，并提出了一些发言建议。

面试结束之后，对我们这一组的结果表示了肯定。因此，适度的退让可以让面试官看到我们的气度和团队精神。

三、心态

（一）战术上重视它，战略上藐视它

战术上，对于就业，我们需要进行认真、全面的准备，包括多渠道投简历、现场听宣讲会、进行笔试、准备面试等多个环节。

战略上，我们也不用太过紧张，毕竟公司更多时候关注的是一个应聘者合不合适相对应的岗位，性格、着装、形体等对不对得上眼，发挥我们自己的风采就好。

（二）乐观、自信地表达

紧张是不可避免的，但不要太过影响自己的表达。我们可以将其当作是和招聘一次免费交流、锻炼自己的机会。万一卡壳、没有思路时，可以用“一方面……另一方面”“第一……第二……第三……”等层次标示词，像考试写文章一样，逼自己说。如最后一点实在没什么可说的，也可以把我们不认同的、反面的观点作为其中一点，进行相应地点评、展开。

四、结语

努力准备，耐心等待，不慌，也不乱。

美酒需长期沉淀才能香弥深巷，但职位的佳酿并不意味着越久越好。找准自己的定位，了解一个职位发展的前景，合适者，翻盖而起，一饮而尽；尚未有适合的，也不慌乱；做好准备，另备佳肴，待醇香自溢，定是酒不醉人人自醉！

以上是我个人的一点分享。立冬虽至，盛情已燃，我们一定会收获更为合适的工作岗位。挤公交、轻轨的路上，我们一起加油！

刘卓鑫[1]

2016 年 11 月 11 日

① 刘卓鑫，西南政法大学行政法学院本科 2013 级毕业生。

本科生的胜利

各位同学：

今天这篇文章的内容反映出了部分同学的想法，也反映出部分同学心理转变的一个过程。任振中同学拿到offer（录取通知）后，跟我聊了很久，我们一起分析了一些问题，经过一段时间慎重考虑后，才签订三方协议。这种态度非常值得肯定。无论是考研还是找工作，以及拿到offer之后去哪一家单位，面对自己第一份工作的选择，都需要慎重。未来的道路很长，祝福各位确定工作单位的同学，也祝正在路上的同学顺利拿到offer！

周　婕

各位小伙伴，你们好，非常荣幸能够在这里给大家分享一些自己关于工作的心得，当然更多的是如何选择的体会，希望你们能够从中获得一些启发。

一、选择

作为本科应届毕业生，大四上学期注定是一个艰难的抉择过程，“求学”或“求生”，成了我甚至绝大部分同学必须要面对的一个选择。如何选择，每个人都有不同的看法，而在我看来，选择最适合自己的道路就胜利了一半。下面我想从自己的经历中谈谈体悟。这是一个“失败者”的故事。

从进入大学以后，我的目标一直不够明确，但在家人的“说服和教导”下，我勉强把自己的目标定位到考本校的民商法专业研究生，一来自己对民法有一定的兴趣，二来显露出自己“胸有大志”，在茫茫考研大军中能够跟得上潮流，不那么另类。

司考过后，我又紧跟着潮流匆匆潜入考研队伍，生怕落得个“不努力的标签”。然而好景不长，我麻痹不了自己了，因为我根本没有动力，没有求学的欲望，我慢下来了，直到最后看到2013级师兄师姐的就业心得也停下来了。10月14日我睡了个懒觉，中午去图书馆把自己的书全部拿回来了。路上，我遇到一个朋友，我说自己不考研了，她一脸的难以置信，像是看着一个怪兽似的。

（1）考研=工作？（以下纯属个人见解。）

虽然每个人的答案不同，但是以我的认识，绝大多数人还是本能地认为考研大于工作是必然的选项。就像“高瞻远瞩”相对于“鼠目寸光”，抑或出于给自己找一个冠冕堂皇的名头来逃避进入社会，考研历来就像贵族一样，出身就比找工作的高上半头，贴上了“三好学生”的标签。而找工作在大多数人心里也确实是一个无奈之选。

在我看来，真正的好学者（一般意义上是指学习成绩优秀，有明确进修意向）选择考研是绝对正确的，但是对于一群像我一般盲从的人（具历年统计，大概占考研队伍的不少数），如果不能很好地思考这个问题，无非就是给自己一剂慢性毒药，麻痹自己。

因此，我觉得部分同学还是存在着认识误区。考研并非是唯一道路，选择最适合自己的道路才是最好的。在我看来，“考研=工作”也是基本成立的。考虑进入社会找工作的同学，首先在观念上，必须找到认同感。

（2）考研能带给自己什么？（简单列举，或许片面，但每个人需要认真思考。）

优势：考研是进入更高学府的门票，通过了可以获得更专业的理论学习的机会，提高自己的专业水平，结识更多的优秀知识分子，毕业后获得更高的文凭和就业起点。

劣势：考研不是适合每一个人，绝大多数都是陪考，意志不坚定者很可能最后也错失找好单位的良机。对于部分通过者，它或许可以暂缓你逃离校园的时间，但学无建树的话，耗费了三年工作经验的机会成本，就业不见得有多少优势。

（3）本科生找工作有什么优势?

优势：就业形势良好，多数单位对本科生需求更大（顶尖律所、公务员除外）；可塑性强，性价比更高，相比研究生，本科生更有优势；个人综合能力和社会实践经验提升得比研究生更快；绝大多数人成长最快的途径，更好认知自我的方式。

二、就业

首先，国庆过后马上就进入秋招的黄金期了。正如周姐在年级群里说的那样，找工作要趁早，不论是选择考研还是就业，都要早下决定，早做准备，两手抓（我在国庆过后就是这种心态）的结果很可能就是两手空。

其次，下了决定，就不要动摇，摆正心态。校招留给应届毕业生的机会很多，门槛也比社会招聘低很多，西政毕业生找到好单位不难，要自信。

最后，具体到每个环节，需要注意以下几点（简要提一提）：招聘信息关注梧桐果即可，各个学校的宣讲会都有，很方便（电脑端、手机端均可）。需要关注一下就业群里的消息，我就是把简历投给了上届的师兄，省去很多环节，遇到这种有师兄师姐来要人的，积极报名，引起重视。简历要简洁，有针对性，问题不再赘述。我认为面试才是最重要的，毕竟简历自己在寝室就能修改，面试却是真真实实地自己展示，必须要多参加、多尝试，积累经验。拿我自己举例，平时就不善于自我表达，缺少锻炼，因而第一次面试更是紧张得语无伦次，后来经历的多了，要相信短时间内还是有提升机会的。另外，由于自我介绍是面试的必要环节，因而必须提前准备好，自己对着镜子练习，30 秒、60 秒、90 秒三个版本务必熟练，否则临场发挥不好会直接影响后面的面试效果。心态摆正，面试不过不要气馁，机会很多，坚持就是胜利。

三、结语

每个人的认识都不同，也许很多人和我的看法有很大的差异，但还是真心希望能给一些像我之前那样迷茫的同学一点点启发。把握自己，学会独立思考真的很重要。最后祝愿所有考研、就业的同学都能够顺顺利利，2014 级的同学一定是最棒的，胜利属于我们！

任振中[①]

2017 年 10 月 15 日

① 任振中，西南政法大学行政法学院本科 2013 级毕业生。

实践是检验真理的唯一标准，拿个 offer，天天“双十一”

各位同学：

过了“双十一”，找工作的热情要持续到“双十二”哟！学校本月 23 日左右会举行双选会，大家继续加油！

以下是孔令伟同学写的一些心得体会，很务实，分享给大家，祝好运！

一、简历

简历很重要。过不了简历筛选这一关，能力成绩再优秀，外观气质再出众，对不起，HR 看不到。

1. 类型

不同类型企业准备不同版本，切忌一份简历吃遍天下。大方面可分：国企（工整简洁，最好 1 页）；私企（新颖简洁，1 ~ 2 页，有的 HR 喜欢简短，有的喜欢全面丰富，不放心的可以分开投两份）；银行（可参考国企）。

2. 内容

①有针对性。着重突出几点能力，主要是看应聘岗位需要的能力或条件。不要一股脑地把所有优点、特长写上去。HR 筛选简历很快，写多了不容易使其抓住重点，也容易使 HR 怀疑甚至反感。②尽量真实。如果成绩优秀或经历丰富的就选取最重要并契合岗位潜在要求的即可。而成绩不特别突出而且实践经历也不丰富的就要稍加包装了，看清楚，是包装不是造假！你一定要做过一些事，它只是不起眼，甚至有时候你都觉得没什么价值就自我忽略了。

比如假期帮亲戚孩子辅导功课、经常帮别人修电脑等，只要稍加包装、提炼，其实也不错。③排版。首先，个人信息、实践经历、实习经历、学生工作、技能荣誉、自我评价等板块可以结合需要选取部分，并非越全越好。其次，各板块排列顺序有别，要将你想要着重突出的板块放在最显眼的位置并略多着墨。④稍加阐述。各个板块的内容分条分段，挑重要的稍加阐述，不要只撂下干巴巴的一句话。但也不要以为经历多、荣誉多、成绩好罗列起来就很稳，干货太多会显得枯燥无味，容易审美疲劳（听过失败案例）。

3. 样式

针对不同类型设计不同样式。如果是技术大神，根据自己实际情况量身定制当然最好，因为每个人的经历、能力和特点不同，要重点表达的内容也不同。如果技术不太好，可以在网上下载中意的简历模板，再根据自己的情况进行调整。另外，多向周围进面率比较高的同学取取经，或请教往届的师兄师姐，往往一些小建议可以大大提高你的进面率。

二、面试

1. 着装得体

正装首选。穿正装不仅显得成熟干练，也能说明你对应聘岗位的重视，还能调动自己的积极性，当然最重要的是它可以在同等条件下提高你的过面率。经过个人观察和周围人反映，过面的人中除了自身条件特别好的，大多都是正装。另外，很多企业都是现场筛选简历后就直接面试，所以建议去听宣讲会的时候就穿好正装。

2. 态度谦逊

这点非常重要。请记住，无论你多么优秀，都不要在 HR 面前流露出高傲的气息，即便你觉得有的 HR 不怎么专业、问的问题很没劲，也要全神贯注地听完并认认真真地回答，让他感受到你的尊重和真诚。我曾亲眼见证过两个履历耀眼的研究生因为态度倨傲在第一轮就被刷了。认清自己的定位，你只是众多求职者之一而已，人家招的是职工，不是大爷。

3. 内容务实

这点和第二点同样重要。在回答问题时，请不要洋洋洒洒说尽大话，简洁务实最好。人家招的是会做事、能做事的人，不是招演讲者或者领导。另外，不必什么情况都说一切服从组织安排、领导的决定不可质疑之类的，人家可能就在考验你是否有主见、敢直言，毕竟企业面试和公务员面试有所不同。如果问到你期待的薪资待遇，建议大家先说出大概要求，再阐述一下你的理由和匹配度，说白了就是你为什么值这个价。总之，少些套路，多些真诚，你的套路 HR 都见过或者玩过，班门弄斧只会减分，毕竟人家就是靠这个吃饭的。

4. 准备充分

"知己知彼，百战不殆。"应聘前在企业官网、国家企业信用信息公示系统、知乎、论坛等地方查询详细，然后做好对应简历，再准备些面试可能会问到的问题，如你为什么来应聘这个岗位、你觉得这个岗位需要什么能力、你大学做过的最难忘的事是什么等，完了去听宣讲会（有的面试会问宣讲内容）。如果以上准备都做好了，面试基本就成功了一半。

三、广撒网

1. 社会招聘

多关注一些社会招聘网站或者公众号，如梧桐果、智联招聘、前程无忧等，当然里面的招聘信息参差不齐，要注意辨别真假（皮包公司、传销组织等），不过确实有更多职位可以选择。身边就有一些同学是通过社会招聘找到工作的，工作都很不错，只不过网申、面试、笔试的流程可能有所差异。另外，对于想回北方工作的同学就更要关注社会招聘了，因为来校招的企业和工作地点大多都在南方，甚至很多企业 HR 明确说我们就要西南片区的。这也提示我们，如果企业招聘面向的人群是相对定向的，或者你觉得自己的户籍可能有优势，就在简历中写明。

2. 校园招聘

说实话，感觉 2017 年的校招企业不是很多，好单位也有限，而且往往好企业大家扎堆应聘，竞争压力比较大。很多大企业都去了985、211（西政人永远的痛），所以专注于校招的同学要多多关注重庆其他高校的校招情况。不要怕跑来跑去徒劳无功，你不跑工作不会主动找你的，你跑了就有希望。而且找工作有时候也看运气，没准你面试的职位刚好有的人没来，没准你刚好遇到其他企业的职位没招满等。即便你失败了，至少积累了经验，或者偶然结识了有缘人。

以上就是我个人的一点心得，希望可以帮助到一些同学。实践是检验真理的唯一标准，每个人的主、客观情况不同，别人的经验仅供参考，希望能帮你少走一些弯路。大家都很优秀，没成功的也只是少了些技巧和经验罢了，多尝试尝试总会找到门路，千万不要妄自菲薄。另外，有目标才有动力，不妨先立个小目标：拿个好offer，天天“双十一”。

祝好。

孔令伟[①]

2017年11月12日

① 孔令伟，西南政法大学行政法学院本科2014级毕业生。

不到最后关头，永远不要放弃

现在已经是11月底，相信正在找工作的一些同学的心里已经很着急了。但我想给大家说，不到最后关头，永远不要放弃。下面是我从10月中旬开始找工作的一些感想和小技巧，希望能够帮助大家。

一、心态

这个问题其实有很多同学提到过了，但是我想我还是比较有发言权的。我找到的工作在某地产公司重庆分公司，当时是通过网申途径去面试的，大概是10月24日，通知我们去终面。终面完一周后，我打电话给人事部，那边的工作人员说现在决定了两个男生，还有一到两个名额待定，具体情况11月底通知。这个公司从初面到终面，一共花了我差不多半个月的时间，并且我还因此拒绝了另一家公司，突然这样告诉我，当时心里特别失望。后来陆续收到了两家公司二面通知，又向另一家比较知名的寿险公司投了简历，最终这些全部石沉大海。

11月开始的时候，毫不夸张地说，我的状态特别糟糕。对我来说，这段时间可以说是“黑色十一月”，我开始怀疑自己，晚上失眠，白天做什么都提不起兴趣。最后父母和朋友看不下去了，把我骂了一顿然后又一直安慰我，我才慢慢找回状态。结果昨天去面试的时候，几乎是同时收到了之前已经不抱希望的几家公司的终面通知，还有那家寿险公司的初面通知。我当时就想：你们是不是太没效率了。

说这么多，我是想告诉大家，不是所有的公司都像国企那样签得很快的，有些公司内部层层审批之后再通知你，已经是很久之后的事了……所以只要把简历修改好，你需要做的就是自信，不到最后关头，永远不要怀疑自己，也不要放弃！你要想啊，还有双选会，秋招过了，还有春招，还有省考和各种事业单位考试，机会有很多的。

二、简历

群里分享了很多优秀的简历，我就不多说了。不过我这里还有一个小窍门，那就是美化你的简历。HR 在筛简历的时候一般看重学习情况和实践。如果你的学习成绩不是特别好，你可以在基本情况那一项添加一个班级排名，选择你排名最高的一次四舍五入（反正 HR 又不知道具体情况）。如果你的成绩还可以，那就添加一项年级排名，小括号标出年级人数。之后就是工作实践，如果你兼职很多，那就将兼职情况弄得“高大上”一点。比如说我曾经在某调研公司发问卷，我将这一项美化为——× × 公司兼职市场调研员。如果你在“工作实践”这项找不出什么写的，可以将志愿者活动加在上面，这也算是实践。再不行，还可以写寝室长。总之，实践这一项不能忽视。

三、面试

1. 着装

面试一定要穿正装，咱们法学专业的学生大多面试法务或者管理方面的岗位，正装显得更重视并且符合岗位需求。

2. 自我介绍

自我介绍可以准备三个版本，30 秒版、60 秒版和 90 秒版，并且最好根据你面试单位的需求（宣讲会时，有些单位会讲他们单位的精神、企业文化、期望的人才之类的）适当修改。比如我面试一家企业的时候，听闻他家工作压力蛮大的，为了防止二面被刷，我就加了一个有压力更有动力是我的特点，突出自己抗压能力强。

3. 即兴演讲

我一共参加了三次即兴演讲，都顺利通过，所以和大家分享一下我的窍门。我个人认为，即兴演讲其实就是想看你的临场反应情况，是不是够淡定，其实内容什么的不重要。因为我这三次即兴演讲发现，在我讲的时候，HR 基本上都在看我的简历，并没有认真听我说什么。所以，即兴演讲只要保持淡定，声线稳一点，HR 抬头的时候和他对视，基本上都能过。即兴演讲一般是60 秒，长一点的 90 秒，所以可以放慢语速，中间适当停顿，这样在你忘词的时候稍微停一下，就不会让人觉得你忘词了。还有就是演讲的时候少一些“嗯、啊”之类的，不然会给人一种你在死记硬背的感觉。除此之外，如果大家在参加宣讲会的时候，知道哪个单位会有即兴演讲这一环节，晚上回到寝室，对着镜子练一下站姿、练一下微笑着说话、练一下手势，这些在 HR 看过来的时候，是可以加分的。

4. 无领导小组讨论

这个我想给大家提个醒，timer（计时员）也有被淘汰的危险！相信大家看过很多无领导小组的面试经验了，timer 是很多人的首选。但是，不要掉以轻心。从我自身血淋淋的教训中可以看出，就算是 timer，该说话的时候一定要说，并且提出的建议要中肯，要有存在感，不然……

5. 笔试

企业线上笔试一般来说是性格测试，有些会有少量行测。不要小看线上笔试，有些企业是会刷人的。性格测试的话，大家记得前后要一致，因为有些选项它就是换了个方式问你，前面选的什么后面就选什么，不然分会很低。如果有行测，用手机查，全是国考、省考原题，输入前几个字就会出来答案。如果是现场机考，那么一般是行测，有些比较严格的还会有申论。建议找工作的大家有空的时候做一下行测和申论，很有用的。

6. 结构化以及半结构化

到这里想和大家说的就是，不管面试你的 HR 平时工作的时候是什么作风，在面试的时候大多都是比较和蔼的，所以你要用一种和老朋友交谈的从容去面对 HR。如果太紧张，说话都说不完整，结果是可想而知的。当然，同时要保持警惕，因为老练的 HR 会设计陷阱。举个例子，有一次面试的时候，三人一组，HR 问我们就业形势如何。我们说还可以，找工作大军都在路上，也有考研的和国考的。下一秒，他就问，那你们为什么不考研呢？当时我们都蛮蒙的。有一个人最先回答，很明显她对此毫无准备，并且大概没怎么细想个中利害，最后说了句她觉得考研需要更强的能力（大意是这样），最后我没在终面看到那个人……很显然，不管什么问题，千万不要给 HR 一种你能力不行的感觉。最后，想给大家提供几个我以前遇到过或者准备过的比较刁钻的问题的回答模板，仅供参考：

（1）你为什么不考研？你是因为考研失败了所以才找工作的吗？

我认为考研和工作都是学习的方式。考研是更加专业化地学习现有的知识，工作则是将理论转化为实践，并且学习新的技能。我个人非常喜欢挑战，希望通过自己所学，在实践中不断提高自己的能力。

虽然我没有考上研究生，但这是个竞争的社会，有竞争就有失败，我不气馁，并且我相信自己的能力，可以在工作中有所作为。

（2）你为什么不选择当律师呢？

我认为其实律师和公司法务并没有太大区别。律师相对而言更加专业化，用自己的专业知识为当事人解决困难。公司法务也许没有律师那么专业化，它更侧重于用知识为公司争取最大利益。我个人而言的话，对公司法务这一块儿更有兴趣，并且我认为不管是律师还是法务，都能让我学到许多以前在课堂上学不到的东西。

（3）你是法学专业的，为什么不考虑从事相关的工作呢？也许你进公司后不一定会从事和专业相关的工作，你介意吗？

是这样的，我认为每个岗位都有自己存在的意义，在每个岗位上也都能锻炼自己的能力。虽然我的专业是法学，但我是一个适应能力非常强的人，我并不要求一定要从事和法律有关的工作。并且我有较好的学习能力，相信我在这个岗位上也能做得很好。

（4）我们公司可能要经常加班，这个工作可能会有很大的压力。

加班还是挺正常的，但我也会提高自己的效率，减少不必要的加班。如果确实需要加班的话，我会义不容辞。我现在没有家庭负担，可以全身心地投入工作。

有压力是很正常的，每个工作都会有压力，只是压力大小不同。虽然我是女孩子，但我并不安于悠闲的生活，适当的压力会更加激发我的潜力，也会让我更有动力。我喜欢压力。

（5）你的性格是怎么样的？别人对你的评价。

负责、高效、团队合作之类的，举几个适当的小例子佐证。

想说的大概就是这些了，找工作这条路长而艰辛，可以有失望，但一定不能绝望，预祝大家都能找到称心的工作。

肖雅[①]

2016 年 11 月 21 日

① 肖雅，西南政法大学行政法学院本科 2013 级毕业生。

面试走心，走心面试

各位同学：

年级从9月份开始，陆陆续续有一些同学确定了工作岗位。王素丽是第一位来办公室领取三方协议的同学，在国庆节前就把工作岗位落实了，非常不错！我们征得王素丽的同意，邀请她写一下自己找工作的感想和心得，分享给大家，希望或多或少能给大家提供一些帮助！另外，下周我们将开展一期就业训练营的培训，小班教学，具体时间、地点下周一上午通知，请关注就业QQ群。

好久没写东西，词不达意，希望大家不要太介意。

一、指导思想

这几个月的生活，或许就是迷茫与去往迷茫的路上。

（一）我们是谦谦君子

年初在考虑要不要考研，要不要司考、考研都准备。开始随大流看司考书的时候才发现，之前的想法多么多余，才知道自己要是能通过一个就不错了。我就是这么给自己定位的，永远觉得自己处在链条的最低端，比我更低的人当然有，但是我看不到。这无形中让我在竞争的路上没有一点傲气，不会高看自己。不要太高看自己，为啥呢？高看别人是没错的，高看用人单位、高看对手，别人只会觉得受到了尊重和认可。高看自己的危害可能就是蒙蔽了自己的双眼，不知道自己有几斤几两重了。只要不妄自菲薄就好，不自卑，知道自己也是有优势的，自己的优势就是认得清自己，知道自己能做什么，知道自己会努力工作，知道自己是个对人格、对工作有底线和追求的人，自己一定不会是个混工资的“僵尸”员工。所以，你就这样带着这样一副谦卑诚恳的态度和追求生活的朝气向着面试官走来，向着工作招手。所有曾经的光环都已经忘记，沉淀下来的是能力和思维，所有的失败也都已经忘记，沉淀下来的是那一分谦虚和认真。人非圣贤，孰能无过，有则改之，善莫大焉。改错的过程是自我修炼的升华，一个从来不犯错或者不认为自己犯错的人，我觉得地球可能不适合你居住。

（二）我们是贴心的小棉袄

大哥，你是来招聘的，看我，对，我，我就是你要找的那个人，如果不是，我为何要来到你的面前？我们的相遇，不是让你给我个机会，也不是我给你增添荣光，而是，我和你能珠联璧合，我们是对的那个人，是互有所得的双赢。公司想要什么样的人呢？不是大总统，不是最佳辩手，只是一个零件，一个可以安装到公司这个机器上的零件。作为一个螺丝钉，只要有你的地方你都可以去，当然如果你型号对、质量好，能卖给航天飞船就好了。去面试之前记得一定要搜搜这个公司，看看官网、评价、公司理念、行业的发展，从这里不一定会探测到公司需要什么样的人才，但是在面试官问你问题的时候，却会展露出你的认真和重视，也显出你做人做事的稳重。没有调查就没有发言权，胡言乱语、凭空猜测就是不靠谱，一个不靠谱的人……

二、具体操作

（一）简历制作

我是直接从网络上下载的。网络上的简历模板太多了，各种版式设计，模块分的很清楚，我一看便折服，这比我自己设计的不知道好看了多少倍，自己忙了半天设计的还又丑又不实用。下载一个，居然还有法律型的，可惜要钱。我就下载了个火力四射的红色版，自己调调色不就好了嘛，调成蓝色的符合我的性格，你也可以调成灰色的，看着顺眼、舒服就好了。重要的是内容，版式干净美观只是穿衣，内涵和脸蛋更重要。写啊写、堆啊堆，我把我所有得过的奖和工作经历都写上去了，还好不用写自己修过哪门课。真看过有同学那样写，请问完美地避开所有可以写的东西，你是怎么做到的！

简历如何写，年级也培训过一次了，老师说的不错，提炼出一种让人自动看出你很优秀的感觉。怎么说呢，我可以把自己写得很优秀似的，具体还是不知道怎么写，就精简地写出在哪里工作过，主要工作是负责什么，方便考官提问。我在简历的最上方罗列了自己适合这项工作的优点，也算是对简历所归纳事迹的提炼。优点写在开头，我希望能给面试官一个先入为主的印象，考官怀着这样的大前提，发现我就是这样的一个人。

成绩方面别太在意，领导们也懂，不要挂科就什么都说的过去，合理的解释就可以了，大学生不只是专注于学习嘛！

（二）仪表

仪表干净、正式、整洁、美观。一身整齐合身正装对于我们这个专业来说应该是无可挑剔的搭配了，淡淡的妆容，薄薄的一层粉底，宛如天生肤色。正装上衣没事在寝室多对着镜子穿穿。有的同学可能习惯了高枕头，脖子前倾，肩膀也前倾，正装的肩膀部位很正的，正的似乎有点要你的肩膀后移，不常穿的穿起来不舒服，体态和服装不能合二为一，便很难以享受正装带来的那股“霸气”。

（三）表情和语言

还是不要卖萌和撒娇了，不要结巴支吾了，不要铿锵激昂了，这样可能更适合搞笑。成熟的、淡淡的浅笑，心中波涛汹涌，表面波澜不惊，该笑的时候多浅笑两下，哈哈的大笑还是等离开面试的地方再说。领导说到严肃或不乐观的时候也不要真的一副苦瓜脸灰心哦，稍稍皱眉一下不就可以了吗？有什么事情能让我们这些高材生乱了阵脚、没了主意呢？

（四）心理战术（心里探测仪，投其所好）

与人相处，我最怕的是我不喜欢你。如果不喜欢那我就没了了解的动力、没了热情的源泉。每个人的优点都很多，每次面试的时候我都自主地给面试官套上一层闪闪发光的光环，年轻有为啊、美丽啊、潇洒啊，男女面试官有不同的侧重，此处自行体会。可以在寝室模拟，下面前坐着如果是宫尚奇，你将对你的心理有何调整，如果是徐丹呢？面试的时候，你在心理上对哪个更紧张，又该怎么应对呢？

其实面试官在问你一些问题的时候，比如你父母是做什么的，这肯定没有正确答案，也不是没话聊、问着玩，就算是他一时想不起来了拿这个问着玩，你也要当成一个简答题对待，不能是个填空题完事。爸妈工作的后面加上你的感悟体会，学到了什么东西，不至于显得干巴巴的，主要是要聊得顺溜，在聊的时候心里默念自己是个什么样的人，再把自己心中的自己穿插于聊天中表达出来。

无领导面试？结构化面试？这个上网搜一下可全了。没上网搜我是不敢上场的，看一下更保险。做做功课，有备无患。面试的时候，面试官不可避免地问你是否了解公司的事。刚开始面试的时候，我总是说我不了解。但其实我不是不了解，我只是知道得很少，我以为的很了解，是那种了解到深层次的公司规模和具体操作事项。但是我这样谦虚地说我不了解的时候，我看到面试官的表情有点尴尬，可能他心里在想，不了解，那你回去了解一下再回来吧！后来我就学聪明了，诚实嘛，不要太老实了，他问你是否了解，只是问你是否了解公司最基本的那些事情，你就说出来一些，加上各种夸奖，对公司发展前景的夸奖，对公司人才培养模式的夸奖，就足够了。除不自量力地去面试过江苏银行年薪 14 万元工资的以外，在下的面试从来没有失败过，最大的原因可能是因为我喜欢投其所好，看一个人的衣着、表达，就会很浅地理解一个人，猜测其喜欢的表达类型、其喜欢的人的性格类型，去投其所好地表达自己，在表达和交流中发现对方是一个什么样的人，接下来针对的力度一定是更精准的。

而这一层很浅的理解，足以让你在十几分钟的面试里，成功地说服一个人看好你。

多面多总结，你可以的。我们学校的学生只要不好高骛远，工作一点都不愁，外面对我们的认可度是很高的。

王素丽[①]

2017 年 10 月 13 日

① 王素丽，西南政法大学行政法学院本科 2014 级毕业生。

求职那点事　刚好很实在

时间过得真的挺快的，来到了一年的最后一个月。今天是2018届国考的时间，希望参考的同学笔试能有一个好结果。2017年的校园秋招仍在进行，还没有落实工作的同学请继续加油！我们也将持续不断地为大家提供工作机会，请大家把“gogogo群”置顶，以免错过消息。前天在校园庭审的时候碰到几个同学，说有意向找工作，但是还没有投出一份简历。如果想去律所，那就大胆地去投简历，去参加招聘；如果想去法务，那趁着校园秋招还没有结束的时候，抓紧时间投简历，准备面试；如果觉得自己什么都没有，那更需要大胆地跨出第一步，动起来才是真的！如果想读“加里敦”大学的朋友，请联系我，让我知道你有加里敦的潜力……总之，希望大家能抓住2017年最后这一个月的时间，切莫浪费。准备研究生考试的同学，如果你手滑点进来看到了，可以再看看，然后坚强地再坚持两周，期待你们的结果！

江盛从大一开始就很活跃，无论是体育比赛还是班级活动，抑或支部活动，都很积极，学习也在一步一步地往前走。江盛拿到几个offer并不让我很惊讶，虽然他一开始说话紧张就会结结巴巴，但是便装练手的技巧很厉害哟！我请江盛写自己的求职感想和经验的时候，他还有点不好意思，好在有浓浓师生情的感召（偷笑），文章写得很朴实，希望能给大家一些启发。如果在求职中碰到什么问题，欢迎找我们畅谈，或多或少还有那么点经验。

周姐最近说让我有空写一写自己的求职感想和经验。我想周姐都发话了，那是得给“boss”一个面子，毕竟三年的师生情。不过接下来所言仅是一些个人观点，如果有人觉得有道理，可以参考参考。

先说说个人情况，虽然可能并不是那么理想的工作，但是最后总算也有着落。关于最后签的这个公司，是我投的第二家公司。第一次投简历的公司也让去面试，但是因为路途遥远，还漂洋过海要去深圳面试（虽然有报销食宿），嫌麻烦，就想着算了不去。后面知道最后去了四个人，最终录了三个。其中没被录的那一个还是因为面试表现太差，自我介绍的时候发挥失常，话说的磕磕绊绊，导致失去了一份 offer 也是情理之中。所以去这一家面试的话，录取的机会可能也不小，当然这是后话了。个人感觉如果是投公司企业的话，其实只要注意下一些东西，其实还是蛮容易找的。

关于简历，很多人都说了很重要。我想重不重要大家应该很清楚。简历有很多要注意的技巧。例如：要多用动词显示你的什么什么能力，多用具体的数字表示简历上东西的真实可靠，简历要做到简洁大方……我也是去听了一些求职课，才知道有这些讲究。我自己的简历我还比较满意，我是自己先随便找个模板套上去，然后请师兄帮忙看一下修改。所以关于简历，我觉得大家其实也可以这样，自己先弄一份，然后请周围懂的朋友、师兄师姐帮你看看修改一下，出来的效果可能比我们自己去斟酌好久要好得多。对于简历，个人想法是无论我们大学的实践经历有多少、排名够不够前……你还是觉得自己可以写的东西太少。但最后我们的简历都可以很漂亮。重点是会包装，自己不会的话，拜托一下会的就可以了。在请教别人过程中，自己也慢慢就懂了很多简历要注意的东西。

大家最后肯定都能有一份很高端、令自己满意的简历，过简历关应该还是不难的。感觉可能有问题的反而是面试。

像我自己，在刚去面试的前一天超紧张，自我介绍都不知道要说啥。后面经过一些人指点，发觉并没有想象中那么难。自我介绍也确实很重要。关于自我介绍，我想借鉴之前一个老师说过的三个字——“讲故事”，介绍最主要让人留下一个良好的印象。他说其实现在很多 HR 的主要兴趣不是来听你讲一些很宏观的，例如“我很伟大”“我很行”之类很虚的话，而且讲道理我们这么说也没人知道我们伟不伟大，我们行不行。当然这么讲，估计也是可以给人留下印象，只是可能不深刻，也不是啥突出的好印象。面试还是要给人留下一个好印象，这样才有机会拿到 offer。所以一个很重要的点，个人感觉就是讲故事。可以通过讲述自己的一些经历来表现自己的特点、优势，这样别人也更容易记住自己。我自己一般是一两句话讲一些大致情况：我在哪读书，今天来应聘啥职位。用几个关键词简单总结下自己。紧接着就开始编故事了。还有，要注意故事不能是太琐碎的事，像讲流水账一样。我们可以通过在什么时间，具体干了什么，取得了啥效果这种形式来展开，具体看大家操作。要让人一听就知道：哇！这个人很优秀，而且讲的应该都是真的。这样一分钟还是两分钟的自我介绍都不是什么大问题了。毕竟故事自己编的，可长可短。

至于关键词，我是一般会看看他们公司有没有啥企业精神，或者感觉他们需要啥样的。我就用那几个，这个大家随意发挥。我自己在面试一家公司的时候，刚好看到他们企业的微信公众号说企业精神是什么。我就套用了其中一个。而且我后面发现，通过这种关键词讲故事的方式，对我这种记忆力差、背一大串东西就忘的人来说，简直就是救星。因为关键词就几个，还是比较容易记住的。而且故事也可以用自己的语言慢慢说、慢慢编，也不用每次都是一模一样的话。

我后面就发觉，每次面试、复试的自我介绍，我就没有一样过，因为很多时候都忘了自己之前讲了啥，但是每次也总能编出点啥。讲的故事次数多了，越讲越自然，都不敢相信自己居然有这么优秀。还有我们在面试的时候可以少用贵公司、贵所称呼，多用我们公司、我们所之类的措辞。这些措辞上的讲究很多经验都分享过，大家可以去看看，实践。此外关于面试，如果觉得自己不太行、怕生，那就随便去一家，穿着便装去拿他们练手，这也是个很不错的选择。

关于面试中问问题。个人觉得当听到问题的时候，如果你很想去这家的话，可以在脑子里想一下到底他这么问有啥目的。一般他们问问题也不会没事找事随便问，所以在他们问问题的时候一定要多想想为什么，他们这么问总是想知道什么。然后自己可以通过回答问题顺便夸自己，以及展现与公司或者律所契合的点，例如我能加班，我吃苦耐劳。我听有些同学说被问到家里有没有兄弟姐妹、家住在哪里，感觉像查户口一样。我自己就被问过。那个时候我就想：这么问不就想看看我会不会因为家里的缘故而干不久；有没有兄弟姐妹，应该就是担心工资一开始太少，导致自己可能或不太可能干长久之类的。所以我记得自己大概是这么说的：我说了自己家在哪里，然后说家里人很支持我在外打拼，年轻人就得吃苦耐劳之类的。家里的情况不用我担心，家里很支持，现在就想在这里工作，对在这里工作充满了希冀。总之就是当别人在问问题的时候，想一下为什么会这么问，然后对症下药。感觉就没啥大问题了。

大家都这么优秀，找到好的工作肯定是没问题的，考研什么肯定也是没问题。祝大家最后都有好的归宿，过好这一生。

周　婕　林江盛[①]

2017 年 12 月 10 日

① 林江盛，西南政法大学行政法学院本科 2014 级毕业生。

赛前准备很重要

写在前面：

这是这几天的第二篇同学求职心得分享。我希望这种分享能成为一种常态，以同辈人的角度，切实帮助到我们需要找工作的同学。

赵鹏瑞同学在找到这份工作前，大概面了五六家来校招聘的单位，网申过了一家单位（但最终没去面试），从这个角度来看，除了招人特别多的单位，一般个位数的招人，可能现场招聘的概率要大很多，所以还是请大家迈开自己的双腿，踏踏实实地走出去，只有实际见识过了，才会有质的提升。

听李洋同学说，赵鹏瑞同学在司考结束的第二天就在学校的某场招聘会上进入了二面，可见他的准备是很充分的。他在面试时的一些细节上的分享，我个人觉得很有必要。

有些外省的同学可能想找自己家乡的单位，我个人建议如果目标非常明确，可以回到自己家乡的省会城市的一流大学参加校招（梧桐果有专门的宣讲会平台，很方便），这样机会更大一些。如果本人在学校而明天要你回家乡面试（好多人给我这样说了，单纯就因为时间来不及就放弃了），我个人建议的方法是向 HR 电话了解该公司是否在其他地方进行宣讲面试（其实很多网上都能查到），表达你特别喜欢该公司，渴望获得职位的意愿，如有可能，希望选择一个相对比较近的面试点进行面试。要知道，与网申动不动靠关键词就无情地刷掉人相比，和 HR 沟通的最大好处就是你面对的是活生生的人，而不是冷冰冰的机器。只要是人，就是有变数的，所以，灵活的应变非常重要，抓住一切机会让 HR 留意到你也是很重要的。

运气好，找到了工作，小有体会，跟大家分享，希望跟大家共同进步。

（刘娅东同学之前分享的内容很棒，我就不重复了，就说我自己的。）

一、准备工作（跟自己比）

1. 心态

现在来校的单位都很挑，大都在几十个人中招两三个，没面上很正常。会焦虑，但是不必消沉，这家没面上，再面下家嘛！每个宣讲会上都有很多人，但是真正的竞争对手不多。据我个人了解，来校的单位说是要招很多职位，但最后都只招了法务。所以，以最好的状态，慢慢面（这会儿面不上，还有双选会，双选会面不上，再去智联那些网站上面海投嘛）。

2. 简历技巧

我个人觉得简历最重要的是学习成绩和专业技能，不要把重点放在校内工作和社会实践上。成绩很重要（就业培训的时候简历老师说过，成绩可适当修饰，只要不在奖学金等硬性条件上作假，都没问题）。

HR 大都不会花时间去看相同的主席、部长等经历（可能有些偏激，但是HR 真的对那些内容较麻木，因为每个面试的人都是 ×× 长）。

有时间和精力的话，单独做简历（我个人是有一份总简历，然后根据面试的单位不同，单独修改再去打印投递），在求职意向上表明“×× 公司法务”，HR 很乐意接受。简历中增加亮眼的针对性内容，比如：建筑公司，就在“自我评价”中强调自己去过建筑工地，有过类似经历等；律所，就强调自己去年的专业实习，自己做过什么项目等。邮箱可以自己注册一个网易的，我觉得比 QQ 邮箱专业些。每次面完，总结经验，完善简历！

3. 信息获取

学校就业网之前崩了（现在又恢复了），多看梧桐果和年级就业群的信息，抓住机会。

二、面试技巧（跟别人比）

1. 不要紧张（不断做心理建设）

自我介绍的时候，敢于对视，面带微笑（自己练习），语速放慢，把话慢慢说清楚。（特别是跟别的同学一起面，人多，听着别人漂亮的经历，比一对一面紧张得多，所以容易语速过快，话说不清，自己还感觉不到）。听问题的时候，认真倾听。

2. 找不同

想方设法突出自己（跟别的同学不一样的地方，差不多就是简历中自己与公司的联系），让 HR 在麻木的时候被你刺激到。但是无领导小组讨论的时候，不要太出风头，不要想压住别人，只要清楚地表达自己的不同观点，保持在讨论中的热度就好。也不要去看面试官，讨论是要跟组员一起，不是个人去回答面试官的问题。

3. 真诚

向面试官展现出一种“我很棒，但是我有很多问题也解决不了，需要向您请教”的状态，比如：回答问题前，加上“我觉得”；回答完问题后，加上一句：“这样可以吗？”“对吗？”

对于意向工作地点的问题：回答“我都可以”的，应该是不行的，没有哪个人对工作地点没有选择，所以，老实说就好，如果确实想圆滑一点，可以：“我很想在 ×× 上班，但是其他的地方我也会跟家里商量，认真考虑。”

对于薪酬的问题：很难回答，我是看的网上的面经——“咱们这个岗位一般是 ××，我的师兄师姐们能够拿到 ××，就我个人而言的话，我希望拿到 ××。”

难题的回答：有时候会遇到很难的问题，甚至是开放性问题，可以——“我不是很了解，也不怎么考虑得到，但是真的遇到了，我会……这样可以吗？”

4. 语气词

“您”“您好”“谢谢”这些咱们都用得很好，我个人还想分享一个“咱们公司”。我一般不说“贵公司”，我会说“咱们公司”“我们”等，显得亲切一些。

最后分享一个我个人的套路，哈哈。

HR：我们在 2017 年 7 月的时候才能跟你签订正式劳动合同，但是我现在就想用你，那么没有五险一金，给很低的工资，让你提前来上班，你觉得这种做法可行吗?

小赵：我相信应该有很多类似的操作，我也不是很了解，但是我个人觉得这是可以的。同时我想给您一点点建议：很低的工资，这个只要两方数目谈妥，都愿意，那就没有问题。但是，咱们公司应该考虑按岗位买一定的保险，比如工伤，不然出了问题，大家都很痛苦，不知道这样可不可以?

希望你我在求职路上都顺顺利利。

赵鹏瑞[①]

2016年10月18日

① 赵鹏瑞，西南政法大学行政法学院本科2013级毕业生。

愿你是最幸运的那一个

今天是打印研究生考试准考证的时间，收到了王钦梅同学的求职心得，天道酬勤，这是非常扎实和细致的一篇文章。王钦梅同学早早地确定了自己的方向并为之努力，句句都是肺腑之言，希望对仍在找工作的同学有所助力，请坚持下去，多尝试，多总结经验，找到自己满意的工作！也希望各位考研的同学继续坚持到考试结束。

我不属于比较轻易就找到工作的类型，但也很庆幸自己在秋招结束之前有一个还不错的结果。我开始找工作的时间比较早，在司法考试之前就陆续去听了一两次宣讲会，那时候大家都在忙考试，竞争挺小的。司考结束之后，各个学院找工作的同学突然就多了起来，不过竞争越来越大的同时，来校宣讲的单位也在与日俱增，机会还是很多的。虽然现在来校宣讲的单位比之前少了，但不管就业环境如何，找工作还是要有一个好心态。非常感谢在整个找工作的过程中给我支持、给我帮助的朋友们。

一、如何选择

相信不少同学曾在考研、考公务员、找工作等选择之间纠结过，多想想、多慎重一点是好事，毕竟现在的每一个决定都可能改变我们以后的人生，但是一旦想好了、选择了，就一定要坚持下去。就我而言，越临近司考的时候我就越坚定要去找工作的决心。考研和考公务员能不能考上是一回事，最关键的是我觉得自己不太适合走这两条路。决定了找工作，找一个专业对口的工作还是不对口的，去律所、去公司还是去别的单位，又是一个新的问题。

我比较倾向于找一个跟专业相关的工作。关于律所，我很清楚自己暑假复习司法考试的状态，加上在大学几年的学习情况，自我感觉对专业知识掌握的并不扎实，而且去律所前期要经历一个“熬”的过程，工资比较少，有可能还需要家庭的一些资金支持，这与我想要毕业之后靠自己养活自己的初衷不太一致。所以去公司成了我意向更多一些的选择。

二、多一点准备，多一些自信

最开始找工作的时候我还是有那么一点儿自信的，后来时间久了也没多少结果，慢慢地被打击，就有点怀疑自己，是不是自己确实太差了。我也试过直白地对面试官说我觉得自己过不了司考，但是这样坦诚的表露似乎没起到多少好的效果。后来面试之前多做了一些准备，比如自我介绍，想一下如果遇到某个问题我该怎么答，公司对应聘者有些什么要求之类的，也就从容自信得多一些了，不再像刚开始面试那样，每一个环节都现场发挥，忐忑不安。虽然后来每次面试都还是会紧张，但也比之前好多了，而且我们不自信的时候，可以选择“表现”得比较自信。印象比较深刻的是有一次面试，自我介绍完面试官就问了我一个问题：你觉得你能过司考吗？我说：能！然后就很意外地进入了下一轮面试……虽然听起来很扯，也有可能是简历的功劳，但我确实遇到过这样的事情。掰扯这个主要是想说，面试的时候，哪怕不自信也要表现得自信，有时候“口不对心”也只是为了“殊途同归”嘛！

此处插一小段关于简历的想法。我的简历修修改改很多次，看了一些做得不错的同学的简历，听了朋友们的建议，改过之后看起来就好很多了。简历还是要重点突出，一目了然，多看看别的同学的简历，做好之后多找几个同学帮忙看看比较好。

三、多尝试，多“跑路”

我能得到这个工作机会，多半还是靠的运气。网申加上宣讲会，我投的简历蛮多的，我始终相信多尝试一次，就多一分机会。我感觉在我们学校应聘律所、公司法务这些，竞争真不小，毕竟大家都很优秀。后来也跟同学一起去别的学校逛双选会，去外面逛人才市场，多多少少还是有一些不一样的体会。有面试机会就多面一面，不要尿不要怕，反正出来混就是出来丢脸的。我也跑去重大面试过几次，虽然很紧张，可能也没有表现得很好，但是那边跟我们“身份”相同的人毕竟少些，咱们的学校和专业也能顺利转化为优势，我的工作就是这么找到的。平时没事多投几份简历，有空多出去跑跑，长长见识，说不定一不小心一份工作也就来了。

四、其他

1. 简历投递

投简历到指定邮箱的时候，我一般会先在PDF版本里面用“拍快照”的功能把简历粘到邮件的正文（相当于完整地将简历截下来，十分清晰），前面再配上简单的问候语和一两句自我介绍，附件里添上简历的PDF版和WORD版。这样做的好处是对方在打开邮件的那一刻就可以对你的简历内容有一个大致的了解，可以为对方节约一点时间。PDF和WORD都发是因为如果对方需要在你的简历上进行标注，用WORD比较方便，PDF可以避免因不同办公软件之间不兼容导致的错版。

2. 工作地点

可能部分同学对工作地点有一定要求，我也是，一直想找一个离家近的工作。所以九、十月的时候，凡是离家远的工作我都没有考虑，导致直接放弃了很多机会。找工作还是要把范围放宽一点，不要把自己局限在某一个区域，多给自己一些机会和可能。毕竟现在交通这么方便了，只要肯行动，以后去哪都不是太大的问题。

3. “三五成群”

我找工作多数是跟同学一起约着去的，有几个小伙伴，泄气的时候可以互相鼓励，相互交流找工作的经验和信息，帮忙代交一下简历什么的，在这个过程中彼此都能有所进步，就是最好的。有时候一个人不敢做或者不想做的事情，人多了就能去做了。

其实找工作，什么时候都不晚，只要肯行动。听说有不少师兄师姐考完研才找工作，也是找到了的。况且 2018 年还有春招，抓住金三银四黄金求职季，2018 年四月左右的法律类专场双选活动、五月的校友单位专场双选会等，机会依旧很多，要对自己有信心，多做一些准备。祝愿大家都能找到满意的工作，遇见最幸运的自己。

周 婕 王钦梅[①]

2017 年 12 月 14 日

① 王钦梅，西南政法大学行政法学院本科 2014 级毕业生。

细节细节再细节

奉罗哥之命来分享一下自己的面试经验，要是有不恰当的地方，欢迎指正哈。每个人具体情况不同，要具体分析。小伙伴们参考一下我的面试经历就可以了。

一、妆容礼仪

有很多女孩去面试的时候，随便扎个马尾就过去了，其实一个公司的面试，说实话，对女生而言，是很看“脸”的。一个人的精神面貌很重要，面试官对于那种青春热情洋溢的脸是没办法抗拒的。所以对于女生来说，适当的淡妆是很重要的，就简单地打个底，睫毛膏，画个眉毛就可以了，如果对于腮红以及大地色眼影掌控得很好的女生也可以加上这两项，看起来人比较精神。

发型的话，个人建议马尾可以，但最好是中马尾和高马尾，适当梳理额前的短碎发很有必要，一切要给人一种青春的感觉。服饰的话，本人是一套正装走到底的，没问题的。

重点得说说面试时的仪态，要相信一句话：当你走进面试公司的大门，面场即战场。时刻注意自己的仪态很重要，注意，是时刻，不管是面试进行中还是等待面试过程中，说不定 HR 在上厕所的间隙偶尔瞟一眼等候区，就看到了仪态得体的你。具体该做到什么样子，很简单，抬头挺胸且面带微笑，很自信的样子就可以了。

二、面试之前的准备

面试前一天晚上，我认为需要做如下三件事情：

（1）针对你所面试的公司准备一份自我介绍。就以自己为例，我一般会准备一个自我介绍的模板，针对面试公司的特点进行修改。实在不清楚公司的特点可以上网查公司的宗旨或口号，简短的几个字自己也记得住、不容易混，对于 HR 来说也非常管用。拿恒大酒店来说，恒大酒店的宗旨是“注重细节”，我自我介绍的时候说：咱们恒大酒店的宗旨是注重细节，我认为我是一个什么样的人。当时 HR 的头突然就抬起来看了我一下。

（2）去网上各大论坛搜搜该公司的面试形式，不同的面试形式有不同的应对技巧，胸有成竹，紧张的心情也会减少很多。

（3）对着室友或者对着镜子反复地练习自我介绍。

三、面试等待中

记住，千万不要忽略面试等待中！

在面试等待的时候，一定要注意以下四个细节。

（1）对待工作人员礼貌有加，没坏处。主动给工作人员打招呼，说不定你打招呼的工作人员就是你的主面试官（这就是我的真实经历，我在电梯里跟一个工作人员打了招呼，说了声谢谢，结果那个工作人员就是我的主面试官）。

（2）再次强调仪态。一定要保持微笑。

（3）主动与身边的小伙伴交流，你会从他们那里得到很多待会儿面试的有效信息。

（4）等待的时候可以逛逛公司（即使不是在公司，也可以发现现场的公司接待的细节点），找出几个可以赞美的细节之处，一定要是细节处。这样在做自我介绍的时候，你就可以说，刚刚我在等待的时候，看见咱们公司如何如何，这样说有两个好处：第一，侧面说明了你是一个善于观察、注重细节、能适应环境的人；第二，正面赞美了该家公司，HR 高兴之余对你的好感也会增加的。

四、面试中

面试中的大点我就不用说了，大家一定很了解，我想说说很多小细节。

（1）进门的时候很重要！从打开面试现场大门到坐下的这段时间很重要。这段时间是HR观察你最细致的时间，也是第一印象养成的时候。所以抬头挺胸、面带微笑地看向他们走过去，一定不会错。

（2）注意面试的所有小细节。比如进门抽凳子轻拿轻放，坐下后面带微笑地看向面试官。如果桌面上有纸之类的东西的话，主动拿起来发给大家，最后留下自己的。在走的时候，主动收拾桌面，故意收拾得稍微久一点，好让HR注意到你的这个行为。走的时候也不要忘记把自己和身边的凳子摆放好，再抬头挺胸自信地走出去。如果不小心和HR眼神对上了，或者有任何交流，不要忘了说“谢谢”。

（3）说话声音一定要昂扬、自然有力，让人感觉到朝气蓬勃。其实让HR感受到你的活力热情，你基本上算是赢了一大半了。

再分享一个小技巧：有的人紧张会不知道手往哪里放，可以双手相扣放在肚子位置，一是仪态比较好看，二是可以缓解紧张的情绪。

最后总结起来就是，时时刻刻要小心翼翼也要落落大方，青春永远是你最好的武器。

余 丁[①]

2016年11月24日

① 余丁，西南政法大学行政法学院本科2013级毕业生。

我永远是面试场上声音最洪亮的那一个

同学们好：

很高兴有这样的一次机会，能和大家一起分享我在求职面试过程中的一些经历及感受。在经历了近1个月不同公司的网申、面试、网上测试、体检和漫长的等待之后，我最终选择了签约恒大集团（总部）法律监察部知识产权中心。接下来我将从6个方面做一个简单的求职经验分享，希望这篇文章能够给还在求职征途中的同学提供一些真正对求职有帮助、有价值的信息。

一、简历

制作一份好的简历：首先，要选择一个好的模板；其次，要在简历中突出自己所具备的和别人不一样的优势；最后，简历的整体看起来必须要给人一种整洁、清晰、舒适的感觉。

二、自我介绍

首先，在自我介绍的时候必须要自信。在群面中，我每次都能做到我的声音是小组里面最洪亮的那个。讲得好或不好是另外一回事，但是那种能镇住全场的气场一定要放出来。当你自信地进行表达的时候，你的魅力值其实是会往上飙升的。其次，要突出自己的“核心竞争力”，自我介绍要一针见血，不能拖泥带水，太多废话。最后，要有逻辑性，在自我介绍时可以选择3～4个词语对自己进行一个高度的概括。

三、演讲表达能力

认识我的朋友都知道，我的普通话真的讲得很普通（有些同学说我港台腔太重），但这丝毫不会影响我的演讲表达能力。在私底下，我看了很多期《职来职往》《超级演说家》《TED 演讲》的视频，有时候也会有意识地进行模仿和训练，这对我之后的面试起到了一定的帮助作用。在恒大终面的时候，我抽到的演讲题目是“人所追求的最高的自由是为他人创造自由”。一开始看到这个题目，我其实有点蒙，但好在平时还算是有所积累，当时就抓住“自由”这个关键词，将自己的思维打开，边想边说。虽然我感觉所讲的实质性内容并不是很切题，但是最后我至少还是做到比较自信、流畅地把所想到的东西都表达了出来。所以，大家在无聊想打发一下时间的时候，不妨也看一看我上面所推荐的那几个节目。

四、挖掘自身的特长

一个优秀的现代化企业集团，绝不会仅仅只看重应聘者的专业知识能力，同时也会很看重面试者的综合素质。在面试的过程中，要努力让面试官看到自己所拥有的特长与闪光点，要让面试官知道，我不仅仅是只具备做好所应聘的这份工作的能力，同时我还拥有其他的特长，我还可以给公司带来其他的附加值，这一点我觉得非常重要。

五、自我形象管理

要注重自我的形象，因为这既是对自己的尊重，也是对他人的尊重。给面试官留下一个好的第一印象，其实面试就成功了将近一半。特别是我们男同学，要记得在面试的前一天晚上把胡子刮干净、把头发洗干净（我自己就有一个强迫症，出门面试前，我一定要把我的皮鞋擦得特别干净，不能允许粘有太多灰尘）。

六、要有谦卑的心态

在求职的过程中，要始终有谦卑的心态，尊重你的面试官，同时也要尊重你的竞争对手，只有这样，才能换取对方对你的尊重。我觉得不仅仅是在求职过程中，我们以后在官场、商场或者是其他领域工作也一样，始终谦卑是一条为人处世的钻石法则。

总之，以上都是我在求职过程中的一些所思、所悟、所想，是我内心真正想和大家分享的、想向大家传达的一些想法及观念，希望能够引发大家的一些思考。最后，非常感谢罗哥、陈姐在这段时间里为了我们这些同学的就业所付出的一切，同时也希望同学们都能找到一份让自己满意的工作。

邢奇烽[①]

2016年11月11日

① 邢奇烽，西南政法大学行政法学院本科2013级毕业生。

体现你的价值

很多女同学在求职路上相较于男同学可能要稍显坎坷，让我们来看下嘉欣同学这篇走心的分享。作为目前年级获得offer薪资最高的女同学，她的感悟非常务实与真诚。我也希望同学们，特别是女同学们，能够从这一分享中获取能量，汲取经验，祝一切顺利。

罗翔宇

2020年11月13日

求职不是一蹴而就的，是一个漫长与焦急等待的过程。每一次选择都掺杂着个人、家人、周边人的多重影响与多种因素，每一次尝试都会有经验的积累和认知水平的提升，需要不断地反思与调整。一定要对自己有信心与耐心！职场一定有你的一席之地！每个人都有自己的闪光点，善于发现和突出自己的优势非常有利于求职面试。如果你还没找到合适的工作，反思一下自己的问题，尝试打开新思路。面对心仪的工作，建议多加慎重，没有社会经验的我们很容易“入坑”。

从试水到第一份正式签约，我经历了大概一个月左右的时间，期间心情也起伏不定。每天看着就业信息群里不断推送的招聘信息，却发现没有几个真正适合自己的，即使有不错的，招的人屈指可数，自己够上的可能性也不大。陆续有优秀的同学签约，心中羡慕不已，十分怀疑自己就是罗哥口中“指望学校，饿都饿死了”。万一法考没过，是不是可能一毕业就失业？我要去和众多优秀的研究生、应届本科生、往届生、社会人同台竞争，我能行吗？

在忐忑之中我开始了尝试，从第一次面试的颤颤巍巍，到现在的略微从容，我经历了对面试本身认识的巨大改变。作为一名“考试恐惧综合征”患者，每一场面试对于我而言不亚于一场大考，不同之处仅仅是考试会有分数和排名，而面试只有“过”与“不过”，并且需要当场给出“答案”，没有修正机会的一次性面试显然更考验一个人的综合能力。

前期我会准备标准的自我介绍和常见问题的模板，面试时回答问题磕磕绊绊，努力回想“标准答案”。后来逐渐认识到，有时候过度的修饰不仅仅会被HR一眼戳穿，而且“过度美化”不利于加深对自我的认识和定位（一定要坦诚面对自己的优缺点、性格、爱好，通过“过度美化”使HR误判，真正上岗后发现不合适）。在一些正式的多轮面试中，HR肯定比我们对每一个岗位有更深刻的认识，了解岗位所需的综合能力，能够在较短的时间内甄别面试者与岗位的匹配度，这也是为什么有些朋友常常能拿到相似岗位的offer。如果未能通过，千万不要否定自身，你可能在某些方面有待提升。但是，长期无法通过同一类岗位的面试，就需要反思自己是否不太适合该领域，或尝试新思路，有条件的可以和HR聊一下哦！加油！

在分享一二经验前，我先介绍一下自己的情况，以供有相同境遇的同学参考。

本人成绩平平，几乎没有特长。

9月中旬和朋友去外校试水，面过四五家建筑类国企，简历几乎石沉大海。其中一家，面试后基本谈妥，一周后在领导审核阶段，HR告知我“女生没有指标了”！

消沉几天后，我又去学校的宣讲会投了三四家简历，参加了一家制造业的法务面试，以失败告终。拿了一家教育机构的offer保底。

10月上旬到中旬，连续通过M公司三轮面试后签约社会责任岗（没有多少法律相关职业面试经验）。

为数不多的几次试水让我意识到：西政人才济济，作为一名非常普通的法本生，校内面试难度较大。结合自身的情况，我的范围划定为大中型公司的行政类、综合类岗位。（除非限定专业的岗位，综合型岗位面试中，法学生有一定优势。我最近面试中遇到的上海一家公司的法代提醒我，不要有“跨专业”的观念，现在各行各业都是互通的，他读理工专业，后面也是转行，公司做的很成功。）

我开始在梧桐果上海投，只要是职能类的岗位都行，梧桐果随机推荐的也顺手投一下。（跳出法律职业圈后发现可选职业“海阔天空”！）

除非是学历、专业、证书等硬性条件不符合，很多都通过了初筛，由于后面怠于做联系 HR 等跟进工作，加之有些工作地点也不符合意愿，很多都不了了之了。有意向的同学可以跟进一下，只要简历过了关，起码是符合公司硬性条件的。

海投过了两三天就有 M 集团的 HR 联系我（尴尬，我当时完全忘记自己投过该公司，也不记得自己投了什么岗位）。

估计 HR 心里也有数，后面问我意向岗位，我直接反问：“您觉得我适合哪些岗位？”在确定我不一定要做法务后，HR 推荐我试一下社责，随后就开始面试安排：

一轮 AI 面试：自我介绍、朗读一段中文、一段英文、口述回答了三个左右问题、文字回答几个问题、几个智力游戏测试。看了一下软件说明就开始了，中间朗读部分由于按错键，部分没有录上，手忙脚乱就结束了。

二轮面试为 HR 面试，问题与普通面试差不多，一些大企业的面试问题在知乎上有经验帖，可以参照。

三轮面试为 HR 和部门负责人、HR 简单地重复问几个之前的问题后，由部门负责人接着问，后面的问题就会更贴近岗位、实务。

二、三轮面试后都有反问环节，两次都是多人同时视频面试。

在落笔前，我在罗哥空间读了一下师兄师姐的求职经验帖，都非常详细、实用，建议看一下。我以自己一些“入坑”经历，提供几点面试中的建议（个人观点，仅供参考）：

（1）出彩的自我介绍。据说有时候 HR 不细看简历，只做初筛，过于美化的自我介绍一般不听。想要让 HR 将目光、兴趣投到你的身上，自我介绍非常重要！（HR 经常在让面试者开始自我介绍后，才开始顺便低头看简历，二者几乎都是略过）。没有过多大谈空间的同学建议可以谈一下对该企业文化、发展方向的认识，自己跟该岗位的匹配点，这个方法屡试不爽。

（2）注重问答和反问环节。一些常见问题按常规回答就行。但结合企业、岗位本身的问题，面试前一定要做好功课。企业文化、发展策略、岗位要求和工作内容要提前了解，将精髓体现在回答中。反问环节一定要诚恳地问出你关心的问题，不要有太多顾忌，免得后面条件谈不拢浪费时间。也可以适当问些关于企业、岗位的专业性问题，体现你良好的思考能力和对该面试的认真准备。

（3）体现你的价值，不要试图“感动”HR。HR 对招进去的人多少是要负责的，不会过多考虑无关因素。建议尽量避免直接过度阐述自己的困境和对工作的紧迫。可以结合自己的岗位和自身优势，谈自己如何为企业带来价值。

（4）每一个问题都有目的。经常会被问到“在……时，你遇到过的最大困难是什么”，有一位对面的面试者直接大谈自己大学的失恋经历，还有的说“从来没有遇到过困难”（我在旁边听了内心只有满满的佩服！）。个人认为 HR 应该是通过诱导式发问，让我们阐述自己怎么面对、解决困难。HR 每一次发问都是有目的的，建议在回答中不断重复自己的优势，态度真诚，不要秀什么关心国家大事、国际形势……（曾经一位对面的面试者就“爱好”这个问题，花了好几分钟阐述自己业余对国家时政的关心、最近追的剧，给了我准备问题的时间，感谢！）

（5）“我可以学”——企业不是学校，建议强调自己目前的水平就足以配位，就算后面学也是拔高。

（6）本人面试成功多是线上，后面有重庆 HR 联系我，我也会主动要求线上。一方面不容易紧张，准备更简单；另一方面确实方便。大家可以试试，多试几次就可以找到感觉。

之前加了一个理工院校的求职群，里面每天晚上有个匿名的“简历互怼”环节，群主引导大家相互提建议，分享经验，效果非常棒！可以参考一二。

虽然我面试了几次还是会经常紧张，很弱，但欢迎有同学和我交流求职经验，相互借鉴。我们女生面试部分公司、岗位常常处于弱势，我也遇到过，一定不要灰心，办法总比困难多，加油！

附上之前收藏的面试考核标准的五个要点：

（1）有责任心：热爱工作、主动承担任务、不计较个人得失、恪尽职守、认真仔细、追求更高的工作质量、能认识到自己的价值、从工作中寻求满足感。

（2）持续学习能力：秉承谦逊的态度、勤于反思、主动学习、持续拓展自身的知识与技能、提升工作能力、改善工作绩效。

（3）分析判断能力：信息判断的准确性、逻辑推理的严谨性、问题分析的深入性。

（4）有效沟通能力：沟通的主动性、顺畅的表达能力、积极的倾听、沟通的策略性、影响力。

（5）团队协作能力：与团队成员相互协作、主动提供支持、有效化解团队冲突、创造良好的氛围。

罗翔宇　杨嘉欣①

2020 年 11 月 12 日

① 杨嘉欣，西南政法大学行政法学院本科 2017 级毕业生。

行动起来，加油！

写在前面：

同学们，年级到现在为止有近20位同学签约，最早9月初就有签约。秋招开始以来，第一家在学校开宣讲会的单位就招了1个法务，招的就是我们年级的同学。之所以我一直没有让这些同学做分享，很大程度在于他的求职不具有太多的可参考性，相当部分的同学都过于顺利，这显然不属于求职经历的一种常态。

我们第一篇“××同学有话说”选择了田彪同学，就是因为他有着足够多的经历、有着足够多的受挫，也有着足够多的自我反思和提升。他的情况，更适用于我们年级的绝大多数同学。用他自己的话讲：“做简历的时候觉得我这份简历很能代表成绩不好、奖项经历不够丰富的这部分同学，特别羡慕那些优秀同学，怎么有这么多的东西写。”

这篇文章约稿于上周，如果大家仔细看近4000字的分享，就能够看出田彪同学真的是非常认真地基于他自己的实际情况在不断提升的，如果用三个字来概括，那就是——尽人事，做到了他能做到的最好，结果自然也水到渠成。

从我们过来人看，面试用一个不太恰当却又很贴切的比喻，本质上是一场表演。它确实离不开平时的积累，但不可否认，如果用心去准备，短期的提升是会非常快的。如果大家都能做到田彪同学文中所做的准备工作，我相信，求职的过程一定是自己底气不断提升的过程。祝大家都能有所收获。

罗翔宇

2020年11月11日

秋招已步入尾声，从我投出第一份简历到现在已经快两个月了。这两个月对于打算直接工作的同学来说都是一段比较煎熬的过程，我的秋招之路也伴随着求职的进程不断变化着心境，这无疑是令人难忘的两个月。在我收到offer和罗哥交流意见的过程中，很荣幸接到了罗哥的邀请，和大家一起分享我秋招的经验。

一、简历的制作

在简历这一块儿，年级其实已经花了很多功夫教我们如何制作简历，那我想重点和大家分享的是两点：

①不要一份简历用到底；②研究应聘岗位的要求。

不同类型的岗位肯定要准备不同的简历。我在秋招期间主要应聘的是销售管理类和法务类的岗位，那我就准备了两份对应的简历。同一类型岗位的要求区别也是有的，同样是法务，不同类型的公司在招聘法务时所列举的任职要求也会有所不同。每投一份简历，最好都在自己做好的标准简历上进行相应的修改。修改的依据就是招聘页面上的职位要求，大家制作出的简历一定要近可能地与之贴合。

我按照某大厂销售管理岗位要求，在制作简历时着重突出了公司希望应聘者所拥有的品质与能力，成功地通过了面试筛选，进入了下一轮。可惜相比于其他竞争者，我并没有创业相关的经历，而这又是公司很看重的一个方面，最终未能拿到offer。

我投递的一家房地产法务，其招聘信息，对法务的职位要求很典型，囊括了大部分公司在招聘法务时希望应聘者拥有的能力：专业能力与表达能力。我们可以在简历中往这方面进行拓展，结合自身的实际情况，突出自己在上述要求中所具有的优势。

二、面试的准备

关于面试的准备，我是在投出第一份简历那一刻就开始的，准备的东西会很多。面试的准备工作是在前期的求职过程中，一点一滴进行改进和完善的。

第一步要准备好自我介绍。罗哥曾在求职群里推送过一篇如何准备自我介绍的文章（https：//www.zhihu.com/answer/786338372），我是按照文章介绍的方法来准备的，基本在第一轮面试中效果都还不错。其实自我介绍的准备逻辑和制作简历较类似，在短短两分钟的时间里，不仅要有一个自己的基本情况，还要突出自己的优势，这个优势一定要和岗位要求进行结合，表明自己与应聘岗位的匹配度。另外，在进行自我介绍的过程中，不要大段地把事前准备的词像背课文一样背出来，这样效果不会很好。我曾在一次群面里遇见过这样做的同学，效果都不是很理想。我们可以把自我介绍当成一个推销商品的过程，而本人就是要向面试官推销的那个商品，例如在介绍到自己的一些成功的经历时，可以稍微放慢语速、加重语气，让面试官停下来看你的简历，抬头与你有眼神的交流。

一般来说，初面基本都是HR面，除自我介绍外还会问一些比较常规的问题，这些问题一般我们都可以提前准备好。我在我的第一次面试前通过各种手段（如上相关论坛、加上已经面试过同学的微信、联系到有愿意帮忙的此岗位的师兄师姐等），准备好了面试可能会问到的问题。当然不是所有公司都能找到这样的途径，那我们除了准备一些常规问题（如你遇到过最大的困难是什么、你之前是否了解过我们公司、用三个词形容自己等），还要结合简历准备好面试官可能会问到的关于简历的一些问题。一般来说，有些公司会深挖简历，所以在这方面一定要有所准备，免得现场问到这方面问题时难以招架，答不上来。从我不算多的面试来看，HR面更看重个人的综合素质，以及应聘者与公司与岗位的匹配度，所以在面试前最好还是了解一下公司的背景与企业文化，自己是否愿意接受公司的一些要求，比如要求出差、加班什么的。

专业面的面试官都是你所应聘岗位的领导，除了会问专业上的问题，相比于HR面，专业面的面试官会对你进行一个更为深入地了解，所以面试时间总体会比较长，问的问题也会更多、更具体。总的来说可以概括为考察你的专业能力（如法务的专业面会问一些法学问题），你的职业规划（涉及工作稳定性，我曾被专业面的面试官问到过为什么不留在家乡发展），抗压能力、性格特征，以及其他能反映你个人特质的问题。提出这些问题的最终目的，其实都是领导想要快速地了解你，看你是不是他心目中合适的下属人选。所以在和领导进行专业面的过程中，在不违背个人的真实情况下，给出的回答可以尽量贴合这个岗位的要求，以及面试官在面试时表达出的他所希望应聘者所具有的特质。

三、面试技巧

1. STAR 法则

网上有很多关于面试技巧的文章，提到最多的是“STAR 法则”，STAR 法则包含了四个部分：situation，task，action，result（即背景、任务、行动、结果）。situation：第一步明确相关经历及任务的背景，是什么类型的，怎样产生的，当时情况是怎样的。task：第二步明确在相关经历及任务中，要达到什么目标，完成过程中涉及什么环节及流程。action：第三步明确，针对这样的情况进行的分析、决定的行动方式及采取的步骤。result：第四步描述结果怎样。

我们可以按照 STAR 法则准备几个事例，最好能体现我们的学习能力、抗压能力、沟通能力等方面的优势。在被面试官问到这些方面的问题时，我们可以用准备好的案例予以答复，一般准备 3 个及以上就够用了。

如要了解你的学习能力，准备事例如下：

在检察院实习的头几天，领导并没有给我们几个同科室的实习生安排什么实质性的工作内容，更多的是一些程序性的琐事。但我没事时都会主动去和检察官说说话，请教一些办案问题，检察官也乐于和我谈话。这期间我学到了很多课堂上学不到的东西。后面检察官经手了一个交通肇事罪的案子，由于案子比较常规，检察官觉得我是比较合适的人选，于是把这个案子交给了我。因为是第一次办案子，我先是花了半天的时间把科室里面我能看的案卷都快速浏览了一遍，熟悉了办案流程；后是花了半天的时间查阅相关法条，结合案件仔细分析了案情，对整个案子有了一个深入的认知。有了第一天的准备，第二天我很顺利地完成了对案件的处理，在把案子交回给检察官前，我又查找了一些类似案子的判决书，通过对比我发现了我在处理案子时忽视的一些小细节，马上对案子进行了完善。最后，我把案子交回给检察官，检察官认为我处理得很好，也很欣赏我在第一次处理案件中所做出的努力。

这是我自己准备的小例子，当然这个例子可能不是特别有含金量，但一个实际的例子确实可以传达给面试官我们所具有的能力。单从这个例子来说，不仅可以体现个人的学习能力（独立处理案件），也可以体现沟通能力（为自己争取到第一个接触案件的机会）。

除了“STAR 法则”，面试中的心态也是比较重要的，诚恳、不卑不亢的态度是比较合适的。我在牧原集团的初试群面中有遇到过一位没什么心眼的同学，回答问题特别老实，以至于让我们其他面试的同学都略微感到了尴尬。比如面试官问到为什么选择法务，在这之前这位同学已经有表达过最想做的是律师，而她的回答很直接，法务开的工资高一些，她自己可能暂时找不到合适的律所，所以来这边过渡一下，以后还是要去做律师的。显然这样的回答不是很好，虽然有很多人也是抱着这样的心态来参加此次的法务面试，但我们可以用另外一种表达方式来回复面试官的这个问题。当时面试官就已经对这个同学表示出了不太耐烦的情绪，之后我在微信复试群也很遗憾地没有看见这位同学。

2. 无领导小组讨论

关于无领导小组讨论的经验，其实网上也有很多教程，这里只给还没有接触过无领导小组的同学分享一下我个人小小的体会，仅供参考。从我个人角度来说，不管是 leader、time、reporter，还是没有职位的村民，都可以在小组中发光，最重要的是要在一群人中找到自己的定位从而表现自己。在默认自己没有经验的前提下，如果在讨论开始前发现有特别优秀、经验很丰富的同学，那么可以尝试跟这位同学多交流，多接他的话，充当“辅助者”的角色，你可以尝试将这位同学说的话整理一下，并结合自己的想法展示给大家。当然如果选择了村民，也需要你对 leader 进行支持和反馈，这样的做法：一是可以增加自己的曝光量；二是无疑在整个小组中有了一个依靠。leader 或者那位表现优秀的同学都会有意无意地征求你的意见，尊重你的发言。如果整个小组基本都是新手，可以放心地争取三大职位，在大家都没有经验的情况下，无疑身份牌更有表现的空间。当然如果自身确实不善表达、比较内向，也没有必要去抢着当 leader 了。抢到了职位该怎么做，网上教学有很多，我推荐知乎上一个答主的回答。https：//www.zhihu.com/answer/1447885874。

3. 压力面

一般法务这种岗位的压力面会比较少，销售类的岗位会比较多，但也不排除在法务专业面试时面试官会给到一定的压力。比如问到学习成绩时可能会给到一定的压力，这种时候一定不要怯场。举个例子，如果在成绩不突出的情况下，尽量强调自己的优势学科，用“STAR”法则表现出自己的学习能力，在回答时做好面部表情管理，面试官在给到压力时也是在考察抗压的品质。由于在我大大小小的面试中只接触过一次压力面，以上见解还请大家指教。

四、求职方式

除了学校提供的一些招聘信息，我更多地是通过一些招聘网站进行网申。给大家推荐智联招聘这个网站，这个网站上，招聘的公司比较正规且数量丰富。我曾在 9 月的某一晚上，在这个网站上，一口气给 5 家公司投递了简历，且后面都收到了面试邀请。同类型的网站也有罗哥推荐的梧桐果，我在牧原集团来我校招聘前就通过梧桐果申请了牧原的法务专员，其实就是空闲时间登录梧桐果的 App，点击它给我推荐的这家公司，正规的简历也没有投，但之后收到了 HR 的电话，获得了面试机会。

五、情绪处理

收到了一轮又一轮的面试通知，心情肯定是兴奋激动的；但若收到了感谢信，特别是自己满意的公司，肯定会伤心一阵子。让自己尽快地从一种情绪中脱离出来，着手下一个阶段要干的事，是在长达两个月的求职过程中需要作为求职者的我们做到的。把期望值放低，多投一些靠谱的公司，多多行动，可能是应对情绪波动的好办法，因为忙起来不会让自己想太多。当然，要是一直没有收到好结果，给自己放个假、睡一觉也是个不错的选择。

以上就是我想和大家分享的秋招经验了。作为一名典型的各方面都很平庸的打工人，如果我的经历能给正在找工作的你些许用处，那将是我的荣幸。最后，也要感谢辅导员罗哥和亚亚姐在秋招季给予我的帮助，从教我们做简历，再到最后拿到 offer 给出的入职分析，都对我有着莫大的帮助。希望大家都能在毕业季实现自己的心愿，拥有一个美好的未来。加油，打工人、考研人！

罗翔宇　田　彪[①]

2020 年 11 月 10 日

① 田彪，西南政法大学行政法学院本科 2017 级毕业生。

结束语

从 2013 年 8 月第一篇“罗哥有话说”开始，以网文为载体，我和我的朋友们用年轻人喜欢的行文方式，进行学生的网络思想政治教育工作，已经有 8 个年头了。在这 8 年里，我们用实际行动展现出，一个好的思政工作者究竟可以用什么标准衡量？可能就在于主动站在这群少年的一侧，用心去倾听他们对未知事物的迷茫，并给予其力量，用温情写下少年们看得懂的文字，而不全是稍显冰冷的通知、通告，或者是带有批评意味的通报。谁的青春不迷茫？何人年少不折腾？面对这些迷茫与折腾，我们所能做的，就是在一篇篇“有话说”中，将远大的人生格局、豁达的生活态度，细致入微的具体分析、经典案例的深入剖析、翔实数据的介绍对比、充满关爱和“宠溺”的频频激励与设身处地的谆谆建议，传递给我们的青年学子。

高校的网络思想政治教育工作究竟该怎么做，也许这就是其中的一种路径。我希望用这样的方式去影响更多的同学，让他们在未来的工作与生活中，也能积极正向地引导他们身边的人。正如鲁迅先生说的那样：“愿中国青年都摆脱冷气，只是向上走，不必听自暴自弃者的话。能做事的做事，能发声的发声。有一分热，发一分光，就令萤火一般，也可以在黑暗里发一点光，不必等候炬火。”